暨南文库·新闻传播学
JINAN Series in Journalism & Communication

编 委 会

暨南文库·新闻传播学 ❷

JINAN Series in Journalism & Communication

突发公共事件
网络舆情的传播与治理

罗 昕 著

瞭望者

J

暨南大学出版社
JINAN UNIVERSITY PRESS

中国·广州

图书在版编目（CIP）数据

突发公共事件网络舆情的传播与治理／罗昕著. —广州：暨南大学出版社，2020. 11（2023. 9 重印）
（暨南文库. 新闻传播学）
ISBN 978 - 7 - 5668 - 3039 - 5

Ⅰ. ①突…　Ⅱ. ①罗…　Ⅲ. ①突发事件—互联网络—舆论—研究
Ⅳ. ①G206. 2 ②D035

中国版本图书馆 CIP 数据核字（2020）第 217105 号

突发公共事件网络舆情的传播与治理
TUFA GONGGONG SHIJIAN·WANGLUO YUQING DE CHUANBO YU ZHILI
著　者：罗　昕

出 版 人：张晋升
项目统筹：黄圣英
责任编辑：颜　彦
责任校对：黄　球　林玉翠
责任印制：周一丹　郑玉婷

出版发行：暨南大学出版社（511443）
电　　话：总编室（8620）37332601
　　　　　营销部（8620）37332680　37332681　37332682　37332683
传　　真：（8620）37332660（办公室）　37332684（营销部）
网　　址：http://www.jnupress.com
排　　版：广州尚文数码科技有限公司
印　　刷：广州市快美印务有限公司
开　　本：787mm×1092mm　1/16
印　　张：14. 75
字　　数：256 千
版　　次：2020 年 11 月第 1 版
印　　次：2023 年 9 月第 2 次
定　　价：69. 80 元

总　序

·····　·····

如果从口语传播追溯起，新闻传播的历史至少与人类的历史一样久远。古人"尝恨天下无书以广新闻"，这大约是中国新闻传播活动走向制度化的一次比较早的觉醒。

消息、传闻、故事、新闻、报道，乃至愈来愈切近的信息、传播、大数据，它们或者与人们的生活特别相关、比较相关、不那么相关、一点也不相干，或者被视为一道道桥上的风景、一缕缕窗边的闲情抑或一粒粒天际的尘埃，转眼消失在风里。微观地看，除了极少数的场景外，新闻多一点还是少一点，未必会造成实质性的差别；本质地看，人类作为社会性的动物，莫不以社会交往，包括新闻传播的存在和丰富化为前提。

这也恰好是新闻传播生存样态的一种写照——人人心中有，大多笔下无。它的作用机制和内在规律究竟为何，它的边界究竟如何界定，每每人见人殊。要而言之，新闻传播学界其实永远不乏至为坚定、至为执着的务求寻根问底的一群人。

因此人们经常欣喜于新闻传播学啼声的清脆、交流的隽永，以及辩驳诘难的偶尔峥嵘。重要的也许不是发现本身，而是有越来越多的研究者参与其中，或披荆斩棘，或整理修葺。走的人多了，便有了豁然开朗。倘若去粗取精，总会雁过留声；倘若去伪存真，总会人过留名。

走的人多了，我们就要成为真正的学术共同体，不囿于门户之见，又不息于学术的竞争。走的人多了，我们也要不避于小心地求证、深邃地思考，学而不思则罔。走的人多了，我们还要努力站在前人、今人的肩膀上，站得更高一些，看得更远一些。

这里的"我们"，所指的首先是暨南大学的新闻传播学人。自1946年起，创系先贤、中国第一位新闻学博士、毕业于德国慕尼黑大学的冯列山先生，以及上海《新闻报》总经理詹文浒先生等以启山林，至今弦歌不辍。求学问道的同好相互砥砺，相互激发，始有本文库的问世。

"我们"，也是沧海之一粟。小我终究要融入大我，我们的心血结晶不仅要接受全国同一学科学术共同体的检验，还要接受来自新闻、视听、广告、舆情、公共传播、跨文化传播等领域的更多读者的批评。重要的不完全是结果，更多的是过程。在这一过程中我们特别关注以下剖面：

第一，特定经验与全球视野的结合。文库的选题有时是从一斑窥起，主要目标仍然是研究中国全豹，当然，我们也偶或关注印度豹、非洲豹和美洲豹。在全球化时代，我们的研究总体会自觉不自觉地增添一些国际元素。

第二，理论思辨与贴近现实的结合。犹太谚语云"人类一思考，上帝就发笑"，或许指的是人力有时而穷，另外一种解释是万一我们脱离现实太远，也有可能会堕入五里雾中。理论联系实际，不仅是哲学的或革命的词句，也是科学的进路。

第三，新闻传播与科学技术的结合。作为一个极具公共性的学术领域，新闻传播的工具属于拿来主义的为多。而今，更是越来越频繁地跨界，直指5G、云计算、人工智能等自然科学的地盘。虽然并非试图攻城拔寨，但是新兴媒体始终是交叉学科的前沿地带之一。

归根结底，伟大的时代是投鞭击鼓的出卷人，我们是新闻传播学某一个年级某一个班级的以勤补拙的答卷人，广大的同行们、读者们是挑剔犀利的阅卷人。我们期望更多的人加入我们，我们期望为知识的积累和进步贡献绵薄的力量，我们期望不辜负于这一前所未有的气势磅礴的新时代！

编委会
2019 年 12 月

目 录
contents

突发公共事件网络舆情的传播与治理

绪　论

……

第一节　研究背景

我国当下处于工业化、城镇化、信息化、市场化、国际化交织的战略机遇期，同时也是社会转型期、矛盾凸显期和风险高发期。直接的、间接的利益冲突几乎无处不在，自然灾害、生产事故、公共卫生、社会安全等热点领域引发的突发公共事件日益增多。随着互联网传播技术的不断发展，公民利用新媒体特别是社交媒体来表达利益诉求的意识也不断提升。通过新媒体表达意见而形成的网络舆论日益成为突发公共事件的"助燃剂"。尤其是微博、微信、短视频等社交媒体，往往成为传播重大突发公共事件的重要策源地或集散地。在新传播技术和社会现实背景的双重推力下，加上公民网络素养普遍缺乏的状况，政府对突发公共事件的治理面临着前所未有的压力。突发公共事件爆发之后，一些地方政府部门在应对过程中，要么是没有充分认识到突发公共事件网络传播的重要影响，要么对突发公共事件的网络传播规律把握不清，从而导致事件处理不当，进一步催生事件的恶性发展。突发公共事件的网络传播可能导致简单问题复杂化、复杂问题扩大化、冷门问题热点化、个人问题社会化、局部问题全局化，并可能由此造成一场声势浩大的重大群体性事件。如何把握突发公共事件的网络传播规律，从而有效构建突发公共事件网络传播的治理机制，做到"因势而谋，应势而动，顺势而为"，成为当前一个迫切而重要的课题。本书的研究背景可从如下三个具体方面加以理解。

一、社交媒体公共表达

尽管"媒介技术本身没有力量来启动有益的变化，但是技术会增加和放大个体和群体的行为，并通过这样，在一定的规模上有助于社会变化进行迅速和广泛的传播。媒介技术具有某些内在的偏向性——它放大和鼓励某些理解社会的方式和行为模式"①。2017年12月，中国互联网络信息中心（CNNIC）发布《2016年中国社交应用用户行为研究报告》，指出"社交应用成为网民获取新闻资讯、传播热点事件的重要渠道"。由于微博、微信、短视频等社交媒体具有速度快、信息容量大、互动性强的特点，它们与突发公共事件有着先天的契合性，可以即发即报、滚动播报、快速扩散。社交媒体的诞生让信息源无处不在。2010年之后，几乎所有的突发公共事件都是由社交媒体首发、传播、扩散起来的。"不社交，无舆情"已经成为突发公共事件网络传播的常态。

根据2019年8月CNNIC发布的《第44次中国互联网络发展状况统计报告》，截至2019年6月，我国网民规模达8.54亿，手机网民规模达8.47亿；手机网民经常使用的各类App中，即时通信类App的使用时间最长。新浪微博正式发布的2019年第一季财报显示微博月活跃用户数为4.65亿。2014年上半年的"马航事件"和2014年下半年的"冰桶挑战"凸显了新浪微博作为社交媒体快速的传播速度、深远的传播范围和积极的社会影响力。②2014年6月，《2013年中国社交媒体舆情发展报告》就指出，新浪微博已经成为传播网络热点事件以及社会重大突发公共事件等新闻信息的重要渠道。③2014年8月，CNNIC发布的《2014年中国社交类应用用户行为研究报告》也指出，与社交网站、即时通信工具等社交类应用相比，网民对新浪微博的使用主要是关注和参与新闻热点话题、关注感兴趣的人及与其发起互动交流，新浪微博社交媒体的属性凸显。④ 以新浪微博为代表的社交媒体成为突发公共事件传播的重要平台。

例如在2014年"北京7·21特大暴雨事件"中，位于最大降雨点房山地区的网友"亘秦"通过新浪微博向北京消防部门求助，在微博发布后短时间内被网友转发上万条，引起了政府部门的高度重视；网民自发组织的"双闪行动"微博讨论量超过52万条；据新浪微博的统计，当时关于北京暴雨的讨论量超过880万条，微博正在让突发公共事件传播得更加迅速。2011年9月21日至2012

---

① ［美］斯坦利·巴兰、［美］丹尼斯·戴维斯著，曹书乐译：《大众传播理论：基础、争鸣与未来（第三版）》，清华大学出版社2004年版，第9页。

② 《中国互联网络发展状况统计报告（2015年1月）》，http://www.cnnic.net.cn/hlwfzyj/hlwxzbg/hlwtjbg/201502/P020150203548852631921.pdf。

③ 《2013年中国社交媒体舆情发展报告》，http://yuqing.people.com.cn/n/2014/0627/c364391-25210278.html。

④ 《2014年中国社交类应用用户行为研究报告》，http://www.cnnic.net.cn/hlwfzyj/hlwxzbg/sqbg/201408/t20140822_47860.htm。

年 3 月 3 日期间，乌坎村民在新浪微博上发布相关信息。据不完全统计，截至 2012 年 3 月 3 日，乌坎村民中有 42 个新浪微博用户，共发布、评论或转发微博 3 947 条（不包括已经被删除的微博条目）。①

近年来，社交媒体从新浪微博一家独大的格局转向微信、短视频应用多平台格局。微信、短视频应用成为突发公共事件传播的重要新兴平台。腾讯公布的 2019 年第一季业绩报告显示：2019 年首季微信及 WeChat 的合并月活跃账户数达 11.12 亿，同比增长 6.9%。百度发布的《2019 内容创作年度报告》显示，短视频应用用户规模已经达到 5.94 亿，占整体网民规模的比例高达 74.19%。微信、短视频应用正取代微博，成为网络舆论最为集中的平台。随着 5G 时代的到来，移动互联网上社交媒体在突发公共事件网络舆情中的作用会更加凸显。有学者采用实证方法以新浪微博热点话题"九寨沟地震"作为数据源，获取微博发文、转发、评论信息数据，通过网络结构分析网络舆情话题演进规律，发现移动环境下突发公共事件网络舆情话题传播范围更广、传播周期更长、信息传播层级更高、意见领袖（opinion leader）影响力更大。②

二、利益诉求渠道不畅

群众利益诉求渠道不畅是突发公共事件蔓延的社会根源。我国正处于深化改革开放的社会转型期，转型的内容涉及结构转变、机制转轨、利益调整和观念更新等。随着改革的不断深化，现有的规范制度、价值观念等不断受到冲击，这必然产生大量的社会问题和社会矛盾。现实中的矛盾和冲突大多是因为利益调整而引发的利益之争。这些矛盾和冲突一部分通过谈判、妥协、商议等理性方式得到解决，但另一部分则不可调和，从而可能进一步恶化，导致突发公共事件的频发。有学者通过对 2007—2012 年 120 起网络舆情重大事件进行内容分析，发现网民对于社会公正、社会信任、社会安全、国家荣誉、经济民生、社会道德等方面问题有着强烈反应和特别关注。③

---

① 卢江南：《草根之魅：新浪微博在"乌坎事件"中的传播机制研究》，中国青年政治学院硕士学位论文，2012 年，第 3 页。

② 李紫薇、邢云菲：《新媒体环境下突发事件网络舆情话题演进规律研究——以新浪微博"九寨沟地震"话题为例》，《情报科学》2017 年第 12 期，第 39 页。

③ 陈志霞、王新燕、孙龙等：《从网络舆情重大事件看公众社会心理诉求——对 2007—2012 年 120 起网络舆情重大事件的内容分析》，《情报杂志》2014 年第 3 期，第 101 页。

当群众自身的利益遭到损害，或者对社会腐败和不公现象不满时，就希望能够得到倾诉和关注，希望有关部门积极听取民意。但是，在现实生活当中，一些部门倾向于采取劝返和维稳甚至打压、掩盖的不当措施，忽视了问题的解决和矛盾的化解。一些责任部门如信访局更是没有落实好主体责任，对于信访问题不是进行疏通，而是一味地采取压制、堵塞的策略，导致了基层社会矛盾的不断升级。群众现实的正当利益诉求受挫后，往往会通过网络平台宣泄情绪，以求得到更多网民的关注，由此出现了"炒大闹大""上访不如上网"的独特现象。

在应对突发公共事件时，政府和民众信息交流不对称，甚至政府相关部门刻意隐瞒、蓄意说谎、删改信息、模棱两可等情况时有发生。信息操纵理论（IMT）认为，在欺骗性信息的生产中，信息至少可以通过四个维度得到改变：控制被披露信息的数量、提供虚假信息、操纵信息的相关度、玩弄信息被呈现的方式。① 由此，网民对突发公共事件的评论时常弥漫着对相关政府部门不信任的氛围。相关政府部门信任缺失的最根本原因在于公众对政府的期望或认知的相对剥夺感和失落感。② 如果隐瞒、歪曲等信息传递方式不断在政府部门中演绎，必然会改变公众的认知情感状态和情绪感染状况，从而影响政府部门的公共形象和社会声誉。在现实生活中，利益表达渠道的受阻以及政府部门的信息垄断，迫使公众不断通过自媒体搜集、发布、追踪更多真实存在的信息，在获取不到真相的情况下，一些人甚至通过故意制造谣言来引起社会的关注，致使突发公共事件经过网络传播后更加严重而复杂。

三、公民网络素养缺乏

公民网络素养缺乏是突发公共事件变异的主要动因。随着贴吧、论坛、微博、微信、短视频平台等新媒体不断成为突发公共事件的重要信息源和传播平台，网络谣言、网络暴力、人肉搜索、网络水军等网络乱象也伴随出现，为突发公共事件的治理带来更为复杂的挑战。突发公共事件和网络谣言可谓是"一

---

① ［美］巴克斯特、［美］布雷思韦特著，殷晓蓉等译：《人际传播：多元视角之下》，上海译文出版社 2010 年版，第 286 - 287 页。

② 蔡雪珍、郭世玉：《破解中国转型期政府信任缺失的原因》，《理论观察》2012 年第 6 期，第 60 - 61 页。

对孪生兄弟"：突发公共事件带来网络谣言，网络谣言也催生突发公共事件。如
2008 年的瓮安事件，一起溺水死亡事件蜕变成一场严重的打砸抢烧事件，其中
网络上流传的种种谣言是重要的"帮凶"甚至是"罪魁祸首"。又如 2010 年 2
月 21 日（农历正月初八）凌晨，关于山西一些地区要发生地震的消息通过短
信、贴吧等渠道疯狂传播，由于听信地震传言，山西太原、晋中、长治、晋城、
吕梁、阳泉六地几十个县市数百万群众在凌晨走上街头"躲避地震"，出现了
大规模人群焦虑地"等地震"的奇观。这些谣言对群体性事件的爆发起到了煽
风点火、蛊惑人心的作用。

　　网民发表公共意见有时存在自发性和盲目性，易使网民更多局限于感性判
断。因此"在突发事件发生后，网络中更易出现带有情绪色彩的言论，可能产
生网络暴力、人肉搜索等恶劣现象"[①]。一些以维护正义为名的网络舆论逐渐演
化成"道德审判"或"媒介审判"，最终成为突破道德底线甚至法律底线的行
为。许多网民认为自己可以充当"网络警察"，亲身体会网络调查与审判的快
感，使得网民动辄将他们认定的"恶人、罪人、坏人"推向"人肉搜索"的审
判台。面对突发事件时，如果缺乏对网民和网络舆情的有效引导，互联网可能
成为负面情绪滋生、发酵、放大的温床，引发社会舆论群体心理机制"失控"。
"现在网络空间中对谣言、网络暴力以及人肉搜索等的危害性认识越来越清晰，
网民自律问题被摆到了台面上。这其实是媒介素养以至公民素养的题中应有之
义。既然我们已经进入媒介化社会，就要提高全民的媒介素养，用好新媒体，
减少它的负效应，发挥它理性的正能量。"[②]

第二节　研究意义

　　近年来借助微博、微信等社交媒体的网络传播而引起社会广泛关注的突发

---

　　① 关梅：《我国网络舆论监督的意义、问题与出路分析》，《新闻界》2009 年第 3 期，第
87 - 88 页。

　　② 张婷樾：《突发事件中的新媒力量》，http://news.xinhuanet.com/info/2013 - 07/25/c_
132571506.htm。

公共事件数量猛增，如"7·23 动车事故""北京 7·21 特大暴雨事件""松花江死猪事件""H7N9 禽流感""雅安地震""乌坎事件""茂名 PX 事件""杭州保姆纵火事件""深圳渣土滑坡事件""万州公交车坠江事件"等。突发公共事件的网络传播使局部问题全局化、简单问题复杂化、普通问题政治化等。在互联网已成为"思想文化信息的集散地和社会舆论的放大器"的今天，突发公共事件的网络传播在政府治理结构中提出了一个必须高度重视的增量。

1. 理论价值

运用信息扩散理论、复杂性科学（如自组织、协同论和突变论或混沌学）、群体动力学、信息哲学等多学科理论，在微观层面上通过案例分析、内容分析、社会网络分析和 Web 数据挖掘分析，以议题演变、信息进化为脉络，深入剖析突发公共事件在网络环境下的传播机制和传播路径，全面考察不同属性的突发公共事件的网络扩散状态，建构突发公共事件网络传播影响力评价体系，试图多角度揭示突发公共事件网络舆情的发展规律和影响要素，解释突发公共事件网络舆情演变的内在机理，为科学、有效治理突发公共事件网络舆情提供学理依据。

2. 应用价值

运用公共治理理论、协商民主理论、利益相关者理论，提出"六力"驱动型突发公共事件网络舆情治理模式。通过政府部门（主力）、网络传播平台（引力）、网民群体（动力）、意见领袖（推力）、专业媒体（聚力）、社会组织（助力）六种力量形成合力，为突发公共事件的网络舆情治理提供可操作性的对策建议，以促进和谐社会的建构，净化网络舆论生态，推动公共领域的建设和公共政策的完善，在网络社会治理领域推进国家治理体系和治理能力现代化。

第三节　国内外研究现状

一、国内研究现状

在中国知网通过搜索"突发事件""突发公共事件""重大事件"等关键

词，发现突发公共事件的网络传播研究自 2005 年开始出现，2010 年数量开始急剧上升，结合已出版的一些相关论著，目前文献已有上万篇，涉及新闻传播学、公共管理、图书情报、计算机科学、系统科学、数理统计等学科领域。有关突发公共事件网络舆情的主要研究议题涉及突发公共事件网络舆情的传播主体、影响因素、生命周期或传播路径、传播模型建构、监测分析指标和管理控制等方面。

（一）突发公共事件的网络传播主体分析

不少研究文献细分考察了突发公共事件网络传播中的多主体角色及其传播特征，其中网民群体、意见领袖作为重要的网络传播主体受到不少文献的关注。

1. 网络传播主体的特征与行为

一般来说，网民表现出五大主体特征：社会群体中分化出来的"新群体"与现实生活中的舆情主体发生交叉和重构；网民所表达的舆情不能被视为全体民众的情绪、态度和意见；网民是多种情绪、态度和意见的持有者；网民借助网络媒体的传播特性和强大服务功能来表达舆情；网民通过网络发表舆情言论，成为引导和影响舆论的重要力量。①

从是否与突发公共事件有直接利益相关性看，突发公共事件的直接利益相关方，理所当然地成为微博传播的活跃分子；公共知识分子作为间接利益相关方的代表，成为重要的传播主体；非利益相关者也越来越多地被卷入突发公共事件的微博传播；而传播主体性日益觉醒的普通民众则成为声势浩大的围观者。② 以方舟子遇袭事件为例，当事人、网民、媒体、警察与司法机关、利益或声誉相关者等多方主体在舆情演变中均发挥了不同作用。③ 又以"4·20 四川雅安地震"为例，媒体用户、政府用户、地震经历者以及积极参与救援者在舆情传播网络中具有较高的传播能力，因此可以通过影响这些关键节点有效控制

① 毕宏音：《网民的网络舆情主体特征研究》，《广西社会科学》2008 年第 7 期，第 166 - 169 页。

② 夏德元：《突发公共事件中微博传播主体与特征》，《新闻记者》2013 年第 5 期，第 81 - 84 页。

③ 董永亮、方付建、王国华：《多主体参与下突发事件网络舆情演变研究——以方舟子遇袭事件为例》，《电子政务》2013 年第 7 期。

舆情的传播速度。① 从网民是否匿名的角度看，信息传播格局变异和主体间互动空间拓展，选择近距离"围观"而非远距离"眺望"已成为舆论集结的趋势性特征；实名主体的"谨慎"和匿名主体的"超脱"，使"沉默的螺旋"理论演绎出与以往截然相反的逻辑；承载舆论的互动网络在规模和质量上各有差异，质疑性质的舆论同时占有规模和质量优势。②

不同类型的网民在舆情事件中表现出不同传播行为。蔡笑（2009）将网络群体事件中的网民行为划分成三大类：①回应型意见表达行为是指网民对事件进行发帖、评论、转发的行为；②主导型信息采集行为是指网民持续关注事件相关新闻、帖子的行为；③外显型网外行为是指网民关于突发公共事件的线下行为，如集会、游行等。③ 邓文双、李皓（2011）在蔡笑的研究基础上，根据网民的不同角色将其行为分为三类：①事件发起者与推动者的行为：一般有主动发帖引发讨论、持续参与并促进事件发展、寻求更多来自其他网民或者社会机构的支持；②事件相对者的行为：事件相对者一般是事件中被声讨的对象，其行为包括持续关注事件动态，并且会根据事件发展形势随时改变自己的态度，以维护自身利益；③事件关注者的行为：事件关注者一般是事件中没有直接利益冲突的网民，突发公共事件中绝大部分网民属于这种类型。④ 因此，用户转播率可较好地描述社群中的舆情传播程度，不同用户社群的微博内容表现出较大差异，用户行为特征也不尽相同，不同社群结构在舆论传播中的地位和作用不同，重点性地识别有影响的社群有利于危机应对。⑤

2. 网络意见领袖的类型、影响与识别

网络意见领袖是网络舆情传播主体中具有影响力的关键节点，受到众多研究者的重视。王国华等（2011）从知识背景、社会地位、媒体使用三个维度分析突发公共事件网络舆情演变中意见领袖的类型。按不同知识背景，可分为文

---

① 赵金楼、成俊会：《基于 SNA 的突发事件微博舆情传播网络结构分析——以"4·20四川雅安地震"为例》，《管理评论》2015 年第 1 期，第 148 页。

② 夏雨禾：《突发事件中的微博舆论：基于新浪微博的实证研究》，《新闻与传播研究》2011 年第 5 期。

③ 蔡笑：《网络群体事件研究》，《中国犯罪学学会第十八届学术研讨会论文集（下册）》，2009 年，第 1145 – 1152 页。

④ 邓文双、李皓：《网络群体事件中网民行为的社会学分析》，《科技信息》2011 年第 8期，第 248 – 250 页。

⑤ 何跃、邓姝颖、马玉凤等：《突发事件中微博用户社群舆情传播特征研究》，《情报科学》2016 年第 6 期，第 14 – 18 页。

化批评型、司法关注型、社会批判型、文艺创作型、传媒放大型。按社会地位不同,可分为公共知识分子、专业领域知识分子、因某种原因而掌握信息的信息发布者。按媒体接触度和关注度,可分为人气网络博主、微博红人、论坛写手、网络视频爆红者、传统媒体使用者。①

　　一些学者关注了网络意见领袖在突发公共事件中的影响和作用。姜珊珊、李欲晓、徐敬宏(2010)考虑了舆情事件不同发展阶段中不同网络意见领袖的作用,认为在非常规突发事件前期发展中,网络意见领袖群体主要由网络活跃分子、网络精英、网络明星和版主构成;在非常规突发事件发生后,他们都能形成自己的言论,从而影响网络舆情的走向,面对不同的事件,以上任何一部分都有可能形成网络舆情中影响最大的主体;在非常规突发事件后期发展中,网络意见领袖即国家政府部门、专家学者等通过网络渠道发表言论,从而影响网民对事件的理解和态度,以利于非常规突发事件的应急处理。同时,网络上那些精英和名人以及版主也会继续发挥其作用。但是,由于非常规突发事件具有极大的不稳定性,因此在后期的应急处理中,国家相关部门的发言人首先成为网络舆情中影响最大的一方,其次是与事件相关联的专家学者,他们的权威性在非常规突发事件中具有极大的威力。与之相对应的网络名人和精英,也只是在国家和学者的言论基础上重新发掘自己的观点,但是绝对不会偏离这二者的主要言论。因此在非常规突发事件后期发展中,国家在网络上的言论成为网络舆情的主要指向标。②

　　靖鸣、肖婷婷(2015)将微博"大 V"分为政务"大 V"、传统媒体"大 V"、网络媒体"大 V"、明星"大 V"、专家"大 V"五类,认为突发公共事件中微博"大 V"应充分发挥意见领袖的作用,进行正能量传播,积极引导舆论。具体来说,一是作为意见领袖的微博"大 V"需要理性发声;二是微博"大 V"作为消解谣言传播的关键节点,应当提高更新微博的频率;三是微博"大 V"应充分利用自身的粉丝效应,扩大舆论引导的效果。③ 网络"大 V"失范对舆情事件传播具有重要影响,这些失范的具体表现有:随意表达观点,模糊角色

---

① 王国华、张剑、毕帅辉:《突发事件网络舆情演变中意见领袖研究——以药家鑫事件为例》,《情报杂志》2011 年第 12 期,第 2-4 页。

② 姜珊珊、李欲晓、徐敬宏:《非常规突发事件网络舆情中的意见领袖分析》,《情报理论与实践》2010 年第 12 期。

③ 靖鸣、肖婷婷:《关于突发事件中微博"大 V"传播行为的思考——以"3·1"云南昆明火车站暴力恐怖案件为例》,《新闻爱好者》2015 年第 1 期。

地位；刻意夸大事实，制造社会假象；恶意散播谣言，赚取额外利益；舆情行为相悖，激起社会质疑。网络"大V"失范的原因在于其自身素质与社会期望间存在角色困境，"大V"话语权关注度与责任公信间呈现落差对比，网络"聚光灯""放大镜"效应助长网络谣言，网络立法健全程度与网络发展间难以实现同步。① 2013 年 8 月净网运动后，网络"大V"在舆论的表达上变得更规范、有序；在态度立场上，变得理性和专业；在角色转化上，由原先危机舆论的诱发器和扩散器转为危机化解的助推器；在影响力上，虽然"大V"群体影响力辐射范围有所减小，但是辐射效果更加明显，传递了更多的正能量。②

也有一些学者提出了识别突发公共事件中的网络意见领袖的指标体系。丁汉青和王亚萍（2010）以豆瓣网为例，构建了由中心性、活跃性、吸聚力和传染性组成的一级指标，以甄别 SNS 网络空间的"意见领袖"。③ 王君泽等学者（2011）提出关注用户数量、粉丝数量、是否被验证身份和发布的微博数量这四个方面是识别意见领袖的关键。④ 方兴东和叶秀敏（2014）从影响力、活跃度、思想力三个方面构建了微博意见领袖识别指标体系。⑤ 王佳敏等（2016）从影响力和活跃度两个维度来识别突发公共事件中的微博意见领袖，其中，影响力可以通过粉丝数、被评论数、被转发数和是否认证来进行衡量，活跃度可以通过微博数和关注人数来进行衡量。⑥

（二）突发公共事件的网络舆情传播阶段

对于网络舆情演变过程问题，大多数学者从生命周期的角度提供了三阶段、四阶段、五阶段甚至多阶段演变的划分方法。

---

① 刘倩：《网络大V舆情失范的表现、成因及治理——基于微时代网络舆情与青年价值观的视角》，《中国青年研究》2014 年第 6 期，第 58 - 60 页。

② 靖鸣、王勇兵：《新浪大V传播行为的变化与思考——以突发公共事件为例》，《现代传播（中国传媒大学学报）》2016 年第 5 期。

③ 丁汉青、王亚萍：《SNS 网络空间中"意见领袖"特征之分析——以豆瓣网为例》，《新闻与传播研究》2010 年第 3 期，第 82 - 91 页。

④ 王君泽、王雅蕾、禹航等：《微博客意见领袖识别模型研究》，《新闻与传播研究》2011 年第 6 期，第 81 - 88 页。

⑤ 方兴东、叶秀敏：《微博意见领袖的评价研究》，《新闻界》2014 年第 5 期，第 56 - 60 页。

⑥ 王佳敏、吴鹏、陈芬等：《突发事件中意见领袖的识别和影响力实证研究》，《情报学报》2016 年第 2 期，第 169 - 175 页。

　　三分法方面，史波（2010）提出公共危机事件网络舆情分为形成、发展、结束三个阶段，每个阶段都包含其特定的演变机理。[①] 刘路（2013）认为，在突发事件的潜伏期，微博的作用在于将客观事件转化为微博事件，唤起舆论，并使社会焦点议题涌现；爆发期时，微博的舆论作用机制主要是事件现场呈现、事件真相挖掘、事件的舆论集散和观点导向；延续期时，微博则成为全民监督、信息反馈的舆论平台，而后发的事件又将对元事件的舆论热点进行转移。[②] 刘雅姝等（2019）将舆情演化过程划分为潜伏期、爆发期、衰退期三个阶段，从话题数量、热度、内容等多维度融合分析角度，动态跟踪事件发展过程中舆情话题的演化情况，发现三个阶段的话题讨论热度和数量分别呈现"少且冷""多且热""少而热"的特点。[③]

　　四分法方面，易承志（2011）提出群体性突发事件网络舆情的演变包括形成、扩散、爆发和终结四个阶段。[④] 兰月新（2011）认为突发事件网络舆情演变周期分为潜伏期、明显期、高潮期和消退期四个阶段。[⑤] 易臣何、何振（2014）认为突发事件网络舆情的生成演化主要经历"触发—集聚—热议—升华"四个关口，并呈现出相应的规律。突变规律描述了舆情的非连续性突然发生变化的状态特征，聚焦规律反映了舆情的焦点形成与放大演化机理，共振规律体现了舆情的现实与虚拟、议题与情绪的互动过程，极化规律强调了个体因群体极化模式而表现出从众舆论的行为。[⑥] 董永亮、方付建、王国华（2013）以方舟子遇袭事件为典型案例，描述了突发事件网络舆情随着事件出现、衍生、审判、终结，经历了孕育、喷涌、转向与衰减的发生和发展的变化过程。[⑦] 任中杰等（2019）从情感热度角度将舆情演变过程划分为高热期、持续期、反复

　　① 史波：《公共危机事件网络舆情内在演变机理研究》，《情报杂志》2010 年第 4 期。
　　② 刘路：《微博在突发事件中的舆论作用机制初探》，《新闻大学》2013 年第 2 期。
　　③ 刘雅姝、张海涛、徐海玲等：《多维特征融合的网络舆情突发事件演化话题图谱研究》，《情报学报》2019 年第 8 期，第 798 页。
　　④ 易承志：《群体性突发事件网络舆情的演变机制分析》，《情报杂志》2011 年第 12 期。
　　⑤ 兰月新：《突发事件网络舆情安全评估指标体系构建》，《情报杂志》2011 年第 7 期。
　　⑥ 易臣何、何振：《突发事件网络舆情的生成演化规律研究》，《湘潭大学学报（哲学社会科学版）》2014 年第 2 期。
　　⑦ 董永亮、方付建、王国华：《多主体参与下突发事件网络舆情演变研究——以方舟子遇袭事件为例》，《电子政务》2013 年第 7 期。

期、消亡期，分析发现各阶段舆情演化规律和热点内容。[①]

　　五分法方面，张玉亮（2013）基于信息交换均衡的视角，认为突发事件网络舆情演变的过程，实际上也是突发事件信息供给方与需求方相互交换舆情信息、实现舆情信息交流与传递的过程，突发事件网络舆情的演变分期实际上就是对突发事件信息供给方与需求方信息交换频度、内容、效果的分期。他将突发事件网络舆情演变周期分为均衡期、需求增长期、供需极化期、供给加强期、再均衡期五个阶段。[②]谢科范等（2010）将网络舆情突发事件的生命周期分为五个阶段：潜伏期，表现为网络舆情突发事件的致因业已存在，但因为能量不够或缺乏强力触发而暂未显化为突发事件；萌动期，表现为网络舆情突发事件已现端倪；加速期，表现为网络能量快速集聚，意见领袖出现，热度大幅增加；成熟期，表现为网络舆情主导意见已形成，关注人数相对稳定，热度处于平衡；衰退期，表现为热度开始冷却，社会关注度下降。[③]

　　六分法方面，人民网舆情监测室（2011）认为，社会热点舆情事件基本可以分为舆情发生期、舆情发酵期、舆情发展期、舆情高涨期、舆情回落期、舆情反馈期六个阶段。[④]李彪（2011）认为网络事件传播可以分为六个阶段：潜伏期、爆发期、蔓延期、反复期、缓解期和长尾期。[⑤]嵇美云、田大宪（2011）从社会心理学角度出发，认为群体性突发事件的发生和网络舆情的演化，都具有相似的六个心理动力学过程：从群体认同、群体比较、群体极化、群体迷思到削弱社会控制和发生社会侵犯。[⑥]崔鹏等（2018）则构建了由酝酿阶段、爆发阶段、扩散阶段、反复阶段、消退阶段、长尾阶段构成的突发公共事件网络

　　①　任中杰、张鹏、李思成等：《基于微博数据挖掘的突发事件情感态势演化分析——以天津8·12事故为例》，《情报杂志》2019年第2期。

　　②　张玉亮：《基于信息交换均衡的突发事件网络舆情演变分期研究》，《现代情报》2013年第1期。

　　③　谢科范、赵湜、陈刚等：《网络舆情突发事件的生命周期原理及集群决策研究》，《武汉理工大学学报（社会科学版）》2010年第4期，第483页。

　　④　人民网舆情监测室：《如何应对网络舆情——网络舆情分析师手册》，新华出版社2011年版，第139页。

　　⑤　李彪：《网络事件传播阶段及阈值研究——以2010年34个热点网络舆情事件为例》，《国际新闻界》2011年第10期。

　　⑥　嵇美云、田大宪：《群体性突发事件的网络舆情预警与应对——基于社会心理学的视角》，《浙江传媒学院学报》2011年第5期。

舆情发展生命周期六阶段模型。[1]

曾润喜等（2014）评价了各类传播阶段划分法的优缺点（见表0-1），认为三阶段模型简单抽象地划分了舆情传播阶段，但是描述具体演变过程的能力不强。四阶段、五阶段、六阶段模型对三阶段模型进行了一定程度的扩展，更为详细地描述了网络舆情传播的过程。不过，在对网络舆情传播阶段划分进行研究时，这些模型通常只采用一个研究对象或结合某个、某些具体事例来进行验证，很少有研究采取大量数据案例进行分析，因此结论缺乏一定的普适性。[2]

表0-1 各网络舆情传播阶段模型分析比较

阶段模型	阶段划分				
三阶段模型	发生		变化		结束
	产生		传播		整合
	潜伏期		扩散期		消退期
四阶段模型	涨落阶段	序变阶段		冲突阶段	衰退阶段
	集聚	散播		热议	流行
	潜伏阶段	突发阶段		蔓延阶段	终结阶段
	形成阶段	爆发阶段		缓解阶段	平复阶段
五阶段模型	散播阶段	集聚阶段	升华阶段	延续阶段	终结阶段
	早起传播阶段	社会性知情阶段	社会性表达阶段	社会行动阶段	媒体纪念阶段
六阶段模型	潜伏期	成长期	蔓延期	爆发期	衰退期	死亡期
	潜伏期	爆发期	蔓延期	反复期	缓解期	长尾期

资料来源：曾润喜、王晨曦、陈强：《网络舆情传播阶段与模型比较研究》，《情报杂志》2014年第5期，第120页。

（三）突发公共事件网络舆情的传播模式或模型

不少学者试图从众多案例中寻求能反映普遍规律的突发公共事件网络舆情

---

[1] 崔鹏、张巍、何毅等：《突发公共事件网络舆情演化及政府应对能力研究》，《现代情报》2018年第2期，第75页。

[2] 曾润喜、王晨曦、陈强：《网络舆情传播阶段与模型比较研究》，《情报杂志》2014年第5期，第123页。

传播模式。惠志斌（2013）基于 2011—2012 年国内重大事件的实证研究，系统探索微博事件信息扩散的映射型、长尾型、连锁型、间歇型四种典型模式，以及碎片化信息聚合机制、节点分工转换机制、强弱连接互补机制、群组嵌套勾连机制四种动力机制。兰月新、曾润喜（2013）以网络信息量为研究对象，构建突发公共事件网络舆情信息传播规律模型，研究突发公共事件网络舆情潜伏期的高潮预测问题、扩散期的负面信息监测问题以及消退期的衍生舆情监测问题。① 夏雨禾（2014）提出突发事件和微博舆论之间出现了三种不同类型的关系模式：集聚关系模式（微博舆论总是聚焦于突发事件本身并伴随突发事件的演变而变化，舆论对事件发展关键节点的放大效应十分明显）、辐射关系模式（在突发事件相关信息经历舆论的解读之后，事件或舆论的性质会呈现出多角化发展的态势）、变异关系模式（舆论往往会"溢出"事件的预设框架，进而诱发新的事件或新的舆论的产生，突发事件或相关舆论在性质上就会发生质变）。② 他（2011）还提出，突发事件中微博舆论的生成是双层作用机制的产物，可以被区分为认同模式、协调模式、质疑模式、情绪模式和游离模式五种主要生成模式。③

也有不少学者从跨学科领域视角进行了各种网络舆情模式的研究，包括元胞自动机模型、Agent 模型、微分方程模型、平均场数学模型、社会网络模型、复杂网络结构模型、贝叶斯网络模型、博弈模型、自适应演化模型、话题演化模型、信息论模型等，其中网络谣言传播规律的建模主要有人群动力学模型、传染病模型、小世界网络模型、无标度网络模型、加权马尔可夫链模型、微分方程模型、演化博弈模型等。如陈波等（2011）将传统的传染病模型应用到突发事件网络舆情研究当中，建立了带直接免疫的 SEIR 舆情传播控制模型。④ 孙佰清、董靖巍（2011）基于"六度分隔"假说、小世界网络和无尺度网络等社会网络理论，建立了基于主体（agent）的网络舆情扩散监测模型以及网络舆情

① 兰月新、曾润喜：《突发事件网络舆情传播规律与预警阶段研究》，《情报杂志》2013年第 5 期。

② 夏雨禾：《2010 年以来的突发事件微博舆论及其变化趋势——基于新浪微博的实证研究》，《新闻与传播研究》2014 年第 3 期。

③ 夏雨禾：《突发事件中的微博舆论：基于新浪微博的实证研究》，《新闻与传播研究》2011 年第 5 期。

④ 陈波、于泠、刘君亭等：《泛在媒体环境下的网络舆情传播控制模型》，《系统工程理论与实践》2011 年第 11 期。

扩散规律分析模型。① 兰月新、邓新元（2011）通过建立微分方程模型，确定了网络舆情扩散过程中的三个特征时间点和舆情发展的四个时段，并提出了政府在不同时段所应奉行的处置对策。② 周耀明、张慧成、王波（2012）则使用时间序列的分析方法来探索网络舆情的演化规律，构建了网络舆情演化的分布模式、平稳模式、相关模式、自相似模式、周期模式和趋势模式，并给出了相应的模式分析方法。③

曾润喜等（2014）从社会科学和工程技术两个角度出发，对当前众多网络舆情传播模型的研究文献进行了比较全面的评价。从社会科学角度看，网络舆情演变模型主要有基于人际关系演化的网络舆情演化模型、网络舆情演变复杂模型、基于博弈论思想的网络舆情演变模型，这些模型清晰地描绘出了网络舆情的演变规律，并为网络舆情未来发展态势的预测提供一定的借鉴；从工程技术角度看，网络舆情演变模型除了元胞自动机模型、传染病模型和基于小世界网络的网络舆论传播模型具有一定的后续研究，大多数网络舆情传播模型并没有形成一个体系理论。这三种传播模型有其各自的特点，传染病模型是从宏观层面对网络舆情传播进行研究，而元胞自动机模型和基于小世界网络的网络舆论传播模型则更加关注微观层面上个体的交互状态。元胞自动机模型的交互规则简单，能够很好地看出个体间是如何进行交互的，但是很难在现实世界中进行模拟。传染病模型与元胞自动机模型相比，由于具有数学严密性，所以能够更好地应用于现实社会。但这两个模型在现实社会中的应用具有一定的局限性，相较于此，贴近现实生活的基于小世界网络的网络舆论传播模型有更强的现实合理性。④

（四）突发公共事件网络传播的影响因素

1. 群体性突发公共事件形成的主要影响因素

向良云（2012）通过扎根理论得出情景刺激、社会认知、群体结构以及群

---

① 孙佰清、董靖巍：《重大公共危机网络舆情扩散监测和规律分析》，《哈尔滨工业大学学报（社会科学版）》2011 年第 1 期。

② 兰月新、邓新元：《突发事件网络舆情演进规律模型研究》，《情报杂志》2011 年第 8 期。

③ 周耀明、张慧成、王波：《网络舆情演化模式分析》，《信息工程大学学报》2012 年第 3 期。

④ 曾润喜、王晨曦、陈强：《网络舆情传播阶段与模型比较研究》，《情报杂志》2014 年第 5 期，第 123 页。

体心理四个重要且重复出现的关键影响因素，由此构建起重大群体性事件演化升级影响因素的概念模型。其中情景刺激作为投射于社会公众心理的"现实事件"产生巨大的心理冲击，对此的社会认知和集体解读成为聚集群众行为选择的中介变量，而群体结构和群体心理则直接推动重大群体性事件的演化升级。①姜金贵等（2015）利用扎根理论发现公平性是影响群体性突发事件的核心因素，进而将群体性突发事件的主要诱发因素分为动力因素、阻力因素和驱动因素三类。这些因素在公平性意识、公平性诉求、公平性抗争三个阶段相互作用导致群体性突发事件发生。② 宋之杰、李鑫（2017）认为，影响群体性突发事件演化的因素有四种：信息扩散、情绪变化、识别判断、信任改变，"信息扩散"会在短时间内对群体情绪产生很大影响；"情绪变化"会与"信息扩散"共同作用而影响群体"识别判断"，同时带来"信任改变"；"信息扩散"对事件中主要议题的形成至关重要。③

2. 突发公共事件网络舆情演化的影响因素

很多学者思考事件、媒体、网民、政府等要素对突发公共事件网络舆情演化的影响。王平、谢耘耕（2013）认为，主体、对象、本体、媒介及过程是影响舆情生成、演变的主要因素，如舆情主体方面，网民、当事人、意见领袖的社会心理结构、心理行为倾向性、风险认知水平、信任结构、参与动机等方面都会影响公共舆论；舆情对象方面，事实本身的新闻价值、事件的类型和特征对网络舆情产生影响；舆情媒介方面，不同媒体的影响力和传播力影响着信息的流通和传播；政府举措成为舆情变化的重要因素。④

杜洪涛、王君泽、李婕（2017）认为，影响突发事件网络舆情演化的重要因素有以下几种：一是突发事件类型，不同类型的突发事件涉及的社会矛盾不同，矛盾的强度与复杂程度也各异，因此带来了不同的公众关注程度与参与欲望；二是政府应对行为，政府在事件中实行的政策与具体采取的措施都会影响

① 向良云：《重大群体性事件演化升级的影响因素分析——基于扎根理论方法的研究》，《情报杂志》2012 年第 4 期，第 64 – 69 页。

② 姜金贵、张鹏飞、付棣等：《群体性突发事件诱发因素及发生机理研究——基于扎根理论》，《情报杂志》2015 年第 1 期，第 154 页。

③ 宋之杰、李鑫：《新媒体下群体性突发事件演化影响因素研究》，《现代传播（中国传媒大学学报）》2017 年第 3 期，第 54 页。

④ 王平、谢耘耕：《突发公共事件网络舆情的形成及演变机制研究》，《现代传播（中国传媒大学学报）》2013 年第 3 期，第 63 – 69 页。

网络舆情演化；三是舆情主体的个体差异，舆情主体的个体差异明显，网络舆情极度分散，多元化特征显著，就会增加舆情演化过程中的变数，降低舆情的可控性；四是心理效应作用，包括群体心理和相对剥夺感，社会运动和抗争源于公众具有政府对其相对剥夺的感受；五是意见领袖对事件的看法，由于网络意见领袖对广大网民的强大影响力和牵引作用，有时他们甚至决定了网络的关注焦点和意见方向；六是媒体报道，媒体在网络舆情发展过程中具有进行议题设置的重要角色。[①]

洪亮等（2017）认为，事件作用主体、网民作用主体、传媒作用主体、网媒作用主体、政府作用主体是网络舆情产生的主要影响因素。在事件作用主体中，事件危害程度和敏感度对网络舆情的影响较大，且敏感度的影响程度大于事件危害程度。在网民作用主体中，网民情绪强度和网民信息综合量对网络舆情的影响较为敏感。在传媒作用主体、网媒作用主体中，媒体的活跃度和权威度对网络舆情的影响较为敏感。在政府作用主体中，政府信息公开度、新闻发言人权威度、政府反应速度、网民对政府满意度等因素都对舆情风险的影响较为敏感。[②]

黄微等（2015）提出了大数据环境下网络舆情传播的五要素：舆情主体（包括自由主体、领袖主体、管控主体、利益相关主体）、舆情客体（由新闻事件、热点现象、公共话题三类组成）、舆情本体（网民对突发事件表达的认知、情绪、态度和意见等具体内容）、舆情媒体（或渠道、终端等）、舆情空间（包括舆论情境、大数据技术环境、噪音）。网络舆情传播机理包括触发机理、观点聚合机理、扩散机理、利己机理、极化机理、线索累积机理、循环机理、干扰机理。[③]

也有学者将事件、媒体、网民、政府等影响因素归类为内部与外部因素。齐佳音等（2015）提出网络舆情态势演化路径的形成原因主要有内源动力和外源动力。内源动力就是事件本身所包含的破坏力，由事件本身属性决定；外源动力包含网民推动力、政府或相关组织调控力，它是事件外部的作用力，但是

---

① 杜洪涛、王君泽、李婕：《基于多案例的突发事件网络舆情演化模式研究》，《情报学报》2017年第10期，第1039－1049页。

② 洪亮、石立艳、李明：《基于系统动力学的多主体回应网络舆情影响因素研究》，《情报科学》2017年第1期，第138页。

③ 黄微、李瑞、孟佳林：《大数据环境下多媒体网络舆情传播要素及运行机理研究》，《图书情报工作》2015年第21期，第41－43页。

对事件的发展方向、影响力的形成具有非常重要的作用。① 叶琼元等（2019）认为，突发事件民意演化影响因素主要分为两方面，一是内部因素（网民自身因素，如认知水平、情绪强度、行为）；二是外部因素（媒体因素、政府因素、事件因素等），政府因素包括"政府回应力度""政府公信力""政府决策影响力"等。② 曾子明、方正东（2019）从信息供需角度出发，将关注该事件且有信息需求的公众视为突发事件舆论场系统的内部组成部分，媒体和政府视为系统外部环境，运用熵理论研究突发事件舆情的演化机理，发现在突发事件舆情复杂多变的动态演化中，存在五个具有重要影响的关键时间节点：熵增突变点、熵增减缓点、熵增速度零点、熵减加速点和新平衡形成点，舆论场系统总熵变的这五大关键时间节点即为突发事件舆情复杂多变的动态演化中的"不变"，它们不会随演化阶段的不同划分而发生改变。③

3. 突发公共事件中网络谣言的影响因素

袁国平、许晓兵（2015）对突发事件后不实信息传播引起网络舆情的子系统进行分析，发掘事件公共度、事件敏感度、网民质疑度、政府公信力四个方面对网络舆情热度的影响。④ 翁士洪、顾佩丽（2015）通过对 H7N9 禽流感事件的研究，发现微博用户的不同心理、微博信息的性质、公共突发事件的关注程度、政府信息的公开透明度等是是否引发谣言的主要因素。⑤

殷飞等（2018）使用 VensimPLE 软件对构建的谣言热度模型进行仿真分析，发现政府公信力、媒体影响率、网民群体极化程度等变量都对突发事件网络谣言的传播具有较大影响。政府信息公开程度、响应速度与网络互动程度共同对网络谣言热度造成影响，其中，信息公开程度在调控中起到关键性作用。当媒体影响率升高时，谣言热度增加；当媒体影响率降低时，谣言热度相应降低。意见领袖作用和网民群体极化程度两个因素共同影响网民作用量，进而影

---

① 齐佳音、刘凌含、张一文等：《突发性公共危机事件网络舆情态势演化内外源动力探究》，《情报科学》2015 年第 11 期，第 33 页。

② 叶琼元、夏一雪、张鹏等：《面向舆情大数据的突发事件民意系统演化机理与仿真研究》，《情报科学》2019 年第 1 期。

③ 曾子明、方正东：《基于熵理论的突发事件舆情演化研究》，《情报科学》2019 年第 9 期，第 3 - 7 页。

④ 袁国平、许晓兵：《基于系统动力学的关于突发事件后网络舆情热度研究》，《情报科学》2015 年第 10 期，第 52 页。

⑤ 翁士洪、顾佩丽：《公共突发事件中微博谣言的机制与治理——以 H7N9 事件为例》，《电子政务》2015 年第 10 期，第 10 页。

响网络谣言热度。①

苏宏元、黄晓曦（2018）基于2011—2016年我国突发事件中产生网络谣言的20个典型案例的清晰集定性比较分析，发现社交媒体是突发事件中网络谣言传播的核心条件，突发事件类型、政府及权威媒体机构"信息干预"下的信息透明度低、"传播主体"的有意讹传以及"信息受众"的负面情绪是相关条件，并且造成突发事件中网络谣言负面传播效应是多条件组合作用的结果。②

（五）突发公共事件网络舆情的监测评价

1. 网络舆情智能预警、监测、分析系统的构建

曾润喜、徐晓林（2009）认为，网络舆情突发事件预警机制主要由监测子系统、汇集子系统、分析子系统、警报子系统、预控子系统五个子系统构成；网络舆情突发事件的发生发展一般会通过变量特征体现，在建立网络舆情分级预警机制的基础上，可以构建警源、警兆、警情三类指标体系；为保障网络舆情突发事件预警机制的顺利运行，还需建立网络舆情突发事件预警机制的组织体系和制度体系。③

张一文等（2010）利用系统动力学建模来认识非常规突发事件网络传播的涨落规律，以四个流位变量为核心构成了四个子系统，分别为政府子系统、网民子系统、网媒子系统和传统媒体子系统。各个子系统都通过对舆情热度的影响相互联系。若对不同事件的种类、易爆程度等建立指标体系，同时进行综合评分，将不同类型的突发事件划分等级，并且对每个等级的事件采取不同的应对措施，建立完善非常规突发事件应对体系，那么当某类非常规事件发生后，针对不同等级的事件采取相应的应对措施，则舆情引导效果更好。④

兰月新（2011）从网民反应、信息特性、事态扩散三个维度构建了网络舆情安全评估指标体系，其中一级指标三个，二级指标七个，三级指标十三个，

---

① 殷飞、张鹏、兰月新等：《基于系统动力学的突发事件网络谣言治理研究》，《情报科学》2018年第4期，第57–63页。

② 苏宏元、黄晓曦：《突发事件中网络谣言的传播机制——基于清晰集定性比较分析》，《当代传播》2018年第1期，第67页。

③ 曾润喜、徐晓林：《网络舆情突发事件预警系统、指标与机制》，《情报杂志》2009年第11期。

④ 张一文、齐佳音、马君等：《网络舆情与非常规突发事件作用机制——基于系统动力学建模分析》，《情报杂志》2010年第9期。

四级指标二十个。[①] 聂峰英、张旸（2015）提出移动社交网络舆情预警指标体系以舆情热度、舆情发布者和舆情接收者为一级指标，其中舆情热度指标有舆情关注度和舆情时效度两个二级指标；舆情发布者指标有发布者信息和发布者社交状况两个二级指标；舆情接收者指标有接收者信息、接收者社交状况和二次传播三个二级指标（见图0-1）。[②] 王青、成颖、巢乃鹏（2011）从舆情热度、舆情强度、舆情倾度、舆情生长度四个维度来诠释主题舆情的传播范围及程度、舆情主题本身内容强度、舆情受众意见分布、主题舆情生长规律及状态等网络舆情监测预警要素（见表0-2）。[③]

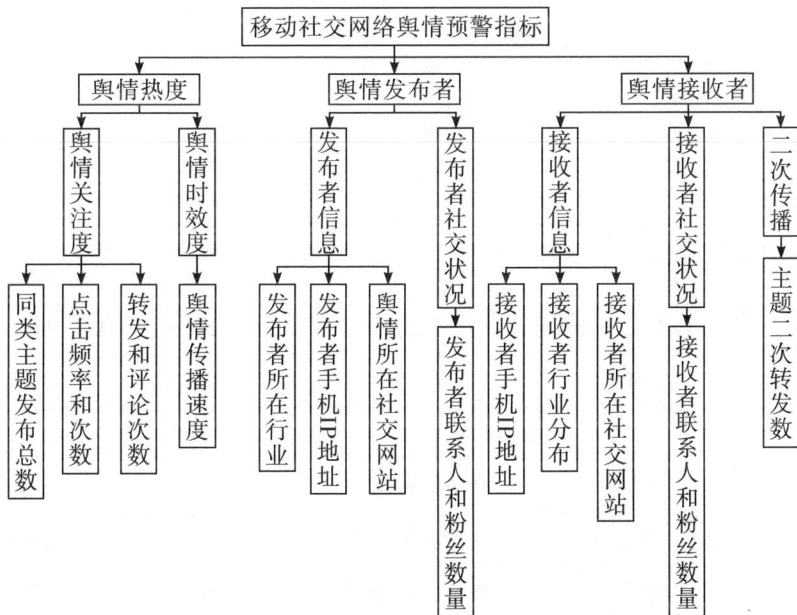

图0-1 移动社交网络舆情预警指标体系

① 兰月新：《突发事件网络舆情安全评估指标体系构建》，《情报杂志》2011年第7期。

② 聂峰英、张旸：《移动社交网络舆情预警指标体系构建》，《情报理论与实践》2015年第12期，第65页。

③ 王青、成颖、巢乃鹏：《网络舆情监测及预警指标体系构建研究》，《图书情报工作》2011年第8期，第54页。

表0-2 网络舆情监测预警要素

一级指标	二级指标	三级指标	指标来源	指标类型
舆情热度	关注度	关注热度	1、2、5、6、7、9	必要指标
	网站覆盖度	舆情网站分布	1、5、7	必要指标
	地区覆盖度	舆情地区分布	1、2	必要指标
	权威度	来源权威度	创新	必要指标
		舆情署名度	创新	必要指标
		发布者影响度	创新	必要指标
舆情强度	危度	主题扩散度（黏度）	创新	完备指标
		主题敏感度	2、9	完备指标
		主题重要度	创新	完备指标
	频度	点击频率	2	必要指标
		回帖频率	2	必要指标
		转载频率	2	必要指标
舆情倾度	倾向分布度	受众倾向分布	1、2、5、6、7、9	必要指标
	突变度	突变参数	创新	必要指标
	异度	倾向离散程度	创新	必要指标
舆情生长度	焦度	焦点状态值	9	必要指标
	拐度	拐点状态值	9	必要指标
	时效度	舆情时效值	创新	必要指标

曾润喜（2010）提出网络舆情突发事件预警指标包括下列三类因素：警源（产生网络舆情风险的根源）、警兆（网络舆情风险在网络空间运行中暴露出的现象）、警情（网络舆情风险的外部形态表现）。警源一级指标包括以下几个二级指标：①国内外政治事件；②经济衰退；③通货膨胀和失业；④贫富差距；⑤干部腐败和干群矛盾；⑥政策法规出台及后遗症；⑦有违伦理文化道德事件；⑧治安刑事案件；⑨突发公共事件。警兆一级指标包括以下几个二级指标：①牢骚言论；②激进言论；③小道消息；④网络团体；⑤黑客行为；⑥政治争论；⑦政治动员；⑧网络实时播报；⑨网上群体侵犯。警情一级指标包括以下

·· ··

几个二级指标：①集体上访；②集体罢工；③暴力群斗；④恶性侵犯事件；⑤政治集会；⑥游行示威；⑦民族冲突；⑧宗教冲突；⑨动乱。①

2. 网络舆情风险热度评价

舆情热度评价作为网络舆情评价的重要分支也受到一些学者的关注。喻国明（2012）从时间维度、数量维度、显著维度、集中维度、意见维度构建了网络舆论热点衡量的基本指标体系。② 张一文等（2010、2011）从事件舆情爆发力、网民作用力、媒体影响力以及政府疏导力来描述网络舆情热度，构建舆情热度评价指标体系。③ 曹学艳等（2014）也以突发事件政府应对等级为切入点，构建网络舆情热度评价指标体系，从不同应对等级和事件类型的角度选取八个典型案例，运用 GooSeeker 等工具进行案例数据挖掘，获得各突发事件的舆情热度值，通过构建突发事件应对等级和舆情热度分析图，进一步发现其存在"一致"和"不一致"的对应关系。④

张玉亮（2016）提出了突发事件网络舆情信息流风险评价指标体系，包括：①含有国内生产总值、可供支配收入、社会和谐的基本程度、网民人数这些词汇的用例，均从不同角度反映突发事件网络舆情信息流生成的风险；②含有有效点击的数量、演化地域范围、扩散程度、时间范围、职业类型这些词汇的用例，反映了突发事件网络舆情信息流传导扩散的风险；③含有回应得是否迅捷、认可程度、人员素质水平、应急平台、突发事件的满意程度这些词汇的用例，展现了突发事件网络舆情信息流平复的风险。⑤

梁冠华、鞠玉梅（2018）构建了网络舆情演化周期各阶段的风险指标体系，包括舆情防范风险指标（网络信息化程度、舆情监测平台硬件环境、舆情监测平台软件环境、舆情监测平台人力资源）、舆情发生风险指标（危机事件的环境影响力、舆情的行业媒体环境、舆情的传播速度）、舆情传播风险指标

① 曾润喜：《网络舆情突发事件预警指标休系构建》，《情报理论与实践》2010 年第 1 期，第 78 页。

② 喻国明：《中国社会舆情年度报告》，人民日报出版社 2012 年版，第 13 页。

③ 张一文、齐佳音、方滨兴等：《非常规突发事件网络舆情热度评价体系研究》，《情报科学》2011 年第 9 期；张一文、齐佳音、方滨兴等：《非常规突发事件网络舆情热度评价指标体系构建》，《情报杂志》2010 年第 11 期。

④ 曹学艳、张仙、刘樑等：《基于应对等级的突发事件网络舆情热度分析》，《中国管理科学》2014 年第 3 期，第 82 页。

⑤ 张玉亮：《基于 UML 方法的突发事件网络舆情信息流风险评价指标体系构建研究》，《图书与情报》2016 年第 3 期，第 4 – 5 页。

（舆情的影响力、舆情的传播时间、舆情的持续热度）、舆情消退风险指标（危机事件的处理效果、舆论领袖的引导能力）。[①] 黄星、刘樑（2018）提出评价突发事件网络舆情风险预警等级三个维度的一级指标和十个二级指标（见表0 - 3）。[②]

表0 - 3　突发事件网络舆情风险预警指标

维度指标	二级指标	数据获取方式
突发事件作用力	突发事件敏感度 突发事件持续时间 突发事件危害性 次生灾害发生可能性	根据突发事件类型分别赋值获取经验数据 根据持续时间赋值 按危害等级赋值 专家赋值
网络媒体作用力	突发事件网媒平台数量 突发事件新闻报道次数 报道内容全面性	整个事件中参与网络媒体数量 不同媒体新闻报道次数的总和 专家赋值
网民作用力	网上行为强度 网下行为强度 负面回帖总数	统计点击量、发帖量、回帖量、转发量 一周内网民讨论平均次数，800 人抽样获取 统计负面博文、负面回帖量、负面帖文转发量

（六）突发公共事件网络舆情的影响

万旋傲、谢耘耕（2015）基于对 2003—2013 年 214 起舆情事件的研究，考察突发公共事件中的网络舆情传播与公共政策制定的关系，结论显示网络舆情推进的公共政策的形式以政策修改为主，主要涉及反腐倡廉、食药安全、环境污染和弱势群体保护等问题，颁布主体以中央政府居多，议题主要来源于媒体、个人和事件本身，期限以长期政策为主，辐射范围以全国性政策居多，整体效力较高。另外，受害者、连环事件、谣言、意见领袖参与都和公共政策推进有紧密关系，集群行为与公共政策推进并不显著相关，但集群行为促进了政府政

[①]　梁冠华、鞠玉梅：《基于舆情演化生命周期的突发事件网络舆情风险评估分析》，《情报科学》2018 年第 10 期，第 52 页。

[②]　黄星、刘樑：《突发事件网络舆情风险评价方法及应用》，《情报科学》2018 年第 4 期，第 5 页。

策回应的时效；舆论传播强度对公共政策推进具有显著影响，其中网民对公共政策议程的干预力量主要在于情绪表达强度，媒体对公共政策议程的干预力量主要来源于新闻关注热度。[①] 黄扬、李伟权（2019）认为，"事件触发基调转变"和"媒体舆情叠加聚合"两个舆情要素均能有效触发"政策形象"的转变，而"意见领袖偏好引导"和"政民互动民意传递"则均为"政策议定场所"发生变化的主导要素。[②]

（七）突发公共事件网络舆情传播管理

1. 突发公共事件网络舆情信息的管理

张凤梅（2010）对突发公共事件在网络论坛中传播的信息流以及信息流的引导问题进行探讨，提出突发公共事件信息流引导策略，如及时发布信息，建立权威的信息传播引导；控制议题的设置，发挥舆论领袖的作用；促使公众由感性认识到理性认识；提升网民素质，加强网络论坛自身建设。[③] 谢耘耕等（2011）以突发公共事件的信源为切入点，通过对 2009 年、2010 年的 132 起在国内影响较大的舆情热点事件进行质化和量化分析，提出新媒体环境下突发公共事件信源的管理建议：政府要加强舆情监测与研判，加强政府公信力建设，如探索公共管理与网络信源的良性互动机制、优化信源管理、加强互联网管理、治理网络虚假信息，以加强突发公共事件信源管理。陈璟浩、李纲（2015）提出要注重研判网络舆情风险等级、及时将危机信息源与无关事件切割（涉事人的社会背景越复杂，接触的人员、隶属的组织、所拥有的身份越多，越容易引发衍生事件）、对核心信息枢纽（如当事人、组织代表、知名记者等）进行监控三个应对网络舆情的策略。[④]

2. 突发公共事件网络舆情主体的管理

张玉亮（2012）基于网络舆情主体心理的突发事件网络舆情生成原因（如

[①] 万旋傲、谢耘耕：《网络舆情传播对公共政策的影响研究》，《编辑之友》2015 年第 8 期，第 5 页。

[②] 黄扬、李伟权：《网络舆情下间断—均衡模型如何更好解释中国的政策变迁？——基于 30 个舆情案例的清晰集定性比较分析》，《情报杂志》2019 年第 3 期，第 114 页。

[③] 张凤梅：《突发公共事件在网络论坛中传播的信息流研究》，华东师范大学硕士学位论文，2010 年。

[④] 陈璟浩、李纲：《突发公共事件网络舆情传播过程研究——以网络组织为视角》，《情报杂志》2015 年第 2 期，第 45 - 46 页。

主观焦虑的强化与放大、集群情绪渲染与个人理性的迷失、心理失衡与情感宣泄的交织与碰撞、政治不信任的累加与表达机制的失语），认为科学导控突发事件网络舆情，需要建立健全突发事件快速响应与安全恢复机制、突发事件处置的信息通报与透明化机制、利益调节和社会心理平衡恢复机制以及突发事件网络舆情主体成长与管理机制。[①] 种大双、孙绍荣（2018）将重大突发事件中的群众分为易感染、潜伏、染病和痊愈四种状态，考虑各类群众之间的状态转移关系，提出政府应采取的干预措施总体原则是提高对易感染者向潜伏者、潜伏者向染病者及痊愈者向易感染者的阻碍力度，或者降低对染病者向痊愈者转化的阻碍力度，具体表现为：政府应当建立重大突发事件后舆情管控的常态管理机制和预警管理机制；及时公开真实信息，正面回应群众，"疏"胜于"堵"；对可能造成次生灾害的舆情信息（如谣言）要隔离信息源；树立正面意见领袖并约束负面意见领袖，安抚民众，控制舆论导向。[②]

3. 突发公共事件网络舆情的政府管理策略

中共中央宣传部舆情信息局编著的《舆情信息汇集分析机制研究》是国内在舆情信息汇集分析机制方面的第一本专著。整个机制包括汇集、分析、报送、反馈、工作保障和激励机制，涉及敏锐发现和整理、正确甄别筛选、保持动态跟踪、科学分析研判。运行方法包括建立网络舆情工作机构和联席会议制、加强沟通协调、监控预测、快速处理、跟踪反馈。[③]

潘芳等（2012）针对同级管控部门中的任务分配，认为各级舆情管控部门均有行政执法权力；以区县为单位，在企业、学校、乡镇、社区等确定不同类型直报单位，建立突发事件网络舆情信息直报点；充分利用各个管控部门已有的部门政务信息系统数据库，在同级管控主体间传递准实时的审核结果；同级中的具有审核资格的管控主体均有一票否决权。[④]

李华君（2013）提出了政府形象在网络舆情危机中的修复路径：①价值重塑：立足于网络舆情危机时期形象恢复与形象塑造双重任务，树立"服务型政

① 张玉亮：《突发事件网络舆情的生成原因与导控策略——基于网络舆情主体心理的分析视阈》，《情报杂志》2012 年第 4 期。

② 种大双、孙绍荣：《基于传染病模型的重大突发事件舆情传播与控制》，《情报理论与实践》2018 年第 5 期，第 109 页。

③ 中共中央宣传部舆情信息局：《舆情信息汇集分析机制研究》，学习出版社 2006 年版。

④ 潘芳、仲伟俊、胡彬等：《突发事件网络舆情的管控机制及效率测评》，《情报杂志》2012 年第 5 期。

府形象"的价值目标；②事实修复：立足于网络舆情传播即时性等特点，建立全面、系统的危机传播管理体系；③对话沟通：立足于网络舆情传播的公共话语空间，提升政府沟通能力，建立形象传播的对话体系。①

张佳慧（2015）对公开可得的 48 份由政府机构发布的政策文件进行分析，发现当前中国政府机构治理目标较为单一，出发点仍为消除负面影响，维护政府形象和社会稳定。从治理原则来看，政府机构应注意到网络舆情治理中的责任问题、协作问题、治理艺术和治理效果等。她认为政府机构需要在网络舆情的研判和网络舆情工作的评价方面作出更多努力。②

谢晶仁（2015）认为，网络突发事件非对称性困境主要表现在网络管制的非对称性、媒体报道的非对称性、网络传播的非对称性等，其原因在于信息失衡、行为失范、舆情失真、处理失当、监管失控等。解决这一困境的主要措施在于完善网络舆情监测机制、完善网络民意回应机制、完善解决问题的常态机制、完善负面舆情引导机制、完善重大舆情反应机制、完善网络道德教育保障机制等。③

刘国巍等（2015）从时空双重定位视角提出网络舆情演化的相关对策与建议：①非常规突发事件网络舆情演化具有时间相对性，政府部门应在不同的时间阶段采取不同的舆情演化对策和政策，如形成阶段的"公布和问责"、扩张阶段的"引导和监督"、衰退阶段的"规范和维护"、滞后阶段的"信任和预防"，以提升网络舆情演化的有序性；②非常规突发事件网络舆情演化具有空间相对性，政府部门应在不同时间阶段定位的基础上，尽量完善网络舆情空间集聚优化机制，如利用惩罚机制规避网络信息传播者的机会主义行为，正确引导扩张阶段"高峰型"空间集聚区网民的舆论，并加强形成阶段"低谷型"空间集聚区网络平台的基础设施建设，以保证网络舆情的有效信息扩散。④

张爱军（2016）从政治法律视角强调应对突发事件及其演化网络舆情的基

---

①　李华君：《网络舆情危机中政府形象修复的影响维度与路径选择》，《现代传播（中国传媒大学学报）》2013 年第 5 期，第 71 - 72 页。

②　张佳慧：《中国政府网络舆情治理政策研究：态势与走向》，《情报杂志》2015 年第 5 期，第 123 页。

③　谢晶仁：《论网络突发事件的非对称性困境及其对策研究》，《湖南社会科学》2015 年第 6 期，第 35 页。

④　刘国巍、程国辉、姜金贵：《时空分异视角下非常规突发事件网络舆情演化研究——以"上海 12·31 踩踏事件"为例》，《情报杂志》2015 年第 6 期。

本途径主要包括社会主义核心价值制度化，治理体系和治理能力提升，主流意识形态的引导和震制功能优化，对突发事件及其网络舆情解决法治化、预警化和大数据化。处理好突发事件及其网络舆情对于建设社会主义政治文明、优化党内政治生态、构建新型官民关系、实现决策科学化民主化、维护社会稳定等具有重要的理论与现实意义。①

肖文涛、曾煌林（2017）认为，由突发事件引发的政务舆情呈现出集聚效应、放大效应、极化效应、衍生效应等新的态势，做好政务舆情回应已然成为现代应急管理的题中之义。然而，现阶段我国政务舆情回应面临着工作理念滞后、协调机制不健全、工作能力不足、网络法治体系欠缺等困局，严重影响突发事件处置效果与社会和谐稳定，亟须从信息公开、机制建构、法制建设、能力提升、社会协同五个维度破解困局，构建起政务舆情回应的框架并寻找其路径。②

孙振良、宋绍成（2017）基于信息生态链理论构建突发事件舆情信息生态链系统，提出突发事件舆情信息生态链系统的治理策略：提升政府舆情信息主体的开放程度，加强突发事件舆情信息生态链系统的协同发展效应；政府舆情信息主体应率先发布突发事件的相关信息，灵活运用相关媒体发帖评论互动技巧，与意见领袖建立对话情景网络，及时发布正确舆情态势，缓解民众恐慌心理；积极提供救助渠道信息，普及突发事件相关的科普知识；积极参与构建不同媒体形式的对话平台；加强网络问政、政务微博、政府新闻发言人等技术平台的设计与制度化。③

王婷（2018）认为，政府话语所体现的噪音干扰主要表现为信息显性的话语符号冗余与隐性的传播意义阻塞。因此，各级政府要增强突发事件信息传播效果，一方面，要树立话语责任，提升官民良性沟通关系认知，有意识地控制政府话语的冗余传递，避免突发情境下政府信息传播的误读损耗；另一方面，要善于构建官民话语共通的意义空间，不断扩大官民信息交流的话语公约数，重视政府信息传播中的"共情"，进而提升政府突发事件信息传播的话语引导

---

① 张爱军：《社会突发事件网络舆情演化规律及其治理》，《社会科学研究》2016 年第 6 期，第 44 页。

② 肖文涛、曾煌林：《突发事件政务舆情回应：面临态势、困局与对策思路》，《中国行政管理》2017 年第 12 期，第 111 页。

③ 孙振良、宋绍成：《突发事件舆情信息生态链系统的协同演化机理研究》，《情报科学》2017 年第 5 期，第 32–33 页。

力、公信力和影响力。①

　　董晓波（2017）提出了突发事件政府应急管控体系指挥效能评估指标，包括指挥员能力素质（知识结构、决策能力、经历阅历）、应急管控组织机构（指挥机关的工作效率、综合判断力、控制协调力、生存能力）、应急管控信息系统（指挥控制能力、信息传输能力、侦查监视能力、配套保障能力）、应急管控指挥对象（履职尽责能力、态势掌握能力、协调配合能力）。②

　　凌晨等（2017）将政府网络舆情应急响应措施分为四大类（见表0－4）：否认、减弱、重建、强化。否认是指政府或管理者否认自己应当承担责任。这种危机处理方法包括：攻击、否认、替罪羊、忽视。减弱是指政府或管理者采取一定的措施去消减公众的敌意或反对情绪。这种危机处理方法包括：解释、禁止、转移。重建是指政府或管理者采用一定方法去弥补过失，挽救自身形象。这种危机处理方法包括：愧疚、道歉、关心和补偿。强化是指政府或管理者进一步提升自身形象，以赢得更多的信任。这种危机处理方法包括：讨好、纠正以及承诺。③

表0－4　网络舆情应急响应措施归纳

应急措施大类	应急措施细分	描述
否认	攻击	政府攻击造谣者或传播者
	否认	政府否认事件真实性
	替罪羊	政府将责任归咎于事件引发者
	忽视	政府对事件置之不理
减弱	解释	政府对事件原因、严重度等做出解释
	禁止	政府禁止某些言论和报道，阻止舆情扩散
	转移	政府通过议程设置减少公众对事件的关注度

---

　　①　王婷：《政府突发事件信息传播的话语噪音及意义构建》，《中州学刊》2018年第6期，第168页。

　　②　董晓波：《突发事件应急管控体系指挥效能评估研究》，《管理评论》2017年第2期，第203页。

　　③　凌晨、冯俊文、杨爽等：《突发事件中网民负面情绪的应急响应研究综述》，《情报科学》2017年第11期，第175－176页。

（续上表）

应急措施大类	应急措施细分	描述
重建	愧疚	政府对自身失误表示愧疚和后悔
	道歉	政府向公众表示歉意
	关心	政府对受害者表示关心
	补偿	政府对受害者进行财物补偿
强化	讨好	政府感谢讨好公众，赞扬公众的正确行为
	纠正	政府对自身错误进行纠正
	承诺	政府保证将做到某些事情

4. 突发公共事件网络舆情的多元主体协同治理

常锐（2012）提出群体性事件的网络舆情治理模式和治理机制，包括政府和公民社会是群体性事件的网络舆情的治理主体；坚持以防为主、及时迅速，具体事件具体分析，疏截并济、以疏为主，主动坦诚等治理的基本原则；构建以政府为主导，公民社会广泛参与、协助和监督的治理模式；进一步加强互联网立法、建立健全政府应急机制、高度重视信息技术安全的"硬控制"治理机制和大力提升科学的治理理念、重视发挥社会监督、完善信息公开制度、高度重视行业自律和网络舆情主体自律、严格把好网络关口的"软引导"治理机制。[1]

张洁、宋元林（2013）提出构建政府主导、网络媒体推动、网民参与三位一体的引导模式以引导事故灾难中的网络舆论。[2] 王艺、杨雅芸（2013）从信息平台搭建、信息联动、舆情预警、舆情风险防范、信息发布、政民互动等层面构建政务微博的舆情应对机制。[3]

樊博、于洁（2015）综合资源基础论框架、协作网络理论等已有理论，构建出资产、能力、行动和协作网络四位一体的城市突发事件协同治理分析框架，

---

① 常锐：《群体性事件的网络舆情及其治理模式与机制研究》，吉林大学博士学位论文，2012 年。

② 张洁、宋元林：《事故灾难类突发公共事件网络舆论引导模式的构建及运用》，《重庆理工大学学报（社会科学版）》2013 年第 3 期，第 72 页。

③ 王艺、杨雅芸：《论重大突发事件中政务微博的舆情应对机制》，《贵州民族大学学报（哲学社会科学版）》2013 年第 5 期。

提出了城市突发公共事件协同治理的信息机制建设的改进意见，即必须要对现有资产和能力进行评估，从而找出其与协同治理目标实现所要求的状态之间的差距，进而做出有针对性的补充和加强；深化对主体内外部成员间的社会网络、主体间的知识网络的构建研究和实践检验；同时提升包括政府在内的多元主体的风险认知和沟通能力，努力促成协同治理的共识。①

夏雨禾（2016）认为，在由风险、突发事件、微博舆论和危机四者构成的风险结构中，存在激发、定义和化解三种不同的机制，因激发机制和定义机制处于共生状态，微博语境中的突发事件呈现出"险象环生"的复杂性状特征；突发事件微博舆论的风险可以被区分为源头风险、次生风险和人为风险三种类型；针对突发事件微博舆论风险结构的特殊性，应摒弃"突发"观念，强调多元主体协同治理，构建基础性治理、针对性治理和修复性治理三位一体的新型动态治理理念。②

唐惠敏、范和生（2017）基于社会稳定大局的考量，提出要转变政府网络治理理念，以达到网络舆情风险控制与政府治理能力提升的双重目标。改善网络舆论生态，政府既要充分保障网民网络舆论的权利，又要适度干预网络突发舆情，以规范网络生态秩序。同时，在立法保障、制度设计、技术治理、文化建设等方面加强网络舆情的生态治理，探索构建"政府主导为前提，法律规范为基础，行政监管为依托，行业自律为保障，技术支持为辅助，公众监督为补充"的多元主体合作模式。③

杨旎（2017）通过确定突发事件中各类共同治理主体以及不同利益相关者的治理角色（见图 0 - 2），实现突发事件从单中心应急管理模式向多中心治理模式的转型；依据不同利益相关者的构成要素，建立突发事件事态的风险感知和预警机制，实现突发事件从事后应对模式向事前风险治理模式的转型；运用大数据分析技术和多维情景构建法研究突发事件中利益相关者的动态演化机制，实现突发事件从经验驱动型管理模式向大数据驱动型治理模式转型；制定不同利益相关者在突发事件不同阶段的动态治理方案和协同机制，构建多主体、多

---

① 樊博、于洁：《公共突发事件治理的信息协同机制研究》，《上海行政学院学报》2015年第 5 期，第 28 页。

② 夏雨禾：《风险视角中的突发事件微博舆论及其治理》，《新闻大学》2016 年第 1 期，第 105 页。

③ 唐惠敏、范和生：《网络舆情的生态治理与政府职责》，《上海行政学院学报》2017 年第 2 期，第 95 页。

层次、多环节、多手段的共治型动态治理模式。①

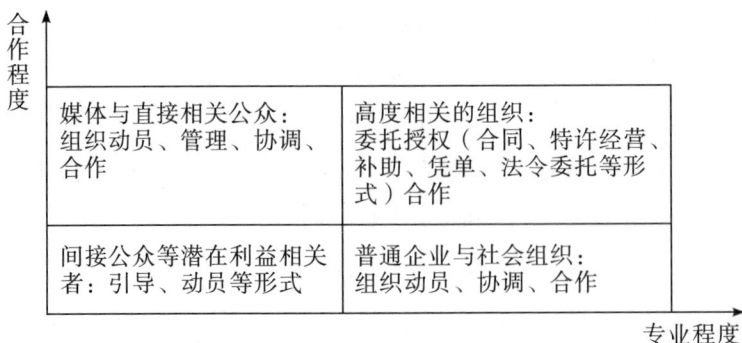

图 0 - 2　治理主体与形式

曹海军、李明（2019）总结了中国既有的网络舆情治理路径，即基于政府主导、多主体参与思维的"回应治理路径"和基于法治思维的"法制治理路径"，认为两个治理路径失灵的深层逻辑在于治理目标逐利化与治理主体单一化，致使其未能有效应对预期风险较高的隐性风险类网络舆情，由此提出将目标重塑与主体重组后的"技术治理路径"嵌入既有舆情治理机制中，针对显性风险类与隐性风险类网络舆情采取不同的治理路径。②

5. 突发公共事件网络舆情生命周期的管理

陈一（2012）根据群体性事件网络舆情形成的不同阶段提出了不同的应对策略。舆情发端期主要是进行舆情信息的收集，建立高效的监测分析系统，做好应对舆情的前期准备工作，力求在最佳的时间段较好地引导舆情的发展。舆情旋涡形成期主要应对措施是：信息公开；启用紧急处理机制；多渠道实现民意诉求与表达，构建制度化利益表达机制；畅通各参与主体的协调沟通机制。舆情缓解期主要是进行后期的处理及反馈工作，健全法律的救济渠道，抑制舆情复发的可能。③

---

① 杨旎：《大数据时代利益相关者理论视角下突发事件的研究范式与治理模式》，《青海民族研究》2017 年第 3 期，第 58 页。

② 曹海军、李明：《大数据时代中国网络舆情的治理反思与路径拓展——基于"技术治理路径"嵌入视角》，《行政论坛》2019 年第 5 期，第 65 页。

③ 陈一：《群体性事件的网络舆情形成与应对机制研究——基于"宜黄事件"的个案分析》，江西师范大学硕士学位论文，2012 年。

贾坤、胡诗妍（2014）构建突发事件网络舆情五位一体管控格局：产生阶段，加强媒体"把关人"门槛意识；传播阶段，加强行业"圈内人"自律自管；监测阶段，加强决策"机器人"识别研判；引导阶段，加强决策"智囊团"多措并举；处置阶段，加强涉事"当家人"协同配合。[①]

王旭、孙瑞英（2017）根据突发事件网络舆情传播的生命周期和传播规律，提出在不同阶段应采取不同的管理策略，如：萌芽期，舆情预测与研判管理；成长期，舆情梳理与对症下药；成熟期，舆情抑制与防止蔓延；衰退期，舆情观察与重塑信心。[②]

梅松、曾润喜（2017）认为，应通过线下事件信息和线上舆情信息的有效对接，实现媒体机构、社会化组织、专家智库等多方信息治理的全面协作，从传统媒体环境下的以"事"为中心的社会管理模式向"事"和"情"信息相结合的媒介化社会治理模式转变。根据网络突发事件的信息演化规律，按照信息处理环节流转的先后次序，其应急处置的实施步骤主要分为信息监测、信息分析、研判决策、处置实施四个过程，网络突发事件应急处置的组织结构应以应急处置工作的信息流为中心，依据处理流程的先后顺序，建立起应急处置工作的纵向职能管理架构和横向信息共享反馈体系。[③]

罗闯等（2018）梳理了"寨卡事件"生命周期内各阶段公众的舆情关注点，并分析了不同利益相关者的舆情关注点演化过程，建议政府有关部门要在事件爆发期和蔓延期注意事件的及时通报以疏导公众的不良情绪。自媒体、医疗卫生领域人员分别与普通群众、易感人群有类似的关注点演化过程，可以利用自媒体和医疗卫生领域人员分别对普通群众和易感人群进行科普和引导。[④]

刘雅姝等（2019）从话题讨论内容来看，舆情潜伏期是对事件本质的探讨，相关部门在此阶段应针对事件本身及时发布权威信息，以确保舆情趋势的良性发展；舆情爆发期是网民表明意见态度的集中阶段，是舆情管理"拨乱反

①　贾坤、胡诗妍：《突发事件网络舆情管控原则及"五位一体"对策研究》，《领导科学》2014年第20期。

②　王旭、孙瑞英：《基于SNA的突发事件网络舆情传播研究——以"魏则西事件"为例》，《情报科学》2017年第3期，第91－92页。

③　梅松、曾润喜：《基于信息驱动的网络突发事件应急处置体系研究》，《情报理论与实践》2017年第3期，第30－34页。

④　罗闯、安璐、徐健等：《突发事件网络舆情关注点演化研究——基于利益相关者视角》，《图书馆学研究》2018年第16期，第41页。

正"的关键时期。舆情衍生话题贯穿舆情发展的三个阶段，应将衍生话题列为监督和管理的一项内容。①

陈思菁等（2019）提出针对不同阶段舆情治理工作的参考建议：①潜伏期是高原创性、高信息优势和非认证的关键节点用户涌现的时期，他们容易从源头上引起信息失真、谣言等信息异化风险，因此需要对这些类型的关键节点进行重点识别和把控；②爆发期是关键节点的响应优势快速增长的时期，管理者应借助高响应优势的关键节点的影响力及时对舆情方向进行把握和引导，此外，爆发期也是普通型关键节点涌现的时期，政府部门及相关组织应积极关注他们掌握的零次信息和一次信息以便及时了解实时灾情和群众需求；③蔓延期是网络舆情治理的关键时期，也是政府、媒体、社会组织、名人明星、普通网民等各类关键节点用户百花齐放的时期，需要强化他们的协同意识和共同目标，实现协同舆情治理；④在消散期，虽然灾情已基本缓解，网络舆情热度也逐渐消退，但小范围群体的热议和讨论仍需关注，以防止"舆情搭载""次生舆情"等新问题。②

6. 不同突发公共事件网络舆情的管理

宫承波、李珊珊（2013）认为，重大突发事件的网络舆论导控需要根据不同事件类型的网络舆论特征对症下药：自然灾害事件方面，人道主义和人文关怀强烈，监督作用拓展广泛，信息不通畅，容易形成谣言和恐慌；事故灾害事件方面，第一时间呈现强烈的情绪化，对事故发生原因的不断追问会引发对整个行业的反思；公共卫生事件方面，注重对相关新知识的传播，恐慌舆论一直伴随事件发展，谣言肆虐，易引发抢购囤积风潮；社会安全事件方面，事件中的关键人物易引发"人肉搜索"，引发对地方政府行政和治安水平的探讨，对涉及恐怖袭击、民族分裂的事件，网络舆论与主流舆论往往相得益彰。③

于德山（2015）针对突发事件新媒体舆论的三种偏向，认为对于谣言式舆论偏向，关键的规制方法在于突发事件中相关信息发布与辟谣机制的建立；对于背景式舆论偏向，关键在于对突发事件新媒体舆论相关因素的充分研判；对

---

① 刘雅姝、张海涛、徐海玲等：《多维特征融合的网络舆情突发事件演化话题图谱研究》，《情报学报》2019年第8期，第806页。

② 陈思菁、李纲、毛进等：《突发事件信息传播网络中的关键节点动态识别研究》，《情报学报》2019年第2期，第189页。

③ 宫承波、李珊珊：《四类重大突发事件的网络舆论比较研究》，《当代传播》2013年第2期。

于恶搞式舆论偏向，这实际上是最难以预测和规制的舆论偏向。① 也有学者则认为网络舆情事件危害程度、媒体关注度、上级是否介入、行政层级、信息透明度、注意力分配显著影响地方政府网络舆情事件响应度，而舆情事件类型对其影响不显著。②

二、国外研究现状

与国内突发公共事件引发网络围观或复杂舆情的研究主题不同，国外的相关研究起步较早，涉及的范围较广，尤其是以推特为代表的社交媒体兴起后，有关突发公共事件和网络传播之间的文献日益增多。通过文献梳理，发现其主要包括以下几个方面：

（一）网络新媒体尤其社交媒体在群体性事件/突发公共事件中的作用

Arthur Lupia 等（2003）考察新技术与集体行动的逻辑，认为网络技术降低了信息获取和舆情传播的成本，有利于冲突的控制和化解。③

Habibul Haque Khondker（2011）考察了发生在西亚、北非地区的"阿拉伯之春"中新兴媒体的角色，认为尽管新兴媒体同其他政治和社会的因素一样，是该地区发生社会革命的因素之一，但扮演了至关重要的角色，尤其是在缺乏开放的媒体和公民社会的条件下。由于代表了一种在社会动员中建立水平连通的有趣事例并预示着新兴媒体和传统媒体（如电视、电台和移动电话）交叉的新趋势，新兴媒体全球化的重要性被凸显出来。全球化现阶段的矛盾之一就是，在很多不同环境下，国家由于经济强制而促进了新兴媒体发展，却正无奈地面对新兴媒体带来的社会和政治后果。④

Nahed Eltantawy 和 Julie Wiest（2011）通过"阿拉伯之春"的案例分析，利用资源动员理论考察了社会运动中的社交媒体使用，认为社交媒体在反政府

---

① 于德山：《突发事件的新媒体取向及其规制》，《重庆社会科学》2015 年第 2 期。

② 刘泽照、张厚鼎：《地方政府网络舆情回应行为研究——以人民网为例》，《情报杂志》2013 年第 10 期，第 13 页。

③ LUPIA A, SIN G. Which public goods are endangered?: how evolving communication technologies affect the logic of collective action. Public choice, 2003, 117（3 - 4）: pp. 315 - 331.

④ KHONDKER H H. Role of the new media in the Arab Spring. Globalizations, 2011, 8（5）.

抗议成功中起了重要作用，社交媒体作为当代社会运动组织和集体行动的重要资源还需要进一步的考察。①

Paolo Gerbaudo（2012）分析了 21 世纪新抗议运动文化，从"阿拉伯之春"到占领华尔街，他考察了社交媒体兴起和新抗议形式出现之间的关系，认为行动者的社交媒体使用显示了网络空间与物理现实之间的融合，社交媒体被用作重新评价公共空间工程的一部分。②

Sebastian Valenzuela（2013）从 2011 年发生在智利的一次大规模游行抗议活动中收集数据，研究发现为意见表达和行动主义而使用的社交媒体，调节了社会媒介整体使用（用于意见表达、获取新闻或行动主义）和抗议行为之间的关系。这些发现加深了对社交媒体使用和效果的理解，提供了数字平台作为直接政治行动的促进者的新证据。③

Huang Ronggui 和 Sun Xiaoyi（2014）考察了新浪微博在集体行动中的信息扩散和粉丝网络，揭示了微博有潜能进行跨省网络传播，尽管地理距离仍然起作用。微博用户信任通过促进粉丝关系形成而间接有助于信息扩散，具体议题的粉丝网络促进了与所讨论议题相关的信息扩散。这些发现表明微博在促进不同省份公民社会组织或行动主义中的议题网络，对集体行动有长期的影响。④

（二）突发公共事件网络舆情的作用机理/影响因素研究

Brauchler Birgit（2004）以东印尼的 Moluccan 突发事件为个案，分析了对立理论在舆情中的作用机理，发现网络中对立矛盾的交锋更容易导致网络舆情。⑤ Zhou Yuqiong 和 Patricia Moy（2007）则认为，在突发事件网络舆情的影响因素中，最为主要的是突发事件的应对和舆论引导不当，并可能因为舆论的引导不

① ELTANTAWY N, WIEST J. Social media in the Egyptian revolution: reconsidering resource mobilization theory. International journal of communication, 2011（5）.

② GERBAUDO P. Tweets and the streets: social media and contemporary activism. Pluto press, 2012.

③ VALENZUELA S. Unpacking the use of social media for protest behavior: the roles of information, opinion expression, and activism. American behavioral scientist, 2013, 57（7）.

④ HUANG R, SUN X. Weibo network, information diffusion and implications for collective action in China. Information, communication & society, 2014, 17（1）.

⑤ BIRGIT B. Islamic radicalism online: the Moluccan mission of the Laskar Jihad in cyberspace. The Australian journal of anthropology, 2004, 15（3）: pp. 267 – 285.

当导致更大范围的事件。① Victor Lavrenko、James Allan、Edward DeGuzman 等 （2002）从技术层面对网络舆情进行了研究，他们指出网络舆情监管包括最初对事件的识别，以及包含突发公共事件及其后续相关报道的话题检测与跟踪。② Mary E. McCoy（2001）以美国"黑色联盟"为个案分析了"新闻修复"的权威地位，其为网络舆情的传播与发展创造了更好的机会。③ Bob J. Carreil 与 David L. Sturges 认为公众利益的冲突性和环境的作用是网络舆情的直接原因。④

Michael Xenos 和 Patricia Moy（2007）分析了在突发公共事件中影响网民负面情绪发展的因素，包括对突发公共事件的应对不及时、对突发公共事件调节策略的选择不恰当，以及对突发公共事件舆论的引导不利。对突发公共事件网络舆情引导不当，还可能会造成更大范围的公共事件，对社会产生更多的不良影响。⑤

W. Lance Bennett 等（2012）提出联结性行动理论，认为与传统社会依靠高度组织化和身份认同的集体性行动不同，群体没有正式的组织参与，个人化的表达成为构建情感认同的关键，网络环境成为个人化的群体进行交流和分享的重要平台。因此网络环境成为一种新的组织形态。⑥

Kyungmo Kim 等（2015）以"韩国 SNS 法官的个人见解之争"为例，运用社会网络分析法分析新闻信息和网络舆论的扩散过程，以及它们如何在共享相同意识形态的机构内及意识形态相对的机构之间影响彼此的意识形态框架。结果表明，网络舆论是沿着政治意识形态两极分化的。⑦

---

① ZHOU Y, MOY P. Parsing framing processes: the interplay between online public opinion and media coverage. Journal of communication, 2007, 57 (1): pp. 9 – 98.

② LAVRENKO V, ALLAN J, DEGUZMAN E, et al. Relevance models for topic detection and tracking//Proceedings of the Human Language Technology Conference (HLT). Morgan Kaufmann Publishers Inc. , 2002: pp. 104 – 110.

③ MCCOY M E. Dark alliance: news repair and institutional authority in the age of the internet. Journal of communication, 2001, 51 (1): pp. 164 – 193.

④ 廖永亮：《舆论调控学：引导舆论与舆论引导的艺术》，新华出版社 2003 年版。

⑤ XENOS M, MOY P. Direct and differential effects of the internet on political and civic engagement. Journal of communication, 2007, 57 (4): pp. 704 – 718.

⑥ BENNETT W L, SEGERBERG A. The logic of connective action: digital media and the personalization of contentious politics. Information, communication & society, 2012, 15 (5): pp. 739 – 768.

⑦ KIM K, BAEK Y M, KIM N. Online news diffusion dynamics and public opinion formation: a case study of the controversy over judges' personal opinion expression on SNS in Korea. The social science journal, 2015, 52 (2): pp. 205 – 216.

Eunae Yoo 等（2016）通过"桑迪飓风"期间推特上的数据信息检验关键要素，运用信息扩散理论分析网络舆情扩散速率。结果表明，通过社交媒体网络进行内部传播的速度明显高于这些网络中来自外部的信息，进一步说明了社交媒体网络可以在需要紧急信息传播的人道主义危机期间有效地传递信息，同时传播速度取决于信息发布者的影响。①

Cheng Yang 等（2017）以"郭美美事件"为例，分析社交媒体新浪微博中的舆情话题传播过程。结果表明，中国红十字会组织的公共关系活动能强烈影响媒体的报道，但对网络舆情没有影响。该议程既不构成网络舆论的关注度，也未有效影响公众对此问题的态度。②

Zeynep Tufekci（2017）以自身的社会运动经历以及电脑程序员的工作背景出发，在数字技术可供性（affordances）以及一些网络巨头平台（如推特、脸书、谷歌）基础上，探讨了数字技术给社会运动的发展轨迹以及公共领域带来的转变。她认为数字技术在一定程度上加剧了社会运动中集体意见与个人表达的摩擦，因此在碎片的反抗意见表达与长期的舆论策略间要实现灵活的转换。③

（三）关于互联网技术使用与突发公共事件管理的研究

David Jacobs（2005）认为互联网提高了政治组织和动员的效率，网络技术已经支持了在抗议公司主导的全球化方面的行动主义，促进了工会斗争，提供了一种替代主流媒体的选择。Leysia Palen（2007）以卡特里娜飓风、圣贝纳迪诺山火灾为个案，阐述了在线论坛促进了草根民众参与突发公共事件的准备和应急行动。④ Dave Yates 等（2011）以 2010 年海地地震为例，研究社会网络媒

---

① YOO E, RAND W, EFTEKHAR M, et al. Evaluating information diffusion speed and its determinants in social media networks during humanitarian crises. Journal of operations management, 2016, 45: pp. 123 – 133.

② CHENG Y, HUANG Y H C, CHAN C M. Public relations, media coverage, and public opinion in contemporary China: testing agenda building theory in a social mediated crisis. Telematics and informatics, 2017, 34 (3): pp. 765 – 773.

③ TUFEKCI Z. Twitter and tear gas: the power and fragility of networked protest. Yale University Press, 2017: pp. 23 – 30.

④ PALEN L. Online forums supporting grassroots participation in emergency preparedness and response. Communications of the ACM, 2007, 50 (3): pp. 54 – 58.

体技术的应用方式，分析其对信息共享、重用与决策所产生的影响。① Jie Yin
等（2012）认为在突发事件中，若其他传播媒体失效，微博将成为重要的信息
传播平台，并通过实验证实突发公共事件感知系统能够实时挖掘微博信息并提
取事件的有效信息，这些信息能够让当局与公众对事件有所准备。② Sonja Utz
等（2013）以福岛核灾难这一重大突发公共事件为研究背景，发现比起传统传
播媒体，社会网络媒体在传播突发公共事件中更具有声望，并且能够有效降低
二次危机传播，但受众还是更加愿意信赖传统的传播媒体。③

　　Amanda L. Hughes 和 Leysia Palen（2009）通过四个群体性事件——两个突
发公共事件和两个国家安全事件，在统计数据上考察了推特是怎样围绕着这些
事件而被使用的，比较了这些行为与更普遍的推特使用的差异。研究发现在这
些事件中发送的推特信息主要是传播中介性的信息，普遍的推特使用似乎随着
时间的推移越来越是为了信息共享而发布。在群体性突发公共事件中，推特用
户更可能成为推特技术的长期采纳者。④

　　Adam Acar 和 Yuya Muraki（2011）在日本地震海啸发生后的两周，向随机
抽取的推特用户发放开放式问卷并分析了发自灾区的推特。研究发现在直接影
响地区的人们倾向于发布有关不安全和不确定状况的推特，而在遥远地区的人
们发布一些让伙伴知道他们安全的信息。研究揭示推特上不可靠的转发是用户
在灾难中遇到的最大问题。一些被调查对象提供了一些解决方案，包括引入官
方"#"标签（hash tags），对每个"#"标签限制转发的数量，增加一些使用户
在保持匿名性下能追踪信息的特征。⑤

　　Nirupama Sreenivasan 等（2011）根据 Taylor 的信息使用环境（IUE）模型

　　① YATES D, PAQUETTE S. Emergency knowledge management and social media
technologies：a case study of the 2010 Haitian earthquake. International journal of information
management, 2011, 31（1）：pp. 6 - 13.

　　② YIN J, LAMPERT A, CAMERON M, et al. Using social media to enhance emergency
situation awareness. IEEE intelligent systems, 2012, 27（6）：pp. 52 - 59.

　　③ UTZ S, SCHULTZ F, GLOCKA S, et al. Crisis communication online：how medium,
crisis type and emotions affected public reactions in the Fukushima Daiichi nuclear disaster. Public
relations review, 2013, 39（1）：pp. 40 - 46.

　　④ HUGHES A L, PALEN L. Twitter adoption and use in mass convergence and emergency
events//Proceedings of the 6th International ISCRAM Conference. Gothenburg, Sweden, May 2009.

　　⑤ ACAR A, MURAKI Y. Twitter for crisis communication：lessons learned from Japan's
tsunami disaster. J. web based communities, 2011, 7（3）：pp. 392 - 402.

中提出的信息使用 8 个类别，以 2010 年冰岛火山爆发为案例，通过内容分析法确定用户的发帖类型，研究发现"启发"（enlightenment，更好理解事件状况的语境信息）是信息使用的最大类别。其他类别有用户个人状况信息、问题理解和事实数据。Taylor 之前没有确认的幽默也被认为是信息使用的一个重要类别。①

Kate Starbird 和 Leysia Palen（2010）以 2009 年春的 Oklahoma 火灾和 Red River 水灾为例，分析表明，在突发事件中，当地用户发布的推文和包含与突发事件相关的搜索词语的推文更可能得到转发，用户更可能转发由媒体管理的推特账号发布的原创信息。将当地用户和广大受众相比，基于推特的信息转发不同于本地发出的突发事件信息。②

Panos Panagiotopoulos 等（2016）以英国 2010 年 12 月的强降雪以及 2011 年 8 月的暴动两个突发公共事件为例，利用 SARF（Social Amplification of Risk Framework）（Kasperson et al.，1988）及 CERC（Crisis and Emergency Risk Communication Model）（Reynolds & Seeger，2005）理论框架分析了这一期间英国地方政府官方账号在推特上发出的 10 020 条推特，研究发现利用推特有助于地方政府提升对不断出现的天气灾害（如强降雪）的防患意识以及降低人为突发事件（如暴乱）的影响。③

Jooho Kima 等学者（2018）通过追踪 2017 年 6 月 20—30 日飓风桑迪袭击美国本土期间推特平台上的信息网络，并利用社会网络分析（social network analysis）的方法研究了用户的使用行为和参与机制，发现在该信息网络中新闻媒体与气象部门为主要的信息来源，而公众及组织主要进行内容的转发。为在突发灾害应对中加快信息的传播和扩散，应急部门须持续监测异质的线上传播

---

① SREENIVASAN N, LEE C S, GOH D H. Tweet me home：exploring information use on Twitter in crisis situations//Proceedings of the 14th International Conference on Human-Computer Interaction. Orlando, Florida, USA, July 2011.

② STARBIRD K, PALEN L. Pass it on?：retweeting in mass emergency//Proceedings of the 7th International ISCRAM Conference. Seattle, USA, May 2010.

③ PANAGIOTOPOULOS P, BARNETT J, BIGDELI A Z, et al. Social media in emergency management：twitter as a tool for communicating risks to the public. Technological forecasting and social change, 2016, 111：pp. 86 – 96.

网络。①

Su Lijuan 等（2019）以 2016 年 4 月 3 日北京和颐酒店劫持事件为例，利用危机沟通和形象修复的视角以及数据挖掘分析，经过研究表明微博用户不仅会受事件本质的影响，还会受事件中的服务提供方（如和颐酒店）和第三方（如媒体和警方）的传播活动影响。此外，在缺乏可靠、持续回应的情况下，公众将讨论焦点从事件本身转移到事件主体的商业活动以及以往的同类事件上。最后，该研究还发现用户所在的地域及其性别和社会接近性等因素会在一定程度上缓和突发事件的公共影响力。②

（四）突发公共事件网络传播的应急系统和监测

大量的理工科文献涉及突发公共事件中社交媒体上的热点话题监测或情感（情绪）监测，工程技术性很强。Jakob Rogstadius 等（2011）将众包纳为突发公共事件应急系统的一部分，以分析和结构化社交媒体内容，包括突发公共事件响应协调者和受害者。这种方法的一个重要挑战在于确定合适的人物以便众包，采取有效的激励策略。③

Amit Sheth 等（2010）讨论了在社交网络上以事件为中心的用户生产内容分析的重要需求和机会。这个体系包括收集与事件相关的社交数据，以及与事件相关的网络资源（新闻、维基和多媒体），支持在时间、空间、语义和情感维度上的分析。④

Harrison T. Reeder 等（2014）使用无监督机器学习方法和文本分析法考察过去 15 个月来与危机管理相关的组织的在线传播，比较了在常规非突发公共事件的在线传播和在突发公共事件中的在线传播状况，以评价这些组织所起作用的差异。结果表明，在常规状况下，应急管理组织的传播基于功能角色形成联

①　KIMA J，BAEB J，HASTAK M. Emergency information diffusion on online social media during storm Cindy in US. International journal of information management，2018，40：pp. 153 – 165.

②　SU L，STEPCHENKOVA S，KIRILENKO A P. Online public response to a service failure incident：implications for crisis communications. Tourism management，2019，73：pp. 1 – 12.

③　ROGSTADIUS J，KOSTAKOS V，LAREDO J，et al. Towards real-time emergency response using crowd supported analysis of social media//CHI 2011，Vancouver，BC，Canada，2011.

④　SHETH A，PUROHIT H，JADHAV A，et al. Understanding events through analysis of social media//Proc. WWW 2011. ACM Press，2010.

盟，但在危机事件中，基于共同目标而融合各种传播策略。①

J. Brian Houston 等（2015）综合考察 2012—2013 年关于社交媒体在灾害应对中使用的大量文献，以构建灾害应对社交媒体（disaster social media）的框架，希望利用这个框架来帮助开发灾害应对社交媒体工具、加快灾害应对社交媒体的实施过程以及对灾害应对社交媒体效果的研究。该框架将灾害划分为三个阶段：事发前（pre-event）、事发时（event）、事发后（post-event），并以上述三个阶段为顺序总结了灾害应对社交媒体的 15 种用途。②

Huang Qunying 和 Yu Xiao（2015）重点研究突发公共事件管理过程中的过渡阶段。他们利用逻辑回归训练分类器，并将其用于不同危机阶段中社交媒体信息的自动挖掘和分类，而分类结果有利于危机处理者充分认识突发公共事件中的过渡阶段，以便快速采取相应措施应对危机。此外，分类所得的结果还可用于研究突发公共事件的防范、影响以及恢复。③

Farhad Laylavi 等（2017）引入一种可以侦测出与特定事件相关、信息丰富并有利于危机应对的推特内容。这种方法主要是通过考察一组预先收集的数据（数据收集于一场风暴灾害事件），首先人工识别与事件相关的推特内容以对数据进行标记，确定真实数据（ground truth），接着将挑选出的相关推特内容用以提取通用模式并根据词频分析来定义出事件关联的词语分类（term-class，可用于评估样本数据的事件相关性），它会给每个样本推文计算出其事件相关性（event-relatedness），再将这一评估结果与最初的标记数据进行对比，就可得出相关性临界值（cut-off relatedness score）以及算法的准确度。最终研究结果表明算法的准确度可达 87%。④

---

① REEDER H T, MCCORMICK T H, SPIRO E S. Online, information behaviors during disaster events: roles, routines, and reactions. Center for Statistics and the Social Sciences Working Paper No. 144, University of Washington, 2014.

② HOUSTON J B, HAWTHORNE J, PERREAULT M F, et al. Social media and disasters: a functional framework for social media use in disaster planning, response, and research. Disasters, 2015, 39（1）: pp. 1 – 22.

③ HUANG Q, YU X. Geographic situational awareness: mining tweets for disaster preparedness, emergency response, impact, and recovery. ISPRS international journal of geo-information, 2015, 4（3）: pp. 1549 – 1568.

④ LAYLAVI F, RAJABIFARD A, KALANTARI M. Event relatedness assessment of Twitter messages for emergency response. Information processing & management, 2017, 53（1）: pp. 266 – 280.

Muhammad Imran 等（2018）总结了目前较为先进的对社交媒体进行处理的方式，以支持突发公共事件的响应和管理。要从大量的数据中找到有助于应对突发公共事件的信息，就要借助一些社交媒体处理系统，如 Twitris 系统可自动分类推特内容和充实语义（semantic enrichment）；ESA（Emergency Situation Awareness）系统则可进行事件监测、文本分类、在线聚类、地理标记等。①

三、当前相关研究的缺陷

目前的网络舆情研究主要是针对概念理论、特征意义、具体内容、形成演化、传播特征、监测预警和应对策略等的普遍性研究。盛明科等（2014）认为，当前网络舆情管理应用研究较多，理论体系和逻辑范畴的基础研究少；技术和管理层面的研究成果颇丰，伦理与价值视角的成果较匮乏；理论推演和一般经验分析是主导范式，实验和实证及案例研究较鲜见。深化网络舆情治理研究，要以学科交流为前提推动网络舆情研究融合发展，以基础研究为导向拓展多主题研究，以方法创新为基础推进研究范式转型。②

（1）在研究主题上，现有研究成果在网络舆情的构成要素、传播机理和管理控制等方面还不够系统，未能形成完整的结构体系，未能明确突发公共事件在网络传播上的复杂性和多样化，缺乏对突发公共事件网络传播机制和扩散状态的多层次分析。

（2）在研究方法上，数理统计、社会网络分析、内容分析、案例研究、扎根理论、系统动力学方法和仿真方法等都有使用，实现了现象描述与经验总结的结合、定性分析与定量研究的结合、理论假设与实际验证的结合。但很多研究文献仅从个别案例简单推出相应的结论，没有充足规模的案例和统计数据来推导出具有普遍规律性的结论，缺乏对突发公共事件在网络传播机制上的深层次考察。

（3）在研究对策上，大多数文献脱离突发公共事件网络传播的普遍内在规

---

① IMRAN M, CASTILLO C, DIAZ F, et al. Processing social media messages in mass emergency: survey summary//Companion Proceedings of the The Web Conference 2018. International World Wide Web Conferences Steering Committee, 2018: pp. 507 – 511.

② 盛明科、邵梦洁、徐厌平：《国内网络舆情治理研究：主题、范式及展望——基于 CSSCI 数据库 2005—2013 年的数据分析》，《情报杂志》2014 年第 8 期，第 190 页。

律和不同性质事件的扩散状态，停留在泛泛而谈的抽象概括层面，缺乏全面立体及有具体针对性、可操作性的多元协作治理体系。

（4）在跨学科研究上，诸多研究力量和学科知识创造了网络舆情这一新兴"显学"，但同时囿于专业隔阂和学科知识界限，很大一部分研究陷入某种"自说自话"的研究套路中，缺乏对自身的反思与学科之间的交流，"原地踏步"或"原地转圈"的重复研究甚多，致使网络舆情治理研究尚未构建起一种成熟的理论体系，学术话语的共通性尚未磨合成形。理论与现实的脱节仍是当前网络舆情治理研究的主要病症，理论的不成熟与系统性分析框架的缺失在很大程度上制约着该领域研究的进一步深化。克服理论缺失，寻找和构建系统的理论框架，是网络舆情治理走出制度困境、找到创新路径的基础性工作。

因此，推动网络舆情研究融合发展，首先必须借鉴多学科的相关理论研究成果，充分吸收不同学科的营养成分，为网络舆情治理研究的深化发展提供全面的理论支持。要以学科交流为前提，构建具有中国特色的网络舆情治理研究体系，更需要融会贯通各学科的相关理论，推动学科知识的交流与互动，打破"学术研究的唯学科化倾向"的瓶颈，持续运用多学科融合的方法，开展"以问题为主导"或"无学科隔阂"的研究，以交叉学科的视角和方法对当下网络舆情治理难点、热点以及焦点问题进行破解。此外，克服理论研究与现实问题的脱节，必须坚持以应用研究作为网络舆情治理基础研究的落脚点。要拓展网络舆情多主题研究，注重深化基础研究，理清网络舆情治理的理论定位以及学科归属，把握好研究的逻辑起点、内部结构以及中心线索，同时要不断拓展技术和应用层面的研究，提出网络舆情治理的技术机制和策略，有效化解网络舆情治理实践中的诸多问题。[①]

第四节　创新程度

（1）以大量不同属性的抽样个案为研究对象，综合运用传播学、混沌学、

[①]　孔建华：《国内网络舆情治理研究综述》，《电子政务》2018年第12期，第76 – 77页。

协同学、系统论、社会心理学、物理社会学、公共管理学、信息哲学等众多学科，改变以往以生命周期为划分阶段的固定模式，开创以议题变迁（议题发现、议题分蘖、议题博弈、议题集中、议题溢散）和信息进化为划分阶段的创新路径，深度剖析网络环境中突发公共事件的传播机制和发展路径。

（2）改变以往将突发公共事件作为一个整体看待的简单思维，或者根据自然灾害、事故灾难、公共卫生事件、社会安全问题四种不同类型的突发公共事件分类加以区别研究的传统路径，按照单纯谣言型、一般常态型、复杂波动型的事件性质分类，从信息扩散的速度、广度、强度等关键维度，学理性剖析网络环境下突发公共事件的不同扩散状态。

（3）在突发公共事件网络舆情应对策略方面，改变以往单一的视角（如政府、网络媒体、微博等），从协同学、系统论角度，基于传播机制、发展路径和扩散状况的理论分析，依据相关利益者理论、公共治理理论，比较完整地建构了"六力"驱动型治理机制。

第五节　研究方法与思路

本课题的主要研究思路包括：

（1）描述性研究方面，全面梳理有关突发公共事件研究文献，搜集并理清信息扩散、复杂性、集体行动、协商民主、公共治理等关键概念。

（2）探究性研究方面，通过大量个案分析、内容分析、层次分析等研究方法，深入剖析突发公共事件网络舆情的议题变迁、信息进化、自组织机制、信息扩散状态和影响力评价等理论问题。

（3）建构性研究方面，提供建构主义分析、社会网络分析、大数据分析等研究方法，提出"六力"驱动型突发公共事件网络舆情治理机制。具体思路如图0-3所示。

问题意识	思路演进	研究议题	研究方法

网络舆情传播与治理的突发公共事件中

提出问题 → 描述性研究 → 研究背景 研究现状 关键概念 → 文献分析

分析问题 → 探究性研究 → 网络舆情的议题变迁 网络舆情的信息进化 网络舆情的信息扩散 网络舆情的自组织机制 网络舆情的影响力评估 → 案例分析 内容分析 层次分析 大数据分析

解决问题 → 建构性研究 → 网络舆情的治理机制 → 案例分析 建构主义分析 社会网络分析 大数据分析

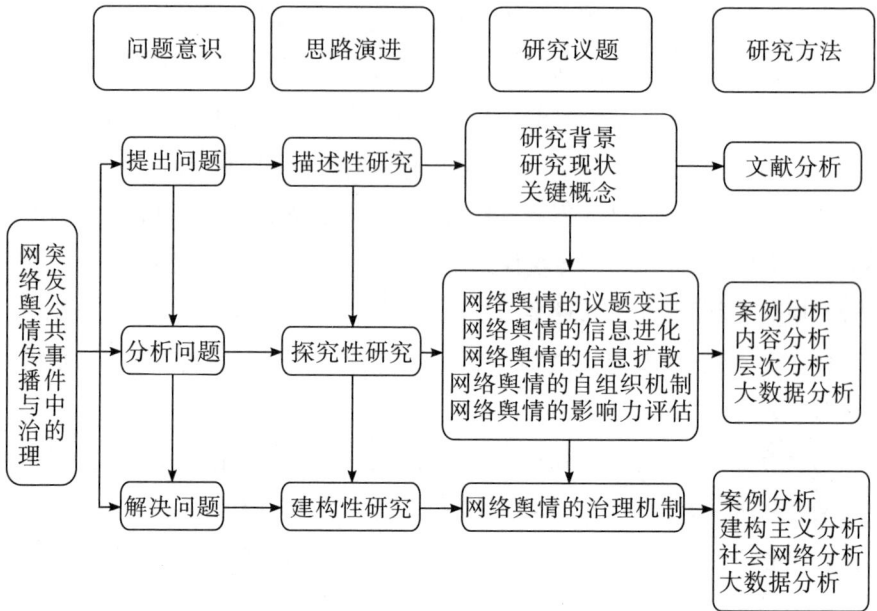

图 0-3 主要研究思路

第一章

突发公共事件的概念与特征

…… ……

第一节　突发公共事件的概念与分类

一、突发公共事件的概念

20 世纪 90 年代初，我国学者开始提出"突发事件"这一概念。关于突发公共事件的概念界定，国内众多学者纷纷从不同的角度对其进行了定义，相关的概念包括重大突发事件、突发危机事件、非常规突发事件等。本书中出现这些词语的相关表述，均与突发公共事件的含义相近。

在对国外文献的梳理过程中发现，灾害、危机和紧急事件是不同但又相互关联的概念，三者在对个案和现象进行描述时甚至可以相互替代。Helene Deis 按照灾害的发展过程和后果，将灾害界定为：一个灾祸在发生前被定义为一次突然的、可能性极低的事件，它一旦发生，就会发生损失或造成严重的结果（包括人群、物质、经济），一定会造成社会组织的紧张不安。Darling（1994）指出，不同的公司采用不同的危机界定，一些公司宁愿用"事件"来替换"危机"。Craig Calhoun 认为，紧急事件现在是涉及多种灾难、冲突、人类苦难的术语，是"大规模灾害、冲突和人类疾病"的相关术语。Vayrynen（1996）认为紧急事件是一个存在大规模人群死亡的事件，这一事件是战争和暴力或人类迁徙形成的危机，通常伴随着大量疾病和处于饥饿状态的灾民或难民。

我国 2006 年 1 月施行的《国家突发公共事件总体应急预案》指出，突发公共事件是指突然发生，造成或者可能造成重大人员伤亡、财产损失、生态环境破坏和严重社会危害，危及公共安全的紧急事件。2007 年 11 月施行的《中华人民共和国突发事件应对法》中对突发事件有如下定义：突发事件是指突然发生，造成或者可能造成严重社会危害，需要采取应急处置措施予以应对的自然灾害、事故灾难、公共卫生事件和社会安全事件。可见，突发公共事件既包括由人为因素导致的事件，也包括由自然因素导致的事件。

二、突发公共事件的分类、分级和分期

《国家突发公共事件总体应急预案》《中华人民共和国突发事件应对法》的显著特点是充分吸纳了当代国家突发公共事件管理的研究成果。这集中体现为突发公共事件的"分类""分级"与"分期"原则。

《国家突发公共事件总体应急预案》规定，根据重大突发公共事件的发生过程、性质和机理，重大突发公共事件主要分为以下四类：

（1）自然灾害。主要包括水旱灾害、气象灾害、地震灾害、地质灾害、海洋灾害、生物灾害和森林草原火灾等。如 2008 年春节雪灾、2008 年汶川地震。

（2）事故灾难。主要包括工矿、商贸等企业的各类安全事故、交通运输事故、公共设施和设备事故、环境污染和生态破坏事件等。如 2015 年"东方之星"游轮翻船事件、2011 年温州动车相撞事件。

（3）公共卫生事件。主要包括传染病疫情、群体性不明原因疾病、食品安全和职业危害、动物疫情，以及其他严重影响公众健康和生命安全的事件。如 2003 年严重急性呼吸综合征（SARS）事件即非典事件、2015 年中东呼吸综合征（MERS）事件、2016 年山东疫苗事件、2018 年长春长生疫苗事件。

（4）社会安全事件。主要包括恐怖袭击事件、群体性突发事件、经济安全事件和涉外突发事件等。如 2008 年拉萨"3·14"暴力事件、2008 年贵州瓮安事件、2011 年广东乌坎事件、2014 年昆明火车站暴力恐怖案。

除了以上常规的分类方式，一些相关文献还提出了其他分类方式。如根据突发事件发生和终结的速度分类，芬兰危机研究专家乌里尔·罗森塔尔将其分为龙卷风型、腹泻型、长投影型、文火型四类（见表 1-1）[①]。

---

① 中国现代国际关系研究所危机管理与对策研究中心：《国际危机管理概论》，时事出版社 2003 年版，第 5-6 页。

表 1-1 突发公共事件速度分类

类型	特点	事例
龙卷风型	事件来得快、去得快	俄罗斯人质事件
腹泻型	事件发生前酝酿时间长，发生后结束快	"5·12"汶川地震、印度洋海啸
长投影型	事件突然爆发，但影响深远	非典疫情、福岛核电站泄漏
文火型	事件来得慢、去得也慢	南海黄岩岛事件、"银河号"事件

此外，根据诱因不同，突发公共事件可分为自然性事件和人为性事件；根据范围不同，可分为区域事件、国内事件和全球事件；按照事件后果，可分为大规模恶性、恶性、严重、一般性事件；根据事件主体应急的态度和目标不同，可分为一致性事件和冲突性事件，如非典疫情、"5·12"汶川地震属一致性事件、瓮安事件、黄岩岛事件则属冲突性事件。

在突发公共事件"分级"上，《中华人民共和国突发事件应对法》规定，"按照社会危害程度、影响范围等因素，自然灾害、事故灾难、公共卫生事件分为特别重大、重大、较大和一般四级……突发事件的分级标准由国务院或者国务院确定的部门制定"，"可以预警的自然灾害、事故灾难和公共卫生事件的预警级别，按照突发事件发生的紧急程度、发展势态和可能造成的危害程度分为一级、二级、三级和四级，分别用红色、橙色、黄色和蓝色标示，一级为最高级别。预警级别的划分标准由国务院或者国务院确定的部门制定"。值得关注的是，该法律对"社会安全事件"的级别并没有特别明确的规定。《国家突发公共事件总体应急预案》规定，"各类突发公共事件按照其性质、严重程度、可控性和影响范围等因素，一般分为四级：Ⅰ级（特别重大）、Ⅱ级（重大）、Ⅲ级（较大）和Ⅳ级（一般）"。

突发公共事件的"分期"，主要指根据事件的生命周期，将其分为预警期、应急期、缓解期和重建期四个阶段。《中华人民共和国突发事件应对法》规定，"突发事件的预防与应急准备、监测与预警、应急处置与救援、事后恢复与重建等应对活动，适用本法"。《国家突发公共事件总体应急预案》规定，应急预案的运行机制主要包括预测与预警、应急处置、恢复与重建、信息发布，也隐含了按照突发公共事件生命周期进行"分期"应急的思想。

因此，本书的研究对象"突发公共事件"主要关注较大以上级别的各类事件。依据突发公共事件对社会可能造成危害和威胁、对社会实际危害已经发生、对社会的危害逐步减弱以及社会正常秩序恢复四个标准，将突发公共事件的应对分为预防与应急准备、监测与预警、应急处置与救援、事后恢复与重建四个阶段。①

第二节　突发公共事件的特征与发展阶段

一、突发公共事件的特征

1. 突发性

突发公共事件的爆发往往出人意料，具有很强的随机性和突然性。尽管部分突发公共事件的爆发具有前兆，但其爆发的时间、地点和强度往往难以准确预见，如地震、山体滑坡等自然灾害类突发公共事件就难以进行准确的预测。而大部分突发公共事件爆发的前兆不明显或者难以察觉，这些突发公共事件具有突然性，政府、社会公众难以准确预见和预测，如火灾、工矿坍塌等事故灾难类重大突发公共事件就难以准确预见和预测。突发公共事件的发生主要有三方面因素：有些突发公共事件由难以控制的客观因素引发；有些爆发于人们的知觉盲区；有些爆发于熟视无睹的细微之处。事件一旦爆发，就呈现快速蔓延、难以控制和遏制之势。突发公共事件正是以其不可防备的突发性给社会带来极大的冲击和破坏，使民众的生命财产安全遭受巨大的损失。

2. 不确定性

不确定性原理（Uncertainty Principle）是由德国物理学家海森堡于 1927 年提出的，意思是说，你不可能同时知道一个粒子的位置和它的速度，例如原子

---

① 戚建刚：《突发事件管理中的"分类""分级"与"分期"原则——〈中华人民共和国突发事件应对法（草案）〉的管理学基础》，《江海学刊》2006 年第 6 期。

周围的电子的位置和动量是有限制的。不确定性后来广泛出现在哲学、统计学、经济学、金融学、心理学、社会学等学科，指事先不能准确知道某个事件或某种决策的结果。大多数突发公共事件的发展进程没有固定的模式和轨迹，其爆发时间、表现形式及发生地点往往难以预测且不可控制，发展过程和影响范围也不断变化，后果难以预测。这种不确定性往往容易带来极大的社会恐慌。信息具有消除人的不确定性的作用。因此，突发公共事件发生后，发布及时、准确、客观、全面的信息非常重要。

3. 破坏性

大多数突发公共事件都会扰乱社会秩序，破坏社会平衡，对利益相关者产生极大的危害。突发公共事件的严重后果往往在不同程度上威胁着社会公共秩序的稳定，对公共环境、人民生命财产安全甚至国家安全造成严重的危害和破坏。突发公共事件如果处理不当，甚至会严重影响公众对政府的信任，引发社会动荡。

4. 扩散性

突发公共事件经常同时发生或呈链式反应，某突发公共事件爆发后造成的影响将导致其他事件的爆发，如地质滑坡可导致公路中断，公路中断可导致车辆滞留等次生事件。突发公共事件的爆发将可能引发次生事件的爆发，形成包括次生事件在内的事件扩散系统。突发公共事件的扩散性，要求在突发公共事件处置之前，就必须准确地分析事件扩散的方向和动力，从而有效地阻止突发公共事件的扩散。

5. 复杂性

在因果关系上，突发公共事件往往是各种矛盾激化的结果，总是呈现出一果多因、一因多果、多果多因、相互关联、牵一发而动全身的复杂状态，一旦处置不当就极有可能加大损失，扩大影响范围，转为重大的政治事件。突发公共事件防治的组织系统也较复杂，至少包括领导机构、办事机构、工作机构、地方机构和专家组，贯彻了中央、省市、县乡镇、社区、单位等自上而下的诸多层次。在保障资源上，突发公共事件的应急又涉及人力、物力、财力、交通运输、医疗卫生及通信保障等工作。

6. 持续性

在整个人类文明进程当中，突发公共事件的产生从未停止过。应通过社会的共同努力，最大限度降低突发公共事件发生的频率和次数，减轻其危害程度及对人类造成的负面影响。无数次突发公共事件使人类反思人与自然的关系，渐渐变得更加成熟，行为更加理性。突发公共事件一旦爆发，总会持续一个过程，表现为潜伏期、爆发期、高潮期、缓解期、消退期。持续性通常表现为蔓延性和传导性，一个突发公共事件的发生极有可能导致另一个突发公共事件的发生，产生环环相扣、此起彼伏的"多米诺骨牌效应"。

7. 牵连面广

突发公共事件可能引发连锁反应，一是同质牵连，是指与危机具有相同和类似品质的人、事或者产品受到牵连；二是因果牵连，是指某一种危机导致相关危机的爆发；三是扩散牵连，是指由于危机造成的心理恐慌，使得人们把危机人为扩大到那些根本不存在危机的领域。突发公共事件发生后会引发多样的社会矛盾，牵涉多方利益，甚至引起社会系统的动荡，对社会多个层面、多个领域产生负面影响。

8. 机遇性

所谓"危机"，指危险与机遇并存。突发公共事件未必就是坏事，也存在重塑公共性的机遇或机会，但不会凭空掉下来，需要付出代价。机遇的出现有客观原因，偶然性之后有必然性和规律性。只有充分发挥人的主观能动性，通过人自身的努力或变革，才能捕捉住机遇。应对突发公共事件后积累的经验和教训，可以提升政府部门的公共决策、公共治理能力，提升公民的危机自救能力和公共参与能力，甚至推动国家公共政策、法律法规的建立完善。如 2003 年 3 月孙志刚事件引发的网络舆情，推动国务院在 6 月公布施行《城市生活无着的流浪乞讨人员救助管理办法》，1982 年国务院发布的《城市流浪乞讨人员收容遣送办法》同时废止。2016 年 5 月魏则西事件引发的网络舆情，推动国家互联网信息办公室于 2016 年 6 月发布了《互联网信息搜索服务管理规定》。但突发公共事件毕竟不是人们所愿意看到的，不应过分强调其机遇性。突发公共事件，是改革一些问题的机遇，但更要有强烈的忧患意识。

9. 可控性

突发公共事件具有可控性，是指能够通过某些措施和手段将其掌握住，使之不超出范围。从系统论来看，控制是对系统进行调节以克服系统的不确定性，使之达到所需要状态的活动过程，是人类改造自然、利用自然的重要内容和社会进步的重要标志。2003 年，在遭遇非典期间，香港研究小组使用模型评估不同公共卫生手段对非典的控制情况，验证了一次小的集中非典暴发之后的几种猜想。从其对非典在香港发展的假设图中可见，曲线 A 代表没有采取任何控制措施的发病情况，显然，这将造成一场大灾难。曲线 B 于暴发出现的第 30 天开始，把出现症状到入院治疗的间隔平均缩短了两天，结果可以减少 19% 的发病人数。曲线 C 在曲线 B 的措施的基础上，于第 45 天停止了各区域之间的人员往来，结果减少了 76% 的发病人数。在这种情况下似乎已经足够控制疫情。曲线 D 是在曲线 B 的基础上于第 45 天减少了 50% 的人员相互接触率和医院感染率，这样的措施能够阻止疫情的增长。曲线 E 在曲线 D 的基础上于第 55 天减少了 70% 的医院感染率，结果显示疫情能够得到非常迅速的控制。[①] 因此，政府能够通过采取有效的措施与手段减少或者杜绝其发生，有效控制突发公共事件给社会造成的巨大损害。

二、突发公共事件的发展阶段

突发公共事件从其生成到消解，一般都会经历潜伏期、爆发期、高潮期、缓解期和消退期五个阶段。突发公共事件的潜伏期是事件的酝酿与形成时期，这是与突发公共事件相关的各种因素相互作用，各相关因素之间的矛盾、冲突在形成与化解及累积性量变的时期；爆发期是突发公共事件由隐性转为显性并快速扩散期；高潮期是突发公共事件仍在发展或事件仍在恶化，但演进的速度已经放慢，并逐渐达到矛盾与危害的顶峰的时期；缓解期是突发公共事件从矛盾与危害的顶峰转而下降，矛盾和冲突在不断地减弱，事件的形势逐渐趋缓；消退期是引起具体某项事件的因素已经解除，系统开始恢复原有或正常状态的时期。

1. 潜伏期

潜伏期为起始阶段，矛盾开始量变并逐渐积累，或质变已发生但不明显。突发公共事件的征兆不断出现，但未造成损害或损害很小。由于突发公共事件处于潜伏期阶段，人们普遍缺乏警惕性，习以为常，适应逐步缓慢的变化状况，难以区分、判断、监督具有征兆性质的导火线。以烟蒂导致的火灾为例，烟蒂即将引燃可燃物，或者已经引燃可燃物，但火焰和烟雾很小，不容易被人们觉察，这个阶段就是火灾之类突发公共事件的潜伏期。潜伏期需保持头脑清醒和高度警惕，并采取适当预警行动。

---

① 《"毒王"为什么那么"毒"——非典超级传染者揭秘》，http://news. sohu. com/46/95/news209629546. shtml。

2．爆发期

爆发期指在最短时间内，事件急速发展并产生严峻态势。强度上，事态逐渐升级，引起越来越多的媒体注意，突发状况不断，并干扰社会正常秩序及活动；事态影响政府机构、社会组织的正面形象或团队声誉。爆发期对社会冲击危害最大，马上引起社会普遍关注，产生很强的震撼力。

3．高潮期

高潮期指从人们可感知突发公共事件所造成的人员和物力损失，到突发公共事件无法继续造成明显损失的阶段。在突发公共事件的高潮期，社会损害达到最高点。突发公共事件所具有的突发性、扩散性、复杂性、破坏性、不确定性和持续性等特征都表现得非常明显。

4．缓解期

突发公共事件的缓解期指事件所造成的损失达到最高点后，不再继续造成明显的损失。缓解期时间长短不一，往往是有形的损失容易恢复且恢复得较快；而无形的损失，如组织的信誉、形象、品牌等无形资产受到损害，个人声誉下降和遭受心理创伤，或者一个国家或地区的吸引力和发展能力下降后的恢复需要很长的时间，由此可能沉淀成刻板效应。在缓解期，突发公共事件得到初步控制，但未彻底解决。

5．消退期

消退期指引起突发公共事件的诸多因素得到完全控制，有形损失得到恢复重建，社会秩序开始恢复原有或正常状态，无形损失也通过各种方式逐步得到某些修补，政府或相关单位从中吸取教训、革陈除旧。

第三节　突发公共事件与网络舆情的关系

一、网络舆情的概念

舆情是由个人以及各种社会群体构成的公众在一定的历史阶段和社会空间内，对自己关心或与自身利益紧密相关的各种公共事务所持有的多种情绪、意愿、态度和意见交错的总和。① 这一定义有以下几个特点：一是舆情主体是"由个人以及各种社会群体构成的公众"，既突出了舆情是一种个人的心理反应过程，也说明它的产生和变化受到群体心理的影响；二是舆情客体是"各种公共事务"，包括社会热点现象、突发公共事件、社会公众人物、公共政策、社会运动、社会活动等方面；三是舆情的本体是"多种情绪、意愿、态度和意见交错的总和"，表明舆情在不同时空下的复杂多变性。

按照舆情概念的理解，网络舆情就是指公众在一定的时空内通过互联网对公共事务表达出来的多种态度、情绪、意见的总和。网络舆情的构成要素主要包括作为舆情主体的网民，作为舆情客体的公共事务，作为舆情本体的态度、意见、情绪的总和，作为舆情渠道的互联网，包括各种传播终端和多媒体形态。一般来说，网络舆情具有自由性、隐匿性、互动性、即时性、广泛性、多元性、情绪化和非理性等特点。

二、舆情、舆论与民意的区别与联系

与舆情紧密相关的两个概念是舆论、民意。舆论是一种公开表达的多数人的共同意见。这一定义包含如下特点：舆论是大多数人的意见，具有共同性、一致性，是公开表达出来的意见。民意是舆论的一种类型，是人民意识、精神、愿望和意志的总和，具有一致性；民意要靠量化的数据结果来认定，不是谁自我标榜就可以代表民意的；民意是正确和公正的，是判定社会问题真理性的尺度，是推动社会进步的根本性力量，即民意不可违。

舆情、舆论、民意三个概念既有区别又有联系。三者之间的区别表现在：①舆情的范围最宽，而民意的范围最窄。舆情是多种情绪、意见、态度的总和，其中包括多数人一致的意见，即舆论。而民意是舆论的一个类型，它仅仅是那部分正确和公正的，且能反映人们在社会发展进程中必然的历史要求的多数人的共同意见。②民意是正确和公正的，代表了历史发展的必然趋势。而舆论和舆情有正确和错误之分、理性和非理性之分，都有可能是人为制造的。因此，舆论和舆情都不能自称为民意。③一般情况下，舆论是需要经过表达的，而舆

---

① 刘毅：《网络舆情研究概论》，天津人民出版社 2007 年版，第 51 页。

情和民意可以是内隐的，需要借助调查手段来了解真实的舆情。[①] 三者之间的联系表现在：三者都表现为公众的意见、情绪和态度，舆情是多种意见、情绪、态度的总和，在多种意见、情绪、态度中，当某种意见、情绪和态度占据大比例，被大多数人认同时，就会转化为声势浩大的舆论，其中正确和公正的态度、意见被广大群众认同时，代表了历史发展的基本规律，由此产生了民意。因此，从舆情到舆论再到民意，体现了一种不断推进的必然趋势。网络舆情向舆论甚至民意转变的重要意义是"发现和应对这个过程的影响或后果。这种影响，既来自舆情或民众社会政治态度在内容上的合理性，也来自它转化为舆论后所形成的对决策者们的更大约束性，对于加强网络信息传播的管理也具有实际意义"[②]。

因此，网络舆情不等于网络民意。郑雯、桂勇（2014）认为，现有的网络舆情调查和网络问卷/投票调查均可被归纳为"事件/议题"路径的测量方法，其聚焦短期效应易掺杂进"被污染"的虚假民意，群体极化现象高发；相比而言，通过一种"人"的路径的测量方法，覆盖多元社会群体，从长期的、相对稳定的视角探讨网络用户的深层心态与实际意愿，其展现出的"网络民意"与基于事件/议题的"网络舆情"存在较大差别；研究发现，网络社会中的"温和中间派"和"理性大多数"比例最高，也是我们争取网络民意的关键。[③]

舆情变动规律是舆情基础理论研究的核心问题，包括舆情的涨落规律、序变规律、冲突规律和衰变规律。舆情的涨落主要体现在舆情时空涨落、舆情主体涨落、舆情强度涨落。舆情涨落形成了一个和外界不断交换物质和能量的开放的、远离平衡态的系统，最终使舆情由无序向有序变化。舆情冲突是处于社会系统中的公众的情绪、态度和意见的对立状态，一般通过言论和行为两种形式来表现。言论形式可以分为理性的辩论和非理性的言论攻击，行为可能包括线上、线下暴力。舆情的衰变包含了两层含义："衰"针对某一具体公共事务的舆情必将走向衰落的趋势，强调的是舆情衰落的必然性；"变"指旧舆情的衰落正是新舆情产生的开端，它强调的是舆情衰落的相对性。[④]

---

① 刘毅：《网络舆情研究概论》，天津人民出版社 2007 年版，第 59 - 60 页。

② 王来华：《论网络舆情与舆论的转换及其影响》，《天津社会科学》2008 年第 4 期，第 66 页。

③ 郑雯、桂勇：《网络舆情不等于网络民意——基于"中国网络社会心态调查（2014）"的思考》，《新闻记者》2014 年第 12 期，第 10 页。

④ 刘毅：《简析舆情变动规律》，《天津社会科学》2007 年第 3 期，第 63 - 65 页。

三、突发公共事件与网络舆情的关系

突发公共事件网络舆情同时包含了事件的传播、舆论的演化两条线索。两者在常态特征、生成机制、管理机制上具有明显的耦合关系。网络舆情与突发公共事件之间的逻辑关系主要有以下几种：

（1）突发公共事件—网络舆情型。即现实中发生的突发公共事件在先，引发网民热议的网络舆情在后，网络舆情影响公众对突发公共事件的看法与态度，甚至可能影响政府对突发公共事件处置的进程与方式。这种情况最为普遍，是一种总体综合性的状况。在转型期的中国，很多突发公共事件只要涉及与公共利益相关的敏感因素，很快就会引起全国性的关注和讨论，地区性、局部性和偶然性的问题通过大量网民的热议而上升为全国性、全局性的网络舆情。

（2）突发公共事件—网络舆情—衍生突发公共事件型。即突发公共事件在先，网络舆情在后，但网络舆情继而引发新的突发公共事件，导致衍生突发公共事件以及连环突发公共事件。如汶川地震引发的"范跑跑事件"是经网络舆论发酵衍生另一事件的结果。

（3）网络舆情—突发公共事件型。即网络空间发生的网络舆情在先，线下、线上发生的突发公共事件在后，由于网络舆情的爆发与失控而导致突发公共事件。[①] 如郭美美事件、抢盐风波、"铜须门"事件等。郭美美事件就是郭美美在个人微博上炫富引发网民热议，从而产生了诸多线下抵制红十字会的活动。一些环保类群体性事件，如厦门、宁波、茂名等地发生的反 PX 项目群体性事件也是线上讨论后溢散到线下行动的结果。

从宏观层面看，突发公共事件与网络舆情两者性质不同，又紧密相连，具有一种互动共生的关系：网络舆情可以催生或反作用于事件，在传播过程中不断扩展事件影响力；事件成为舆情的客体或载体，将舆情按主流话语的方式进行组构，进而进入公共空间，成为全社会的公共话题。缺乏事件性元素，特定的网络舆情将难以进入传播渠道，更不会成为广为人知的"网络舆情事件"。[②]

---

① 谢科范、赵湜、陈刚等：《网络舆情突发事件的生命周期原理及集群决策研究》，《武汉理工大学学报（社会科学版）》2010 年第 4 期，第 482 页。
② 林荧章：《网络舆情的"事件化"取向刍议》，《新闻界》2017 年第 1 期，第 94 页。

四、网络舆情在突发公共事件中的影响与作用

根据斯梅尔塞加值理论，突发群体性事件的产生都是由六个因素共同决定的，即有利于群体性事件发生的结构性诱因，由社会结构所引发的怨恨、剥夺感或压迫感，一般化信念的产生，触发社会运动的因素或事件，有效的社会动员，社会控制力的下降。因此，网络舆情在群体性事件中的具体影响表现为：网络舆情传播容易导致人们的怨恨、剥夺感或压迫感增加，网络群体极化性特征导致一般化信念的产生更为便捷，不良因素或事件经过网络舆情传播变得普及化和扩大化，网络舆情已经成为社会政治动员的新的有效工具之一。网络舆情在突发公共事件处理机制中的具体作用主要表现为：对网络舆情的及时汇集可以有效预防群体性事件，对网络舆情的准确研判可以辅助处理群体性事件，对网络舆情的合理引导可以逐步消解群体性事件，对网络舆情的积极反思可以不断减少群体性事件。[①]

五、网络舆情的事件化取向

突发公共事件与网络舆情之间关系紧密，以至于产生了"网络舆情事件"的混合式概念。王来华将网络舆情事件界定为"中介性社会事件的发生、发展和变化"，刘毅将网络舆情事件界定为"自己关心或与自身利益紧密相关的各种公共事务"，曾润喜则将网络舆情事件定义为"各种事件"。网络舆情事件分为以下四类（见图1-1）：①单一事件：这是网络舆情事件呈现的最简单形式，这类事件与其他事件没有更多关联，或关联性较弱。②一连串事件：一个事件发生后引发的网络舆情，又会引发与此事件相关的其他事件，可谓"拔出萝卜带出泥"。③一组事件：根据生活经验和某一种聚类原则，人们很容易将不同时间不同地点发生的事件作为同一个事件共同看待。④混合事件：一连串事件和一组事件互相叠加、纵横交错、错综复杂，一连串事件可以看作随着时间发展而形成的一系列纵向事件，一组事件可以看作与时间关联不大的一系列横向事件。[②]

---

① 曾润喜、徐晓林：《网络舆情对群体性突发事件的影响与作用》，《情报杂志》2010年第12期，第2－4页。

② 高承实、陈越、荣星等：《网络舆情几个基本问题的探讨》，《情报杂志》2011年第11期，第53－54页。

在工作实践和理论研究中，网络舆情的事件化取向有其合理性和必要性，以事件表征舆情，将舆情转化为具体的事件，具有认知和管理上的便利性，对于民意的表达与公共领域的建设具有一定正向作用。但两个不同概念具有严格的分野，如果不作区分地混合使用，不将两者作为两个层面的问题来看待，将带来认知上的混乱，会削弱舆情研究和舆情工作的严谨性和科学性。因此，无论是学术研究，还是日常行政管理，应严格区分网络舆情与网络舆情事件，既要避免将两者关系简单化，更应避免因强调事件性而掩盖了"舆情性"和"问题性"。[①]

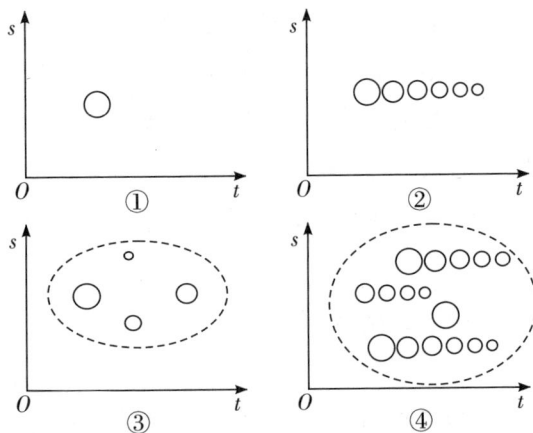

图 1-1　网络舆情事件分类示意图

资料来源：高承实、陈越、荣星等：《网络舆情几个基本问题的探讨》，《情报杂志》2011 年第 11 期，第 53-54 页。t 是舆情事件发生的时间轴，s 是舆情事件发生的空间轴，图中的圆圈表示舆情事件，其大小表示相应舆情事件的影响度。

舆论场形成需要具备三要素：同一空间人们的相邻密度与交往频率较高、空间的开放度较大、空间的感染力或诱惑程度较高。[②] 显然，网络新媒体特别是以微博为代表的社交媒体在这三个要素上具有绝对优势，网络新媒体在突发公共事件的传播中已成为一个很重要的舆论场。"关注就是力量，围观改变世界。"正是在这个网络舆论场中，网民们"围观""关注""表达""行动"的强大力量，使得突发公共事件网络舆情的传播与治理越来越成为一个重要的研究议题。

---

① 林荧章：《网络舆情的"事件化"取向刍议》，《新闻界》2017 年第 1 期，第 94 页。
② 陈力丹：《舆论学——舆论学导向研究》，中国广播电视出版社 1999 年版。

第二章

突发公共事件网络舆情的议题变迁

……

虽然突发公共事件孕育网络舆情具有必然性，但因舆情本身的非线性性、复杂性、纷乱性或多元性、无序性等特征，事件舆情怎么演变，有哪些作用主体，舆情演变呈现什么特点等情况却不尽相同，是一个有待探讨的领域。[①] 本章基于议题变迁脉络的视角，力求从众多突发公共事件网络传播的可变性中作出解释，寻找导致网络传播的关键影响因素及其相互之间的关系，探求导致网络舆情传播变化的稳定的机制和过程，为更有针对性地制定有效的治理措施提供理论参考依据。

第一节　诱因子激活——议题发现

一、诱因子的微妙影响

纵观近年来的突发公共事件，以社区论坛、BBS、博客、贴吧、QQ、微博、微信、短视频为代表的网络媒体，已经成为传播突发公共事件的主要生成与集散地。无论是私人事件还是公共事件，无论是真实发生的还是虚构失实的，最新事态一旦具有某种奇异的特性，在网络开放性和自由性的推动下都将可能成为具有轰动效应的突发公共事件。

在浩如烟海的网络信息海洋中，要想某一议题备受网民关注，必须具备一个"引爆点"：或夸张搞怪，或有违常理，或呼天抢地，或触及道德底线等，以此来进行炒作，以吸引众多网民的眼球。格拉德威尔的引爆理论包括三个法则[②]：第一法则是个别人物法则，如联系员、内行和推销员的推动作用；第二法则是附着力因素，附着力是流行物本身所应具备的要素，它应该具备能让人过目不忘，或者至少给人留下深刻印象的力量；第三法则是环境威力法则，强调发起流行的环境极端重要。纵观当前在网络上传播影响较大的突发公共事件，

---

①　董永亮、方付建、王国华：《多主体参与下突发事件网络舆情演变研究——以方舟子遇袭事件为例》，《电子政务》2013 年第 7 期，第 58 页。

②　[美] 马尔科姆·格拉德威尔著，钱清、覃爱冬译：《引爆点》，中信出版社 2006年版。

在其中总能找出一两个"引爆点"，且明显符合引爆理论的三法则。

突发公共事件就是一个巨大的复杂性混沌系统，由于混沌对于初始条件极其敏感，某个诱因子一旦被激活，就会导致重大议题被网民发现，进而广泛传播开来。这一诱因子即是"引爆点"。不同的突发公共事件有不同偏向的诱因子，具体来看，自然灾害主要诱因子有地震、水灾、干旱、火灾等，事故灾难主要诱因子有爆炸、污染、坍塌、车祸等，公共卫生事件主要诱因子有传染病、食物变质等，社会安全事件主要诱因子有涉腐、涉富、涉黄、涉黑、涉赌、涉纪、涉恶、涉权、涉外、涉恐、涉暴等。不同突发公共事件都或多或少蕴含着自然诱因子或社会诱因子，只是有程度深浅的差异而已。自然诱因子和社会诱因子会相互影响，在一定条件下还会相互转化。

突发公共事件及其带来的网络舆情的发生，都是某种诱因子催生的产物。混沌是初始条件敏感依赖性的时间演化。"在0时刻（某事务的初始位置或初始速度）系统状态的一个微小变化，将导致后来随时间指数增长的变化。一个很小的原因将引起很大的结果。"① 说起混沌理论，一个经典的理论就是洛伦兹的"蝴蝶效应"："因为天气是一个充满了迭代反馈的混沌系统，它是非线性的，所以对细微的影响具有难以置信的敏感度。这种敏感度反映在天气系统中，就是温度、风速或气压的微小增量在系统中循环反馈，最终会形成巨大的影响。"混沌理论彰显了一种微妙影响的力量。蝴蝶的力量本身难以预测，因为它是一种微妙影响力。我们在日常生活中也可以看到微妙影响力影响着树根伸展的方向。根系的整体形状由无数微妙影响的结果所决定。阿基米德说"给我一个支点，我能撬动地球"，毛泽东说"星星之火，可以燎原"，这些经典语句都隐含着混沌学的科学理念。

突发公共事件网络传播"蝴蝶效应"的初始条件来自于自然诱因子或社会诱因子，即可能来自一个帖子或一条微博。敏感信息在网络中一经出现，就会以极快的速度扩散，信息受体数量呈指数式暴增，所传播的信息如同气流的一丝震动而演变为一场风暴，产生"蝴蝶效应"。诸如陕西"表哥"、郭美美炫富、局长逯军质问记者"是替党还是替人民说话"等事件都是网民从蛛丝马迹（一物、一言、一行等）中发现线索，进而引发轩然大波。单个或

---

① ［法］大卫·吕埃勒著，刘式达等译：《机遇与混沌》，上海科技教育出版社2005年版，第41页。

少数几个网民的帖子一旦隐含着某种诱因子，就可以深刻并微妙地激活整个网络世界，成为网络社会甚至现实社会持续关注的一个重要议题。2011 年 7 月 23 日，温州铁路发生特大交通事故，20:04，网名叫"羊圈圈羊"的动车乘客就用手机发出第一条求救微博："求救！动车 D301 现在脱轨在距离温州南站不远处！现在车厢里孩子的哭声一片！快点救我们！""羊圈圈羊"的求救微博发出后，迅速被转发 94 125 次。发现并传播这个诱因子的主体往往是事件当事者、目击者，发布的渠道往往是在社交媒体上。政府相关部门很少主动在官方自媒体上发布诱因子。

以乌坎事件为例，在 2011 年 9 月 20 日，即乌坎事件发生的前一天，提及"乌坎"的微博数为 7，其中一个微博 ID 为"某某某天使"的新浪微博用户，从当天 18:34 到 20:32，就发布了 6 条内容一致的微博："乌坎买（卖）土地买（卖）了 7 亿，乌坎的村民们现在开始抗议了，就在 2011 年 9 月 21 日乌坎广场，哪位有心人能来帮助抗议。"随后在 20:55，名为"我系彬少"的账号发微博说"明天大家都回乌坎分钱咯"，从内容看似乎是对"某某某天使"微博内容的回复。但此后便不再有相关微博跟进。20 日的这 7 条微博可以说是最早提到乌坎事件有关内容的微博，但是事情的"引爆点"并没有到来，真正的"引爆点"出现在乌坎事件发生以后。

9 月 21 日 14:02，微博 ID 为"花间一壶酒 a"的用户发布一条信息"从乌坎徒步到市政府啊！"并被转发 3 次，其后有网友将微博转发给《南方都市报》官微。随后，陆续有网友就乌坎事件发布微博并作出评论。每小时大概有一条关于"乌坎"的微博，内容和 14:02 发布的大致相同。但 19:30 以后，关于"乌坎"的微博开始不断增多，时间间隔也迅速缩短。

当天 20:02，微博 ID 为"丫小芷 – Sun"的用户发微博称"广东陆丰市东海镇乌坎村发生打砸事件。村民聚集五千多人把村委会、私人别墅、餐厅、养猪场等多处大型建筑物打砸。如果三日之内仍无法解释土地买卖款项，村民将再次聚集发生打砸事件。因多年以来土地被村官卖掉，未征得村民同意。所得土地款去向不明。请及时报导"，并转发给在广东地区颇有影响力的一档民生新闻栏目《今日一线》。当晚，关于白天乌坎村村民打砸事件的网民描述呈爆发式增长，"丫小芷 – Sun"的配图微博被转发共计 102 次。这一事件的"引爆点"由此被激活。

二、诱因子间的转化

在突发公共事件网络传播的初始阶段，由于诱因子（自然诱因子或是社会诱因子）被激活，导致突发公共事件议题被发现，引发网络关注。如在 2013 年的雅安地震中，由于自然诱因子的激活作用，自然灾害发生后，消息立刻在网络空间迅速传播开来，网络受众发现了地震灾害这一议题后便开始关注并传播，注意与地震灾害相关的一切网络信息，并各自主动通过网络平台进行消息转载，传播灾害信息。北京时间 2013 年 4 月 20 日 8 时 02 分，四川省雅安市芦山县（北纬 30.3 度，东经 103.0 度）发生 7.0 级地震。仅仅 53 秒之后，也就是 8 点 02 分 53 秒，成都高新减灾研究所发出了四川雅安芦山发生地震的第一条微博。与此同时，许多通信正常的灾区用户率先在微博、微信等平台发布地震信息。由于网民相互传播地震消息，此话题瞬间被点爆，新浪微博话题榜前五位全部被雅安地震占据。

突发性自然灾害事件不同于其他类型的突发公共事件，诱因子大多是自然因素，但"社会后果"很多，往往牵扯出一系列的相关后续事件，如灾后救助、灾民安置、交通运输、物资供应、志愿者行动等。而这些事件背后经常隐藏着复杂的利害关系。因此，在突发性自然灾害事件的网络传播中，自然诱因子也会转向社会诱因子，如雅安地震中，当时的重要救灾物资——帐篷被挪用一事，即引发网民的高度关注。最终，在网民们自发的民间"道德审判"和"道德裁决"强大声势下，占用救灾帐篷的歪风很快得到遏止。① 正如有评论者指出："地震发生后，网民通过'自媒体'第一时间传递信息，对天灾本身的关切带有人类普遍的朴素的同情心、怜悯心；而舆论的第二落点，则糅杂了对社会转型期诸多复杂矛盾的负面认知和消极心态。"② 2011 年 3 月份发生的抢盐事件也很典型，发生在日本的一场地震海啸引发核电站核泄露，在谣言传播下竟然在中国引发一场抢盐的群体性突发事件，令人瞠目结舌。又如 2010 年 12 月发生的温州钱云会事件，某村前村主任钱云会因意外交通事故身亡，这本来

---

① 钟克勋、邹万明：《从汶川地震看社会化网络媒体舆论监督的力量》，《西南民族大学学报》2008 年第 8 期。

② 《舆情专家回顾芦山地震 7 天：阻击谣言速度加快》，《人民日报》，2013 年 4 月 27 日，http://www.chinanews.com/gn/2013/04 - 27/4769884.shtml。

属于一个含有自然诱因子的事故灾难，但随后有网友爆料称，钱云会生前曾多次举报或上访当地一些工程的违法征地情况，而他被一个电话引出家门后，紧接着就发生了这起"事故"。另据爆料网友称，当时是有人给钱云会打电话，他出家门后便被一些人按住，随后发生了这起"事故"，因此钱云会是被"有些人故意害死的"。而在肇事车辆上指挥并在出事后离开的肇事者，据称是当地一名谢姓官员。两个诱因子很快引爆了网络舆论，致使自然诱因子转向社会诱因子，引发了一场民众与警察相冲突的群体性突发事件。

总之，"数年来突发事件微博舆论所呈现出来的经验资料表明，突发事件的舆论'触发点'以及舆论对突发事件的解读方式均有其规律性特征。比如，自然灾害事件中，一些感人的细节场景总是能够产生舆论中'正能量'的大规模集聚现象，而爱心捐赠的公开透明度问题又总会挑动舆论的敏感神经；在事故灾难事件和公共卫生事件中，伤亡人数及名单、事故原因和责任方等议题均有可能引发大规模的舆论围观；社会安全事件中，人员伤亡、事件相关方政务微博新闻公告的细节性问题等都是激起舆论'风暴'的重要诱因"[1]。因此，必须高度警惕一些敏感的诱因子，高度关注一些自然诱因子转向社会诱因子的趋势，防止诱因子在网络舆论的推波助澜下，使得一般突发公共事件发展成重大突发公共事件。

第二节　议程设置——议题分蘖

一、议程设置主体的转移

网络环境下，议程设置主体即把关人出现了重大的迁移趋势。新兴媒体的裂变式发展改变了传统的舆论引导和传播格局，舆论生态更加复杂，舆情传播主体多元而复杂，除了传统的专业机构媒体，还有政务新媒体、企事业新媒体、

---

[1]　夏雨禾：《2010 年以来的突发事件微博舆论及其变化趋势——基于新浪微博的实证研究》，《新闻与传播研究》2014 年第 3 期，第 66 页。

意见领袖、商业新媒体、海量自媒体等（见图 2-1），各类媒体由于性质不同，对同一事件的传播可能表现出不同的议题偏向。在国内，微博"大 V"、微信大号、网络水军（推手或段子手）、网红成为新意见阶层。据统计，在 2013 年前一百大热点事件的传播中，由网络"大 V"等首发或主导的占了近一半，传统媒体首发或主导的不足三成。[①] 在西方，某些国家长期笼络或收买海内外网络写手、律师、访民、公知、偶像、明星等，通过互联网对华搞文化冷战和制造社会骚乱（或街头革命、颜色革命）。美国前国务卿奥尔布赖特就直言，"有了互联网，对付中国就有办法"。美国前国务卿希拉里也直言，"只要充分地运用好美国的巧实力和软实力，美国就能完全掌握中国"。值得注意的是，还有一个隐形的"传播主体"——人工智能机器人。人工智能时代社交机器人能生产"虚假新闻"，操纵网络舆情进行"计算宣传"。[②] 例如，有学者发现，在英国脱欧的网络舆情中，政治机器人在塑造推特对话中扮演了一个很小但具有战略意义的角色。

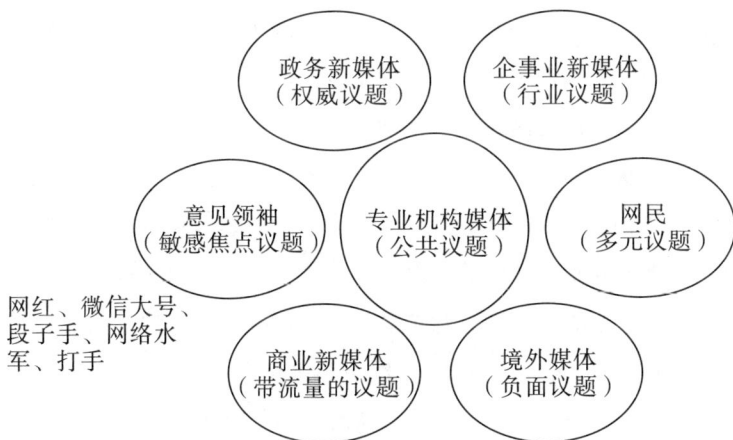

图 2-1　多元信息传播主体格局

不少突发公共事件网络舆情的传播，本质上是多元传播主体在意识形态话

---

① 慎海雄：《创新创新再创新　抢占融合制高点》，《新闻战线》2014 年第 7 期，第 9 页。
② 罗昕、张梦：《西方计算宣传的运作机制与全球治理》，《新闻记者》2019 年第 10 期，第 63-72 页。

语权上的竞争。"重大突发事件网络舆情论战是意识形态竞争的集中展示。"①
习近平强调,"思想舆论领域大致有红色、黑色、灰色'三个地带'。红色地带
是我们的主阵地,一定要守住;黑色地带主要是负面的东西,要敢于亮剑,大
大压缩其地盘;灰色地带要大张旗鼓争取,使其转化为红色地带"。红色内容,
宣传的是党和国家主流意识形态,呼应的是社会主义核心价值观,传播的是正
能量、主旋律。灰色内容,宣传的是非主流意识形态,对应的是多元利益诉求
与各种社会思潮,但不直接威胁主流意识形态。黑色内容,宣扬的是西方敌对
势力借以攻击我们党和国家基本制度的意识形态,放大制度缺陷和社会阴暗面,
甚至制造、传播谣言。在突发公共事件网络舆情处置中,我们要壮大红色内容、
引导灰色内容、打击黑色内容,确立意识形态竞争的意识,建立健全相应的意
识形态风险评价机制和甄别进入机制。

　　网民从传统的把关对象转变为把关者,从传统环境下的沉默型、潜在型受
众逐渐转向自主型甚至冲动型和挑战型用户;网民与政府、传统媒体之间的把
关关系从以往的支配型逐渐转向契约型、互动型甚至协作/对抗型,把关机制也
从原有单一的编辑型、导向型转向多元复合型。以往网络把关的结构性调整,
使得议程设置或把关越来越复杂、透明和动态。②

　　传统大众传播的传播模式是"沙漏式"——所有信息先集中到传播媒介过
滤,再传递给公众。在这一单向直线的传播模式里,生存在传者与受众之间的
"把关人"的职能便有可能得以实现。在信息传播的过程中,传播媒介犹如一
张过滤网,而把关人则是网中的一个个结点,他们根据有关的规定或一定的个
人倾向,对试图穿行的信息进行筛选过滤、抑制疏导,并决定信息在传播渠道
中的中转或终止传递,把最终符合其价值标准的新闻成品"推"到受众的面
前。而受众则根据自身的兴趣或需要,从海量的信息中"拉"出相关信息进行
阅读吸收,并根据这些信息,在脑海中不断构建周围生活环境的"拟态画面"
(见图2-2)。

————————

　　① 张玉亮:《意识形态竞争:重大突发事件网络舆情论战的本质》,《广西社会科学》
2016年第1期,第141页。

　　② 罗昕:《结构性缺失:网络时代把关理论的重新考察》,《新闻与传播研究》2011年第
3期,第68-76页。

现实环境中的各种信息

新闻事件

新闻采集者
（记者）

（传播媒介的把关过程）

把关人

"推式"
传播过程

新闻稿件

新闻加工者
（编辑）

新闻成品

传播渠道

"拉式"
传播过程

受众筛选

受众

媒体构建的拟态环境

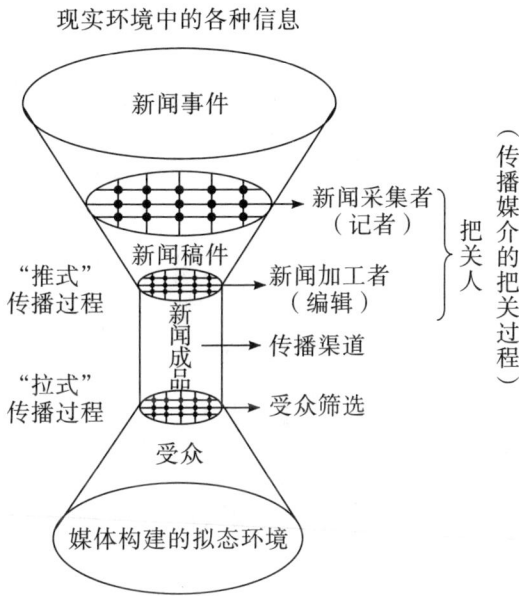

图 2 - 2　"沙漏式"传统大众传播模式

在网络信息传播过程中，网络信息发布的自由度加大和把关人的权力分化不可避免地导致把关人的权力削弱。当众多的网民拥有传播信息的资源和机会时，他们也就掌握了网络信息传播的主动权。这样，网民便成了网络把关人的主体，在网络信息传播中兼有传者与受众的双重视野。同时由于网络信息传播的交互性，把关人的角色在信息的传播与接受中不断变换。大批的网民把关人不仅在阅读信息，而且在参与信息的重组，生产并传播新的信息，信息数量的增加能吸引更多的眼球，进一步刺激诱因子或引爆点的复制、重组、挖掘及传播，使得网络同一主题的相关信息像滚雪球一样越滚越大，最终造成信息泛滥。由此我们可以总结出"滚雪球式"的网络信息传播模式（见图 2 - 3）。

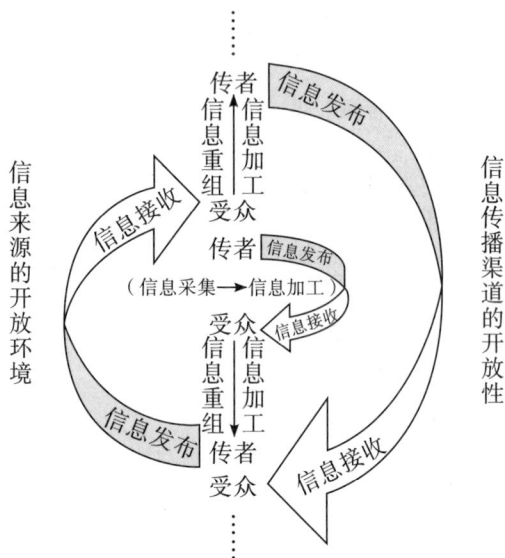

图 2－3　"滚雪球式"网络信息传播模式

麦库姆斯和肖认为，大众传媒的新闻报道和信息传达活动以赋予各种"议题"不同程度的显著性（salience）的方式，影响着人们对周围世界的"大事"及其重要性的判断。① 在网络环境下，诸多传播要素的变异，如多元化的传播者、开放式的传播渠道、"滚雪球式"的传播方式以及复合型的传播形态，在某种程度上弱化了传统媒体为公众设置议程的效果，强化了网民"自我议程设置"的功能。网络空间作为"观点的自由市场"，是公众自我议程设置的绝佳场所。新闻价值的评价已不再由传统媒体统一掌握，网民可以质疑甚至否定传媒认为重要的"大事""头条"，使传统媒体在网络中的议程设置效果"出轨"甚至失效。

麦库姆斯和韦弗认为，人们对导向需求不一样，这是能否产生议程设置效果的决定性因素。而导向的需求基于两个因素：信息与个人的相关性和消息的不确定程度。信息的相关性越大，事物的不确定程度越高，那么，人们对导向的需求就越大。每个网民拥有不同的人生阅历和导向需求，因而也会对事件重要性作出不同的判断，形成差异化的议程设置，在自己的脑海中形成独有的"议程表"，即出现所谓"我所关注的就是头条"的现象。如对 2011 年 12 月发

---

① 郭庆光：《传播学教程》，中国人民大学出版社 2008 年版，第 214 页。

生的海门事件在新浪微博上以 5% 的样本抽取率进行约一个星期（12 月 20 日至 29 日）的样本抽取，得到一个样本量为 357 的海门事件分析样本，经过归类统计发现，出现了关注程度不等的议题（一些微博可能归属于不同的议题，可重复计算），如围堵、禁止离校等行为，损害环保、健康，谣言（有人死亡、武警施暴等），转载国内媒体报道，对党政部门看法，对海门事件评价等（见表 2 - 1）。

表 2 - 1　海门事件中（12 月 20 日至 29 日）的微博议题

议题	围堵、禁止离校等行为	损害环保、健康	谣言（有人死亡、武警施暴等）	转载国内媒体报道	对党政部门看法	对海门事件评价	其他
数量	82	46	20	45	81	96	14
百分比	22.97	12.89	5.60	12.61	22.69	26.89	3.92

除了网民这个主要的议程设置主体，我们还可以关注传统媒体和意见领袖这两个重要的议程设置主体。

新媒体环境下，10% 的人生产内容给 90% 的人看这一规律并没有被改变，专业传播的价值仍然存在。[1] 根据惠普（HP）的一项最新报告，在推特上主宰热门话题的账号，实际上是那些"传统的""主流的"媒体，例如 CNN、BBC、《纽约时报》等，在大多数情况下，推特用户充当了传统媒体新闻过滤者和放大器的角色。[2] 在网络平台上，网民自我设置的议题同样受到媒体议程设置的影响，很多议题都来源于网络媒体或传统媒体官方微博、官方网站。一般来说，与公共卫生类、社会安全类突发公共事件相比，自然灾害类、交通事故类突发公共事件发生时，网民的议题更多来自于传统媒体或网络媒体。如 2013 年 4 月雅安地震发生 7 分钟后，也就是 4 月 20 日 8:09，《人民日报》微博发布了第一条关于此次地震的微博，微博内容为报道中国地震台网对此次地震的自动测定结果，并表达了祈愿。至此，《人民日报》微博开始了对雅安地震的媒介议程

---

[1] 刘鹏：《传统媒体融合转型的若干趋势》，《新闻记者》2015 年第 4 期。

[2] 《调查称传统新闻媒体引领 Twitter 流行主题》，http://www.cnii.com.cn/icp/content/2011 - 02/16/content_839862.htm。

设置。《人民日报》微博上主要有灾区信息，预警，政府活动，伤亡人数，地震及救援知识，积极生活与自救，灾后恢复，理性救灾，灾区交通，献血，救援，祈福、加油、感谢，辟谣，捐款与赈灾，求助与寻亲，质疑与回应，回顾与反思17个不同的议题（见图2－4)①。其中，祈福、加油、感谢类的议题最为显著，灾区信息、救援等议题也得到了非常多的关注。当然，不同的传统媒体或网络媒体在同一突发事件中的议题显著性可能存在一定的差别。

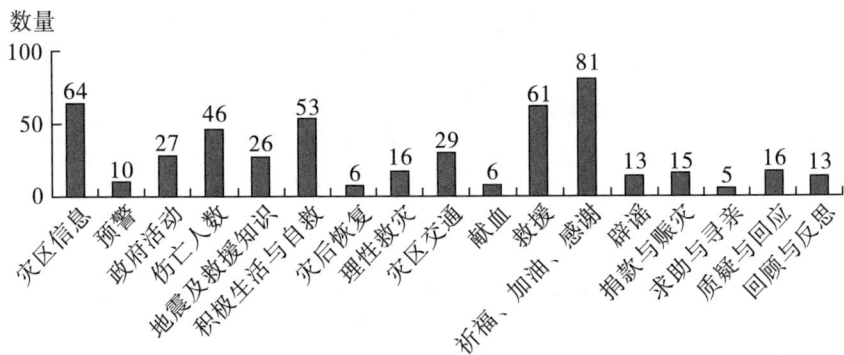

图2－4 《人民日报》微博在雅安地震中的主要议题

在突发公共事件中，某些媒体在议程设置上往往会表现为缺位或错位。错位的典型表现是对某一议题的过度渲染炒作，即所谓的"危言"。它以偏概全，夸大其词，捕风捉影，过分渲染灾难性事故的恐怖和血腥，追求心理刺激的效果，客观上诱发了网民的非常态情绪。②

传统媒体在突发公共事件中有习惯性聚焦和同质性报道倾向。当吸引公众眼球的突发公共事件发生时，传统媒体在极短时间内几乎同步将聚光灯聚焦到同一事件、人物或场域。这种快速聚焦能力和效应不仅加速事件信息扩散，也促使媒体发掘或揭露各种耸人听闻的细节信息，而有些媒体会刻意在某些方面有所怀疑或追踪。对于网络媒体而言，由于多数网络媒体不具有新闻采访或编辑资格，因此只能转载传统媒体报道，导致在同一时间出现事件的同一化报道，

---

① 陈妲：《〈人民日报〉多平台议程设置研究——以雅安地震报道为例》，天津师范大学硕士学位论文，2014年，第18页。

② 王炎龙：《重大突发事件信息次生灾害的生成及治理》，《四川大学学报（哲学社会科学版)》2010年第6期，第94页。

这种同一化报道虽有利于统一"舆情口径",但如果报道具有偏向性,则危害非常明显。① 如 2010 年福建南平校园凶杀案发生后,网络媒体对事件的过度反思成为随后一段时期几个地区相继爆发类似案件的效仿因素,也成为舆论恐慌的主推手,媒体对某些议题的过度聚焦导致了突发公共事件的次生灾害。

突发公共事件发生时,网络上各大媒体以及一些名人明星、微博"大 V"等意见领袖也会根据自己的需求点关注不同的议题,从而引发粉丝们对不同的议题进行选择性的关注。如 2014 年 2 月东莞"扫黄"舆情事件中,2 月 9 日 11:15,央视新闻频道《新闻直播间》栏目播出记者暗访东莞酒店、桑拿屋等色情服务场所视频。2 月 9 日 11:33,"新浪新闻视频"把节目视频转发至新浪微博。东莞色情风波从传统媒体迅速传播到自媒体。2 月 9 日 14:00,东莞市人民政府新闻办公室官方微博"莞香花开"发布微博:"东莞下了场不小的雨……"当天 19:59,微博用户"那个野和尚"发起"#东莞挺住#"话题,不到 24 小时该话题跃居新浪微博话题榜榜首,讨论量有 30 多万次。

此后关于东莞的话题有十多个,如"#平安东莞#""#天佑东莞#""#东莞挺住#""#东莞不哭#""#央视无情,人间有爱#""#众志成城,东莞加油#""#一方有难,八方支援,东莞挺住!#""#今夜,我们都是东莞人!#"等。"作业本""琢磨先生"等微博"大 V"账号和《南方都市报》评论版官方微博不约而同地发出悲情口号。"作业本"的微博"平安东莞!!!天佑东莞!!!东莞挺住!!!东莞不哭!!!"几个小时内被转发超过 3 万次。"大 V"账号"吴主任"的倡议"东莞挺住,今夜我们都是东莞人!"也被转发超过 1 万次。《南方都市报》评论版官方微博发文:"东莞挺住!舆论对央视暗访东莞色情业的挪揄和反弹,不仅是对报道本身的不满,更是对权力僭越要管住公民下半身的恐惧的本能反应。媒体不是不能报道色情业,这个原始行业是否仍存在暴力血泪、娼妓们的生存状态,及其屡禁不止背后的权力庇护,更需要媒体关注。只有真相,东莞小姐才能真正不哭。"该微博在 2 月 9 日晚上 11 点左右发出,随即引起网友强烈关注,发布后不到一小时就有 940 条评论和 3 000 多次转发。大约在深夜 12 点,该微博被删除。这些意见领袖的微博使得网民关注的议题迅速从"打黄"转向"挺黄"。

---

① 董永亮、方付建、王国华:《多主体参与下突发事件网络舆情演变研究》,《电子政务》2013 年第 7 期,第 64 页。

面对网络舆论的严重偏误，大多数传统媒体发表了大量批评"挺黄"观点的评论文章，如《人民日报》的《"无良大V"的歪理邪说》、国际在线的《"东莞挺住"的荒唐言让人汗颜》、新华网的《力挺央视暗访曝光东莞色情业》、中国青年网的《大V不该为"东莞色情"选边站》、华声在线的《别让东莞扫黄成为一场娱乐狂欢》、《环球时报》的《骂央视，反主流，这种乐子莫成瘾》、《京华时报》的《纵容"黄流"泛滥只会害了东莞》、《新闻晨报》的《凭什么嚷嚷"东莞挺住"》。这些评论文章表现了团结一致的"舆论统一战线"。

二、议题分蘖的生成与变异

一般来说，从来源来看，突发公共事件分为本源性突发公共事件和衍生性突发公共事件。本源性突发事件由于本身影响重大，所涉及的人口、产业、地域面广，产生的影响、造成的损失巨大。衍生性突发公共事件指事件本身并不大，但是由于信息不对称或其他原因，不大的事件经过广泛传播，产生巨大影响和破坏社会正常生活秩序。衍生性突发公共事件往往是本源性突发公共事件产生分蘖现象的结果。

（一）议题分蘖的生成

分蘖指禾本科等植物在地面以下或近地面处所发生的分枝。分蘖产生于比较膨大而贮有丰富养料的节点上。直接从主茎基部分蘖节上发出的称一级分蘖，在一级分蘖基部又可产生新的分蘖芽和不定根，形成二级分蘖。在条件良好的情况下，可以形成三级、四级分蘖。结果一株植物形成了许多丛生在一起的分枝。早期生出的能抽穗结实的分蘖称为有效分蘖，晚期生出的不能抽穗或抽穗而不结实的称为无效分蘖。分蘖数受水、肥、光照、温度、农业措施等多种条件的影响，条件适当，分蘖就多。从理论上讲，分蘖是无限的。根据这一植物生理原理，突发公共事件网络传播中由于不同传播主体的议程设置，议题出现了分蘖现象。有的议题由于受众多因素的积极影响，出现多次分蘖的情况，每次议题分蘖又产生不同的小议题，此谓"有效分蘖"。有些议题则受到其他因素的阻碍影响会逐渐削弱，进而萎缩退出舆论场，此谓"无效分蘖"。在突发事件网络传播中，议题分蘖节点主要存在于网民、意见领袖、主流媒体等传播主体中。这些传播主体经其他传播主体的转发、评论、点赞后，形成二级、三级乃至多级分蘖，最后一个单一的议题分蘖成众多的议题。

2015 年 5 月 2 日"庆安火车站枪击案"发生后，庆安因为突发公共事件而被密集围观，围绕这个地名所延伸开来的各种爆料层出不穷，日常县域治理和官场生态中存在的各种问题被大白于天下，如庆安县委常委、常务副县长户籍年龄造假、学历造假以及妻子"吃空饷"；县长检察长魏鹏飞超标违规使用公车并悬挂假牌；县大批官员涉嫌买卖教师编制，300 个民转公指标公开拍卖；县公安局副局长兼交警大队大队长涉嫌徇私枉法、滥用职权等。这种因某一热点事件而牵扯出的事发地其他问题，被不少媒体称作"击鼓传花""余震""周边衍生产品""舆情次生灾害"，可谓是"拔出萝卜带出泥"。特别是核心热点得不到及时回应，或相关调查遭遇公正性、独立性质疑时，"舆情次生灾害"便可能更严重。① 由此可见，突发公共事件在网络传播中会随着网络上不同的议程设置而出现议题分蘖现象。

从网络舆情热点信息联想叠加的时空模式②看，议题分蘖主要有三种形式：①横向联想叠加模式：指在一定时间段（舆情的兴奋周期）内发生一件重大事件后，同时段的相类似议题不断被挖掘的现象。如 2013 年 5 月 15 日，媒体曝光了海南省万宁市第二小学校长陈在鹏带学生开房的丑闻后，全国各地有关教师强奸猥亵学生的报道如开闸洪水般倾泻。②纵向联想叠加模式：指一个事件的发生引发了不同时段同类事件集体记忆的激活，这种同类事件的集中化呈现到一定程度后，会形成一种既定的认知框架，影响道德判断和现实行为。如 2006 年"彭宇案"遗留的集体记忆在不同的时空被反复激活，由此还形成了"做好人得不到好报""远离老太太"的认知框架，催生出"伤不起""扶不起""撑腰体"等网络流行语，影响了公众的道德判断。现实生活中还导致了多起老人倒地无人问津的惨剧。③横向与纵向交织联想叠加模式：指事件的发展呈现共时与历时热点素材交叠的现象，它既从同时段的素材中进行横向联想，又从历史素材中寻找新的舆情热点。例如，2013 年的"复旦投毒案"，从横向来看，同时段其他大学的校园安全事件反复被挖掘，如"南航学生被室友刺

---

① 南都社论：《庆安官场"余震"，拔出萝卜带出谁》，《南方都市报》，2015 年 5 月 14 日第 A02 版。

② 郭小安：《网络舆情联想叠加的基本模式及反思——基于相关案例的综合分析》，《现代传播》2015 年第 3 期，第 124 – 126 页。

死"事件、"江苏高校刺伤案"等；从纵向来看，有网民不断从过去的历史素材中挖掘出校园投毒的案例，如"清华大学朱令案"（1994 年）、"北京大学铊投毒案"（1997 年）、"扬州大学秋水仙碱投毒案"（2004 年）、"中国矿业大学投毒案"（2007 年）等。

（二）议题分蘖的变异

在突发公共事件网络讨论的议题分蘖中会产生变异现象。突发公共事件中信息传播变异的极端表现是谣言或虚假信息，主要形式有：①威胁公共安全的恐慌性谣言。如 2018 年"5·12"汶川地震过后仅仅五天，全国公安机关就侦破网上造谣类案件 35 起，抓获犯罪嫌疑人 35 人。②经济获利性虚假信息。具体可以分为两种类型，一是根据突发事件的实际情况，编造对突发事件救济必需的物质信息，以提高物价获取暴利；二是一些别有用心的犯罪分子处心积虑虚设援助机构或虚构信息以诈骗他人钱物。③不信任政府的政治谣言。很多突发公共事件发生后，一些别有用心者、不同政见者、敌对势力会借题发挥，散布混淆视听的信息。④与迷信相结合的异化体。人们对较为恐惧的自然灾害、公共卫生等突发事件，经常以玄想和迷信来解释当前的困境，以求得超脱。[①]有学者研究发现，事实认知、感知情绪和观点异化之间存在强相关关系，信息接受者的认知则取决于信息源。[②] 因此，信源信息对于议题分蘖的异化起着根本性的作用，在突发公共事件的网络舆情管理中需要重点监控信源信息。

有关谣言的议题总是以不同程度在不同时段存在，有些谣言在众多议题中占据主要地位，有些谣言贯穿于突发公共事件传播过程的始终。这些谣言在很多情况下把突发公共事件与政府公职人员、政府行为挂钩。例如，在重庆万州事件中，有网络谣言称"打人者是公务员"；在贵州瓮安事件中，有网络谣言说"李树芬是被奸杀的""三名嫌疑犯都是当地领导干部的亲戚""死者叔叔被带到警察局问话并被打死"；在湖北石首事件中，有网络谣言称，"死者是在知晓当地公安局局长、法院院长夫人同永隆大酒店老板走私贩卖毒品后被害的"。

谣言是一种缺乏真实根据或未经证实，公众一时难以辨别真伪的闲话、传

---

① 欧三任：《突发事件中信息传播的变异与防控》，《重庆邮电大学学报（社会科学版）》2009 年第 5 期。

② 张敏、刘晓彤、夏宇：《重大医患纠纷事件网络舆情观点异化过程分析——以"8·10湘潭孕妇死亡事件"为例》，《情报杂志》2016 年第 4 期，第 64 页。

闻或舆论。正因为谣言的真伪难以分辨，如果不能及时加以澄清和引导，导致谣言大面积传播，就很可能引发社会的骚动和混乱。在近年来发生的相当一部分群体性突发事件当中，"谣言要么是事件发生的导火线，要么对事件的发展起到推波助澜的作用，要么在事件发生之后继续传播从而引发更多的负面舆论"①。在贵州瓮安事件中，事实上，正是网络谣言刺激并最终点燃了这场群体性突发公共事件的集中爆发。瓮安事件中网络上流传的关于李树芬一案的主要谣言是：因李树芬考试时不让一名同学作弊偷看，于是该同学唆使两名男青年将其强奸后杀害。唆使杀人的同学是瓮安县委书记的侄女，两个参加行凶的男青年和派出所所长有亲戚关系（还有说法说其中一个是副县长的儿子），因此当地警方包庇 3 名凶手，认定李树芬是跳河自杀身亡。而李树芬的叔叔李秀忠因替侄女讨说法，已被警方打死。还有传闻说，公安局在办案的过程当中，曾多次硬抢尸体，破坏现场，企图掩盖事实，而且死者亲属向政府讨公道时，政府官员避而不见。事实上，尸检结果证明李树芬生前并没有发生性行为，其叔叔李秀忠也还活着。网络谣言使当地群众长期以来积压在心中的对政府的不满和怨恨爆发出来，随后他们采取了集体行动。短短几个小时，上万当地群众逐渐云集在一起，大火焚毁了县委、县政府、县公安局的办公大楼，价值数百万的财产遭到损坏。② 网络谣言在突发公共事件的发生过程中扮演着推波助澜的角色，有着不可忽视的影响力。"从未有一场暴乱的发生不带有谣言的鼓动、伴随和对激烈程度的激化。"③

（三）议题分蘖产生舆论偏向、舆情反转

议题分蘖是突发公共事件网络舆论偏向的结果。所谓舆论偏向，是指事件舆论并不符合事件自身发展的主要逻辑，反而"节外生枝"，生发出不少另类话题，这些话题由于新媒体话语空间的大量"关注"，反而成为事件舆论的热点和焦点，由此转移了事件舆论的核心议题，甚至改变了事件的发展。突发公

---

① 陈勇、王剑：《群体性突发事件中的谣言控制——以"瓮安事件"为例》，《当代传播》2009 年第 3 期，第 100 页。

② 陶国根、黄毅峰：《群体性突发事件中的网络谣言分析及控制策略》，《中国井冈山干部学院学报》2011 年第 3 期，第 88 页。

③ 黄毅峰：《谣言传播与社会冲突的内在逻辑》，《理论与现代化》2010 年第 3 期，第 14 页。

共事件网络舆论偏向主要有三类：谣言类偏向、背景式偏向、恶搞式偏向。①

谣言类偏向指突发公共事件中，相关谣言常常围绕事故原因、事件过程、伤亡人数、参与方背景、事件解决方式与结果等方面展开。如 2011 年 7 月 23 日温州动车追尾事件中，围绕有关受损车厢是否有受伤乘客、高架桥上是否有乘客掉下、事故死亡人数、事故处理方式、事件原因等问题出现各种似是而非的谣言；同样在 2013 年 4 月 20 日的雅安地震事件中，微博上出现了所谓的十大谣言。②

背景式偏向指常常集中于突发公共事件中的"旁枝末节"，结合众多当前背景式的热点或者难点问题，刻意生发出新的舆论事件或者新的焦点，通常伴随着"人肉搜索"的运用。如 2012 年 8 月 26 日，包茂高速陕西延安境内发生客货车相撞事故，造成 36 人死亡。车祸发生后，眼尖的网友发现新华社拍下的现场图片中，竟然有一当地官员在事故现场"傻笑"，这张照片被转发到微博并被大规模"围观"，网友迅速搜索出图中官员是陕西省安监局某局长。很快，该局长佩戴世界品牌手表的多张图片也被发到了网上，网友开始对其收入等方面进行质疑。

恶搞式偏向指运用迂回的、讽刺的、嘲笑的、拼贴的话语形式对突发公共事件涉及的人和物进行恶搞，引发网络"围观起哄"，诞生各种网络语体。如"李刚门"事件中出现了"我爸是李刚"的新媒体"造句比赛"。网络舆论偏向会使"沉默的螺旋"演变成"加强的螺旋"，"沉默的受众"变成了"喧嚣的受众"，进一步增强了目前突发公共事件网络舆论的速度、强度和烈度。

网络舆论偏向常常导致网络舆情反转现象。网络舆情反转，意味着网络舆情主体的言论表达游走于不同的舆论旋涡中，主流舆论或多数派意见数次朝相向方向倾斜，使得舆情表达最终发生逆反。③ 网络舆情反转的产生，在于热点议题的网络舆情因各方面因素的相互作用，呈现出与先前近乎完全不同的认知和评价，或在短时期内屡次发生"大尺度"变化。网络舆情的形成、反转也是一个社会心理过程，是人们通过选择参照点认识事件的过程。由于人们选择参

---

① 于德山：《突发事件的新媒体取向及其规制》，《重庆社会科学》2015 年第 2 期，第 75－76 页。

② 《芦山地震十大不实谣言》，http://society. people. com. cn/n/2013/0424/c1008－21267950. html。

③ 殷婷：《网络舆情逆转研究——以网络公共事件"范跑跑"为例》，河北大学硕士学位论文，2010 年。

照点和运用参照点能力不同，或并不完全理性，这可能导致对事件认识的不足、偏差乃至谬误。不同参照点的迭次出现，导致网络舆情反转。①

　　网络舆情反转是网络舆情演变的一种形态，在网络舆情演变的各阶段均有可能出现舆情反转。②《人民日报》梳理了 2015 年九大舆情反转典型事件，包括大学生救落水儿童身亡，成都男司机暴打女司机，云南女导游骂游客，黑龙江庆安袭警事件，男子因与毒贩同名开房屡被抓，安徽女大学生称扶老人被诬，女子被狗咬伤谎称救人骗捐，中国老人东京被撞被传"碰瓷"，杭州高三女孩被哈佛录取。③ 如黑龙江庆安袭警事件，5 月 2 日，黑龙江省庆安县男子徐纯合在该县火车站与派出所民警发生冲突，被枪击身亡。网友质疑警察开枪的合法性。后来，官方公布的现场视频显示：徐纯合在现场袭警，还抓起自己的女儿向警察掷去。最终，检方认定民警开枪合法。又如 2018 年重庆公交坠江事故，10 月 28 日 10 时 08 分，重庆市万州区长江二桥，一辆 22 路公交车坠江。10 月 28 日 17 时，警方发布通报，经初步事故现场调查，系公交客车在行驶中突然越过中心实线，撞击对向正常行驶的红色小轿车后冲上路沿，撞断护栏，坠入江中。11 月 2 日 10 时 15 分，公交车坠江原因公布，据车内黑匣子监控视频显示，系乘客与司机激烈争执互殴致车辆失控。在官方没有发布事故原因的权威信息前，传统媒体报道却把"肇事者"归咎为红色小轿车女司机，如《北京青年报》的《重庆万州 22 路公交车坠江　疑因一女司机驾驶私家车逆行导致》、《新京报》的《重庆一公交与逆行轿车相撞后坠江　女司机被控制　动画示意路线图》、澎湃新闻的《大巴车坠江原因：女司机逆行》。网络舆情反转现象经常导致突发事件扑朔迷离、社会关注点散射，为舆情治理带来挑战。

　　总之，无论是自我议程设置还是议题分蘖，都可能是对突发公共事件的一种片面化呈现。这种片面化呈现表现为：言论简单、片面、零散；信息局部放大、过滥；态度片面、偏执、一面倒；信息失真、变异；舆情偏离、衍生。④在某一事件发生后，网民为了通过信息先占优势或为了获得关注，会主动积极

---

①　张华：《网络舆情反转现象中的"参照点效应"——基于对"大学生掏鸟窝获刑十年半"微博舆情的研究》，《新闻界》2016 年第 7 期，第 32 页。

②　王玉龙：《舆情反转：突发事件过程中网络群体极化的角色研究——基于"天价鱼事件"的分析》，《电子政务》2016 年第 5 期，第 17 页。

③　《2015 年舆情反转典型事件》，《人民日报》，2015 年 12 月 25 日第 4 版。

④　方付建、王国华、徐晓林：《突发事件网络舆情"片面化呈现"的形成机理——基于网民的视角》，《情报杂志》2010 年第 4 期，第 26 – 29 页。

地发布自我获取的关于某个事件的片面性信息。但是，无论网民是当事人还是目击者，其获取关于某个事件的信息可能缺乏完整性和公正性，其无法摆脱基于自我身份形成的认知和判断。作为事件当事人的网民通常会从与己有利的角度来采纳信息，而作为目击者的网民只是从所能看到的事件角度来汇集信息。因此，无论是当事人还是目击者，都不可避免地会汇聚形成关于某个事件的片面化或单一化信息。在这种情况下，网络上呈现的是事件某几个断面或链条的信息，而其他断面或链条的信息则被遗漏或过滤。

一些网民能够比较准确地把握整个网民群体的心态，知道网络关注什么，什么会成为热点。特别是一些反政权、反权威、反秩序、反社会的网民个体也会在网络上宣扬自我的精神和观点。而为了获取某种特别化关注效果，一些网民会编造一些信息发布到网络上，也有网民有意识地对一些事件进行歪曲或改装。这样，个别网民的特异化信息发布行为就可能产生网络舆情井喷效果。

第三节　意见聚合——议题博弈

一、协同学视野中的意见聚集

赫尔曼·哈肯在《协同学——大自然构成的奥秘》一书中提出，现代文明使得人类环境极其复杂，人们要适应这种环境殊非易事。矛盾的情势层出不穷，个人很难单独做出明确的答复。这就导致人们倾向于注意别人的行动和意见。而根据协同学的一般规律，不同意见之间会自动出现竞争，最终有一个成为主流而获胜。[①] 各种意见会相互交错、相互竞争，由无数条意见压缩成几条，最后形成统一的观点。

人们在形成意见时始终受到外来因素的影响。这一方面是由于人类的心理

---

① ［德］赫尔曼·哈肯著，凌复华译：《协同学——大自然构成的奥秘》，上海译文出版社 2005 年版。

素质所致，另一方面则是人们对环境的自然反应。再则，社会心理学家进行的试验表明：即使在一个无关紧要、无所谓的问题上，在根本不触及人们的实际个人利益的场合，多数人也同意众人的意见，甚至当他们无疑知道这种意见是错误的时候，情况也是如此。在协同学的意义上，这种可影响性是形成舆论的所有集体效应的根源。

突发公共事件中，网民一方面会根据自己的兴趣点或信息的相关性选择议题关注，另一方面则更多的是受到网络意见领袖与信息传播者彼此之间微关系的影响。在网络空间里，冗杂的、碎片化的信息影响着网民对重大新闻事件的理性思考与判别，他们会倾向于关注意见领袖的行动和意见。在网络传播过程中，意见的传播会受到意见领袖与信息传播者之间微关系的影响，意见聚合依靠微关系的说服力。

霍夫兰在其说服模式中认为，人的态度的改变主要取决于说服者的条件、信息本身的说服力及问题的排列技巧。说服者的条件影响说服效果，说服者能否给对方好的印象、能否受到对方欢迎，与他的条件密切相关。一个对某问题享有声誉的人总比无声誉的人更能引起更多人的态度改变。因此，在网络空间中，传统媒体、娱乐明星、学术名人以及网络"大 V"等意见领袖的见解往往会得到很多人的认同，尤其是对其有着一定了解或是崇拜的粉丝。"当突发事件信息开始在网络中传播时，同质人群之间信息交流较为充分，且对于影响力大的节点具有较强的'保持信息'和'控制信息'的能力。网络集聚系数本质上用以表征网络的集团化程度，突发事件信息传播网络较高的集聚系数在一定程度上反映了突发事件信息传播者对于突发事件信息认知的相似性；在信息不完全和不确定的环境下，传播者在对信息的分析过程中存在通过不同渠道了解非重复信息并形成不同观点或行为信息的可能，当信息演进到行为时，则可能发生羊群效应。"[1]"非直接利益相关者参与群体性事件的羊群行为取决于一系列非常复杂的影响因素，非直接利益相关者参与事件的比例和演化趋势与参与成本、侥幸心理、机会损失、政府干预等影响因素存在明显的相关性。"[2]

---

[1]　顾永东：《基于复杂网络的突发事件信息传播模型研究》，《科技管理研究》2015 年第 2 期，第 194 页。

[2]　徐浩、谭德庆：《群体性突发事件非利益相关者羊群行为的演化博弈分析》，《管理评论》2019 年第 5 期，第 254 页。

意见领袖是意见聚合现象、"羊群效应"产生的催化剂。首先，意见领袖基于与媒体的关系对媒体新闻评论的意见显示出赞同，然后，他们的粉丝或非粉丝会基于一级级的微关系，对他们的见解表示赞同。由此，在媒体与意见领袖意见趋同度很高的状况下，意见聚合现象就是不可避免的了。并且，如果意见领袖与媒体的意见相左，也会将意见引领上"不关注 + 不同意"居多这样相反的一个聚合点。

二、议题博弈的协同机制

意见聚合现象的发生，会直接导致不同议题之间的相互博弈。在网络这样一个"观点的自由市场"里，不同议题间的竞争甚至是同一议题中不同情感态度之间的博弈都在随时进行着。

博弈论，是"研究决策主体的行为在直接相互作用时，人们如何进行决策以及这种决策如何达到均衡的问题"[①]。在博弈过程中，对弈双方即指利益相关者，往往试图使自身利益最大化。在决策过程中，各方不但考虑自身的利益，而且会衡量自身行为对他方产生的影响，以及他方行为对自身造成的影响，从而作出最佳选择。微博中突发公共事件的议题博弈，也是议程设置后各议题显著性之间的一种博弈，有的议题备受关注，有的议题则销声匿迹。议题博弈其实反映着现实环境中公众之间思想观点的一种差异化现象，而这一差异化引起人们观点之间的碰撞，反映到网络环境中就出现了议题的博弈。

以 2011 年 9 月 21 日发生的乌坎事件为例，微博传播中各个议题之间形成了相互博弈。从微博各议题变化走势图（见图 2 - 5）可以看出，有的议题在特定时间呈现压倒性的优势，有的议题一直保持平稳，有的议题随时间流逝而消失，之后又有新的议题产生并形成强大的影响力。在议题发展的过程中，便会出现议题间的相互博弈。

9 月 22 日，对于"内地媒体报道"这一议题很少有微博涉及，但是在 23 日，这一议题从鲜为人知迅速发展为仅次于"乌坎事件"的第二大议题。但进入 24 日后，对"官员卖地，官员腐败"的讨论又压过了对"内地媒体报道"

---

① 陈为：《民办高校社会责任履行与政府监管的博弈论分析》，《湖南涉外经济学院学报》2012 年第 1 期，第 12 - 16 页。

的讨论。随后在 25 日，"内地媒体报道"这一议题已经基本消失在公众的视野之中。同时"乌坎事件"这一议题虽然在 24 日以后迅速回落但仍然在全部议题中保持一定的话题热度，而"党政部门"这一议题一直表现平平，却始终没有离开人们的视线。

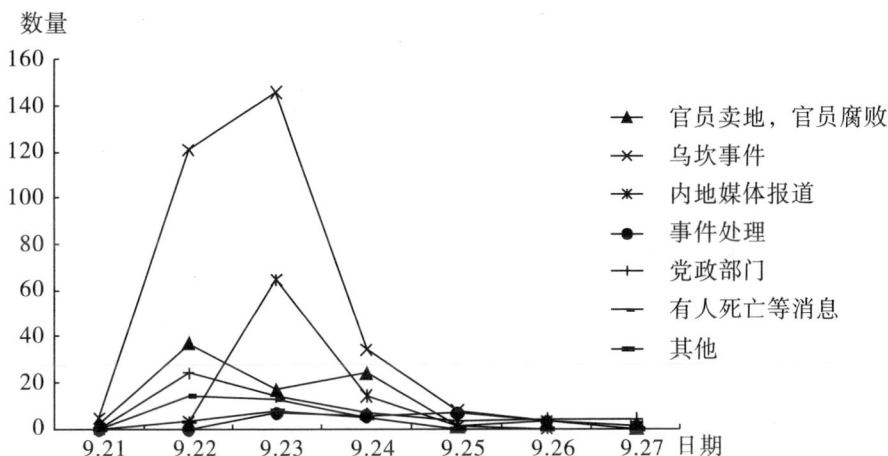

图 2-5 乌坎事件中微博各议题变化走势

可见，在突发公共事件网络传播的议题博弈阶段，随着事件的进一步发展以及发展过程中可能发生的种种意外情形，有关突发公共事件的不同议题之间会不断展开博弈，甚至是同一议题的不同情感态度之间都会发生博弈。而随着网民意见的逐渐聚合，某一个或者几个议题渐渐在议题博弈当中突围，从而形成具有更强影响力的议题在网络空间中广泛传播。

议题博弈是由协调机制催生的。网民在线上和线下讨论突发事件时，会出现用户间的协同工作，形成突发事件网络舆论"场域"。这种"协同"语境下的舆论"场域"，有可能辅助突发公共事件网络舆论从"无序"变得"有序"。曹继东（2013）认为，应急性"自组织"机制是由突发公共事件网络舆论传播而产生的"骤然性"网民力量"聚合"和"协同"工作机制。从某种意义上讲，突发公共事件网络舆论传播激活了"自组织"机制，促使其从"常态机制"在达到一定阈值后转变为"应急机制"，由此而产生的网民"聚合"和"协同"工作机制，在理论上被称为一次"应急响应"过程。随着突发公共事件网络舆论传播活动的完成，网民之间的"聚合"和"协同"关系也消失了。

在突发公共事件网络舆论"场域"形成、扩散过程中，微博用户之间的"聚合"和"协同"工作机制导致网民之间形成一种"相互协作、相互验证、相互纠正"的博弈关系，并通过不断调整舆论导向，校正舆论传播偏差，逐渐揭示出突发公共事件的真相。实践证明，在大多数突发公共事件网络舆论"信息流"扩散传播过程中，网络用户间自发形成的"自组织"应急机制，都对突发公共事件舆情信息扩散传播起到积极有效的舆论引导作用。网民通过微博等新媒体进行的"聚合"与"协同"，挖掘突发公共事件的真相，在某种程度上甚至比专业媒体的深度报道更为全面、丰富和深刻。① 正如物理学中机械波的相关原理，如果两个波传播方向相同、步调一致，则当两个波相交时振幅会进行叠加；网络舆论中的不同意见派系正如一个个不同的振动波，它们相互此消彼长，能量（舆论的规模和强度）相互叠加，有时难以控制，便导致"蝴蝶效应"的发生。②

第四节　群体极化——议题集中

一、群体极化导致议题集中

美国当代法哲学家凯斯·桑斯坦（Case Sunstein）提出"群体极化"概念。他认为，团体成员一开始即有某些偏向，在商议后，人们朝偏向的方向继续移动，最后形成极端的观点。在网络环境里，志同道合的团体会彼此进行沟通讨论，到最后他们的想法和原先一样，只是形式上变得更加极端了。③ 美国心理学家拉塞·斯皮司（Russell Spears）通过实验证明："网络中的群体极化现象更

---

① 曹继东：《我国政府利用微博引导突发事件网络舆论的初探》，《新闻与传播研究》2013 年第 4 期，第 116 页。

② 刘胜枝、王画：《非常规突发事件中微博舆论的"蝴蝶效应"——以"雷政富不雅视频事件"为例》，《北京邮电大学学报（社会科学版）》2014 年第 3 期，第 35 页。

③ ［美］凯斯·桑斯坦著，黄维明译：《网络共和国——网络社会中的民主问题》，上海人民出版社 2003 年版，第 47 页。

加突出，大约是现实生活中面对面时的两倍多。"① 另一心理学家华莱士也认为，"计算机用户进行网上交流的时候，所用语言中夹杂着大量的咒骂、侮辱、漫骂及尖酸刻薄充满敌意的语汇。与实际生活中大家协同作战相比，使用计算机参加讨论者更易表现出敌意"②。总之，"极化一般促进集体暴力的产生，因为它使我们—他们边界变得更加显著，挖空了独立的中间地带，强化了边界冲突，提高了输赢赌注，增加了领袖发动行动反对他们敌人的机会"③。

群体极化在意象上分为两极对立的阵营：一个阵营经常窝藏着形形色色的不义，另一个则到处插遍正义道德的旗帜。网民随着发布的网络帖子不断地互动变化，逐渐地形成"我们—他们"的单一边界，并将内部边界互动与交叉边界互动进行区分。冲突风险的增加、信息不确定性的增强、更多网民的准入都促进了边界激活。"个人为了逃避责任和获得安全，会倾向于以匿名的方式加入群体，随后几乎都会表现出某种程度的暴虐和放纵行为。如果这种暴虐行为能够得以假借正义之名，则群体的放纵行为会因受到崇高感的鼓励而愈发膨胀，并最终导致群体暴力。"④

并非网络上的所有议题都会形成群体极化现象，只有当事件的某个方面触及社会情绪的"引爆点"，例如一些公共部门不作为、挑战社会传统道德、民族主义情绪或者仇富心理等，才会引起网民的大量关注与热议。此时若群体意见高度统一，则有可能引发网络群体极化现象。例如在"7·23"温州动车追尾事故发生后，众多网友发微博质疑声讨国内一些报纸为何对该事故只字不提。7月24日12时43分，相关部门决定就地掩埋这次事故中的列车碎片，这一做法引发网民质疑这一决定的合理性。7月24日17时左右，在救援结束十几个小时后，人们又从车厢奇迹般地救出一名两岁零八个月的小女孩项炜伊。"奇迹女孩"的救出，令网民开始质疑相关部门的救援效率。

7月24日22时41分，铁道部新闻发言人王勇平在事故新闻发布会上的发言内容也让网友大跌眼镜。在记者就是否就地掩埋事发动车提问时，王勇平回答道："出事位置周围有泥塘，为了施工车辆进入挖掘土方，并不是为了掩埋车

---

① ［美］帕特·华莱士著，谢影、苟建新译：《互联网心理学》，中国轻工业出版社2001年版，第88页。

② ［美］帕特·华莱士著，谢影、苟建新译：《互联网心理学》，中国轻工业出版社2001年版，第138页。

③ ［美］蒂利著，谢岳译：《集体暴力的政治》，上海人民出版社2006年版，第20页。

④ ［美］弗罗姆著，刘林海译：《逃避自由》，国际文化出版公司2007年版。

厢。至于你信不信，我反正信了。"紧接着，记者问到当天在事故现场救援部门宣布搜救已告一段落并"已无生命迹象"的情况下，"奇迹女孩"项炜伊被救出该怎么解释时，王勇平表示，"这是生命的奇迹，我只能说，事实就是这样，它确实发生了"。

由于新闻发言人的言语失当，"我反正信了""这是生命的奇迹"开始成为网络流行语。这些事件经过短暂的网上发酵，在25—26日到达了网络舆论的顶峰，之后，"我反正信了"和"这是生命的奇迹"作为"高铁体"被网友广泛传播，用来调侃铁道部、表达质疑的情绪。更多新闻报道及舆论也扑面而来，新闻报道量于26日到达顶峰（见图2-6）。而新浪微博上关于对事故处理情况的满意度调查显示：12 105名参与投票的网友认为处理得差劲，占到了全部投票人数的93%。① 网络舆论出现明显极化现象。

随着网民们对铁道部事故"雷击论"、残骸处理方式、救援方式等问题的连续质疑与追问，网络抗议情绪高昂。而网上关注和讨论的议题也开始集中在五个方面：①动车出事的原因是什么？雷击究竟破坏了什么设备？②为什么要将车体就地掩埋，是为了掩盖证据？③为什么要放弃救援而急于通车？救出小女孩伊伊能算是奇迹吗？④新调任的上海铁路局局长三年前刚因铁路意外事故被贬职，他是否适任？⑤动车事故的死亡人数究竟有多少？

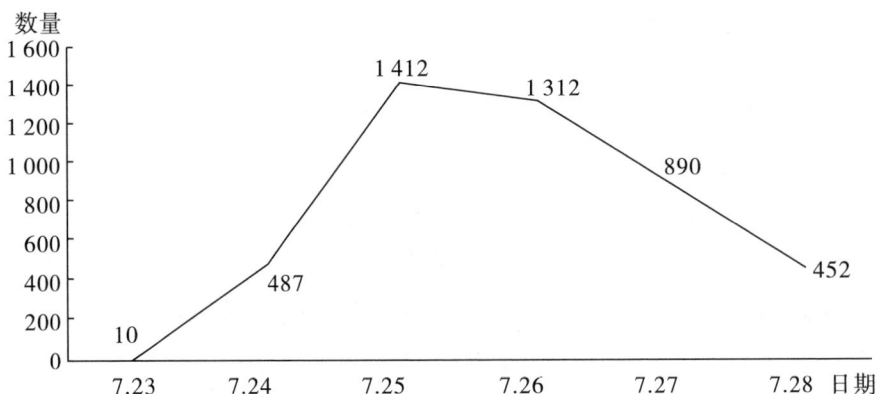

图2-6　温州动车事故媒体关注度走势②

---

① 张展：《"7·23"动车事故网络舆情分析》，《现代职业安全》2011年第9期，第27页。
② 《铁道部"7·23"甬温线动车事故舆情分析》，http://yuqing.people.com.cn/GB/210124/15326847.html。

以乌坎事件的微博传播为例，对涉及官员卖地、腐败议题的抽样帖子进行情感倾向分析，可以看出：开始阶段网民希望对官员进行暴力、谴责的情感倾向大大压过中立的情感态度；在事件发展的过程中，也存在一定数量的攻击煽动内容，而随着事件进展，网民的情感强烈程度有一定的降低，谴责渐渐压倒暴力手段，成为主要观点（见图2-7）。

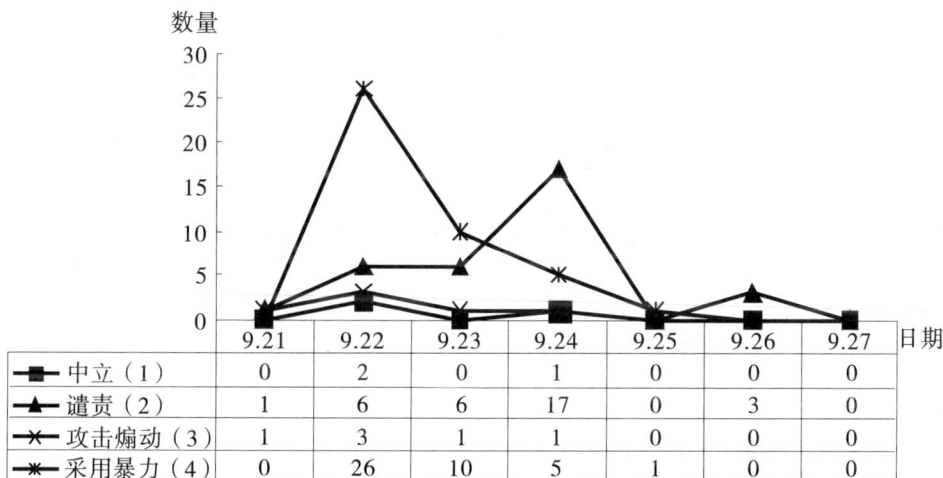

数量

	9.21	9.22	9.23	9.24	9.25	9.26	9.27
中立（1）	0	2	0	1	0	0	0
谴责（2）	1	6	6	17	0	3	0
攻击煽动（3）	1	3	1	1	0	0	0
采用暴力（4）	0	26	10	5	1	0	0

图2-7　对于官员卖地、腐败议题的情感倾向分析

对当地政府部门评价议题的情感倾向进行分析，可以明显看出，情感倾向上经历从博弈到极化的急剧变化过程。9月23日，6种情感倾向各占一定的比例，最多的是谴责当地政府部门对于事件处理不当，中立的数量最少，表明此时微博用户的情感态度较为强烈，对当地政府部门的不信赖也表现得较为直接。到了9月26日，事件已逐步得到平息时，持有中立态度的比例大幅度上升，同时对当地政府部门表示支持的比例也出现小幅攀升，负面情绪倾向大幅度降低，而采取暴力等极端做法基本消失（见图2-8）。

数量

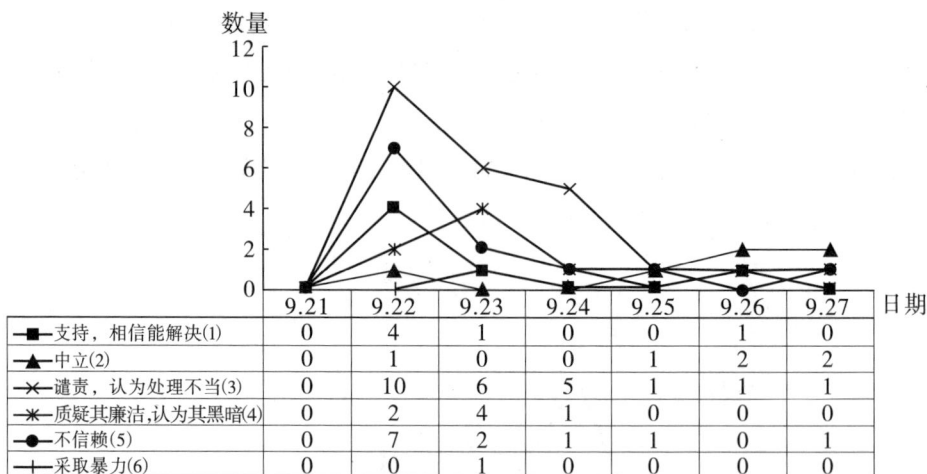

	9.21	9.22	9.23	9.24	9.25	9.26	9.27
■—支持，相信能解决(1)	0	4	1	0	0	1	0
▲—中立(2)	0	1	0	0	1	2	2
✕—谴责，认为处理不当(3)	0	10	6	5	1	1	1
✳—质疑其廉洁，认为其黑暗(4)	0	2	4	1	0	0	0
●—不信赖(5)	0	7	2	1	1	0	1
＋—采取暴力(6)	0	0	1	0	0	0	0

图 2-8　对于当地政府部门评价议题的情感倾向分析

二、群体极化的社会心理机制

1. 群体盲从

古斯塔夫·勒庞认为，群体思维是一个无意识的弱智化过程，智力在群体中的作用微乎其微。群体累加的结果只能是愚蠢。群体的思维受到强烈感情和极端感性的活动支配，他们没有足够的智力控制基本的情感状态。群体以一种类似磁场的引力，又或是类似瘟疫的传染力度，将某一心理倾向传播、感染给心智成熟、分散隐匿的个体；而个体对这种来自群体的影响缺乏免疫力，因此越来越多的个体进入群体内部。而群体感情的狂暴，尤其是面对异质性群体时，又会因责任感的彻底消失而得到强化，由此导致去个性化和去抑制性。这种群内同质化、群际异质化的群体聚集讨论极容易造成群体舆论极化。①

在"交流暗示缺乏"的网络环境中，人们很容易获得某种想象的群体认同感，出现"镜式知觉"和"假一致"等认知偏差。置身于其中的人往往倾向于把意见群体的规模夸大、力量夸强、分布夸广，从而实现自我肯定，进而更自信、更积极地传播极端观点，出现"偏听偏信"的群体盲从，以致事实的本身常常被淹没于各执一词的"口水战"之中，导致情绪型的极端舆论在网络中不

---

① ［法］古斯塔夫·勒庞著：《乌合之众——大众心理研究》，中央编译出版社 2005 年版，第 33 页。

断弥漫。在强势极端化言论前，少数异见派迫于群体的压力逐渐消失了身影，导致网络中同样出现"沉默的螺旋"效应。"他们往往完全避开辩论的实质，而强调使人感兴趣的一面从而增强团队的凝聚力，但通常来说这些人与众不同，一旦他们在团队的作用被错误领会就很容易深陷纷争，除非确实有人从中调解，但也会最终抱恨离去。"①

2. 协同过滤

网民的协同过滤行为导致"蚕茧效应"。"蚕茧效应"指由于过度关注自己所感兴趣的信息，将越来越排斥自己不感兴趣的信息，从而把自己封闭在一个狭隘的空间内，让自己越来越坐井观天、鼠目寸光。网络的协同过滤功能使网民可自我设定网站链接，而网民由于偏好作用，一般只链接与自己价值取向一致的网站。如网民一般只关注几个特定论坛、网站、博客等，也只跟圈内网友交流信息等，在偏向型或圈子化公共交往中，网民无法具有全面视角、多元思考。② 正如桑斯坦指出的，某个政治信念坚定者会在网站上找到更多持相同看法的作者，并且被鼓励去阅读其他相同的见解，从而强化他既有的判断。在网络上，网民通过信息同类搜集和网址链接，会强化信息同质性。

3. 刻板定式

网民在群体讨论中具有偏颇吸收、反证偏向的特点。桑斯坦认为，纠正错误信息是极为困难的，对错误观点的纠正反而会强化我们对既有观点的愈加坚持；这个现象有一个不那么可爱的标签——偏颇吸收，即人们都会按照自己的偏好处理信息。在互联网上，类似的过程每天都会发生，因为即便经过正反两方面的讨论，那些相信谣言的人最终还是没有改变初衷，反而更加坚信谣言。③偏颇吸收是刻板定式心理作用的结果。"中国网民易被简单化思维主导，他们对一些事物或人物的判断是基于简单的价值框架，如对与错，同时，他们喜欢用贴标签式的方式、符号化的方式来简化复杂事物。"④

2008 年贵州瓮安事件中，谣言为什么会在当地迅速传播，并且让许多人深

---

① ［美］帕特·华莱士著，谢影、苟建新译：《互联网心理学》，中国轻工业出版社 2001 年版，第 135 页。

② 方付建、王国华、徐晓林：《突发事件网络舆情"片面化呈现"的形成机理——基于网民的视角》，《情报杂志》2010 年第 4 期，第 26－29 页。

③ ［美］卡斯·R. 桑斯坦著，张楠迪扬译：《谣言》，中信出版社 2010 年版，第 70－72 页。

④ 彭兰：《现阶段中国网民典型特征研究》，《上海师范大学学报（哲学社会科学版）》2008 年第 6 期，第 48－56 页。

信不疑呢？这与一些人对当地政府和警方形成的刻板印象有关。人们常常依据这种刻板印象去认识和理解与此类人或事物有关的信息。近年来瓮安县"移民搬迁后期扶持、违章建筑拆除、矿权纠纷处理、国企改革改制中，出现了各种矛盾，沉积的重点信访案件就有 20 多起，各种矛盾纠纷没有得到及时化解"，使得一些人形成了一种当地政府官员和警方不公正和不维护老百姓利益的刻板印象。死者亲属和一些人会根据这种刻板印象，本能地怀疑警方的调查结果，不相信死因是跳河溺水身亡。而谣言正是迎合了这部分人的这种心理，使之对谣言深信不疑，甚至在传播过程中添油加醋，对谣言予以强化。①

不少类似突发公共事件的重复发生强化了网民的刻板定式思维，一些群体、一些组织机构或某类相似事件等，往往被贴上"污名化"（stigmatization）的标签。污名化就是社会赋予某些个体或群体以贬低性、侮辱性的标签，进而导致社会不公正待遇等后果的过程。② 在风险危机后果中或多或少伴随着"污名化"现象：与危险相关联的物品、人员、机构、环境乃至制度文化等，都被打上"有害"的标识，警示其他人要加以排斥。与此同时，沾染污名的对象也会引发人们心理上的反感与行为上的拒斥，当这种情况不断恶化并持续下去的时候，就会造成社会恐慌乃至引发公共危机。个体和社会对于污名对象的集中贬损和规避行动持续一段时间之后就会趋于平静，但这种平静并非人们忘记了危险，而是将"异类""危险"的标签固化到个体和社会自身的文化记忆中"存档"，以便遇到相同或类似境况时能快速地做出更为安全的反应。③

网民的刻板定式思维往往是网络舆情热点联想叠加的结果。网络舆情热点联想叠加的素材往往围绕敏感词和情感动员展开。一般而言，能刺激网民神经的敏感元素有二：身份和情境。由此衍生的敏感身份词汇有：官与民、富与穷、年轻人与老年人、外国人与中国人、警察与平民、城管与小贩、精英与弱势群体、成年人与幼女、校长（老师）与学生等；敏感情境词汇有：打死、冤死、强奸致死、叫嚣、有关系等，从而容易引发公众的悲情、愤怒、同情、绝望等情绪。网络舆情的联想叠加容易产生"矫枉过正"的后果，它将孤立、偶然的

---

① 陈勇、王剑：《群体性突发事件中的谣言控制——以"瓮安事件"为例》，《当代传播》2009 年第 3 期，第 100 页。

② ［美］戈夫曼著，宋立宏译：《污名：受损身份管理札记》，商务印书馆 2009 年版。

③ 张乐、童星：《污名化：对突发事件后果的一种深度解析》，《社会科学研究》2010 年第 6 期，第 101－104 页。

单个事件序列化、集中化地呈现，容易使公众对偶然事件的认知必然化，对异常事件的认知"正常化"，从而加深偏见，放大风险，导致"类情绪"淤积，形成情绪和认知定式，从而影响最终的道德判断和现实行为。[①]

第五节　行动介入——议题溢散

一、从线上讨论到线下行动

在突发公共事件中，群体极化现象随时都可能演变为集体行动（collective action）。"集体行动"这个概念是美国社会学家罗伯特·帕克（R. Park）首先提出的，他认为集体行动是"在集体共同的推动和影响下发生的个人行为，是一种情绪冲动"[②]。现代国外社会学理论对集体行动的定义比较广泛，包括各种未组织的、未计划的、短暂（期）的集体性行动，如谣言（rumor）、大众歇斯底里（mass hysteria）、恐慌（panic）、时尚（fashion）、狂热（fad）、聚众（crowd）、暴民（mob）、骚乱（riot）到高度结构化的、持久的和理性的社会运动。

集体行动指的是在某种刺激条件下发生的非常态社会聚集现象，它多以群集、恐慌、骚动的形态出现，往往会对正常社会秩序造成干扰和破坏。突发公共事件传播中的群体极化极易诱发极端化的社会行为，具体表现在：一方面，群体极化产生的强大内聚力构成集体行动的内在动力。突发公共事件谣言传播的客体主要是因为某种暂时的利益或者情感等因素而形成的一个"特定群体"，他们因为利益或者目标的一致性而产生较强的内聚力。倘若外界对其施加强大的压力，内聚力便会迅速转化为群体聚合的动力，并极可能导致聚众闹事等暴力事件的发生。另一方面，群体负面情绪的累积是集体行动产生的重要因素。

---

①　郭小安：《网络舆情联想叠加的基本模式及反思——基于相关案例的综合分析》，《现代传播》2015 年第 3 期，第 124 – 126 页。

②　PARK R E, BURGESS E. Introduction to the science of sociology. University of Chicago Press，1921：p. 865.

谣言具有攻击性和煽动性，在谣言传播的过程中，也伴随着不满、埋怨等负面情绪的压抑和累积。当群体负面情绪累积到一定程度后，便会导致极端化暴力行为的出现。

斯梅尔塞加值理论认为，集体行动的产生都是由六个因素共同决定的，即有利于群体性事件发生的结构性诱因，由社会结构所引发的怨恨、剥夺感或压迫感，一般化信念的产生，触发社会运动的因素或事件，有效的社会动员，社会控制力的下降。

中国科学院牛文元教授在研究中国社会稳定预警系统问题时提出"社会燃烧理论""社会激波理论"和"社会行为嫡理论"。[1]"社会燃烧理论"是社会稳定的机制探讨。自然界燃烧原理认为，燃烧发生必须具备三个基本条件，即"燃烧物质""助燃剂"和"点火温度"，三者缺一不可。把此原理引入社会稳定领域，则可进行合理的类比：①引起社会无序的基本动因，即随时随地发生的"人与自然"关系的不协调和"人与人"关系的不和谐，可以视为提供社会不稳定的"燃烧物质"；②一些媒体的误导、过分的夸大、无中生有的挑动、谣言的传播、小道消息的流行、敌对势力的恶意攻击、非理性的推断、片面利益的刻意追逐、社会心理的随意放大等，相当于社会动乱中的燃烧"助燃剂"；③具有一定规模和影响的突发性事件，通常可以作为社会动乱中的导火线或称"点火温度"。[2]具体对群体性事件而言，"燃烧物质"是不平衡性主导的社会矛盾的累积，"助燃剂"是不对称性主导的社会心理和舆情民意，"点火温度"则是突发性主导的具体冲突。[3]"社会燃烧理论"也有助于解释突发公共事件网络传播的行动介入，网络讨论一旦达到某个"点火温度"，就会燃烧至线下。

法国著名社会心理学家古斯塔夫·勒庞亦认为，群体极化现象由于偏激、不理性、责任的弱化或者带有目的性，会对社会产生负效应。在现实生活中可能会引发群体性事件，造成不良的社会问题，或者侵犯当事人的权利，或者传播谣言蛊惑人心，或者聚众闹事，影响社会的稳定与和谐。

因此，突发公共事件发生后，通过贴吧、微博、微信、短视频等网络平台

① 刘怡君、牛文元：《基于社会物理学的舆论形成和演化研究》，《中国应急管理》2008年第3期，第28－29页。

② 牛文元：《社会物理学与中国社会稳定预警系统》，《中国科学院院刊》2001年第1期，第17页。

③ 单飞跃、高景芳：《群体性事件成因的社会物理学解释——社会燃烧理论的引入》，《上海财经大学学报》2010年第6期，第26－33页。

的迅速传播，用户在线上讨论的同时，也有可能引发有关主体采取线下的具体行动，于是具体的现实行动开始介入，线上讨论转向线下行动。如厦门 PX 事件、石首事件、瓮安事件、番禺垃圾焚烧选址事件、新塘事件，引发更为严重的重大突发群体性事件。

"南周社论被删引发群体聚集事件"完整地包含了以网上转发、评论、签名为代表的线上集体行动与以街头集会为代表的线下集体行动，是一个典型的网内网外互动发生的集体行动。而综观该事件的发展过程以及影响范围，可以发现它虽然产生于一定的话语圈内，但由于与公共利益息息相关，因此早已突破了小圈子的界限，形成超地域的社会舆论压力，最后演变为线上线下集体行动，是一个有代表性的线上和线下相结合的突发公共事件。

另一个案例是"5·7 杭州飙车肇事案"，事件发生后，来自多名目击者的现场描述很快汇集于网络，引发公众对警方最初调查结果的强烈质疑。一些死者校友与市民自发集会悼念死者，声讨肇事者。随后，针对杭州警方的网络恶搞和针对肇事者的"人肉搜索"大规模展开。一些死者校友在网络上向杭州市长致公开信，要求政府依法严处肇事者，彻底解决违法超速行车问题。部分激进的网友甚至呼吁抵制杭州旅游。在肇事者被依法刑拘和审判后，社会上又开始关于事故定性以及"肇事者替身"的争论。从该事件的舆情演变过程看，网民的言论和行为不仅形成了网络讨论空间，也延伸至现实社会，形成了一场社会集体行动，其引起的社会震动和对现实进程的影响，超出了近年来任何一起交通事故。①

二、网民议题的溢散效应

传播学者研究发现，不同媒体体系间（报纸、杂志和电视等）对某一事件的报道在方式和内容上都有高度的相似性，这就意味着各种媒体体系间同样存在着意见领袖媒体（opinion-leading media）。他们把这种现象称为"媒介间议程设置"（intermedia agenda setting）。根据议程的不同走向，媒介间议程设置可以

---

① 江黎黎：《网络舆情突发事件的处置机制研究》，《杭州电子科技大学学报（社会科学版）》2010 年第 1 期，第 39 页。

分为两种形式，即共鸣和溢散。①

西方传播学的"共鸣效果"理论是由诺埃尔—纽曼等人通过对1968年的伦敦反越战示威报道进行研究得出的结论。他们在研究中发现了媒体之间也有意见领袖的存在，总是一些主流的媒体最先报道相关的新闻后，其他的报纸才慢慢跟进报道次议题。也就是说，意见领袖的角色正是在信息的传播过程中由这些主流媒体充当，是其他新闻工作者的信息来源和参考架构，具有设定其他媒体内容、解释新议题的功能。这种由主流媒体引起而在媒介系统中产生一连串报道的连锁反应，就是"媒介共鸣"效应。

与"共鸣效果"相反的便是"溢散效果"。1991年，在关注信息从主流媒体流向另类媒体或弱势媒体的同时，学者Mathes和Pfetsh认为媒介议题也可以从另类媒体、边缘媒体或弱势媒体流向主流媒体（意见领袖媒介），即产生媒介议题的"溢散效果"。当边缘媒体报道的议题在社会渐渐升温时，主流媒体也开始加入关于这些反对性议题的报道，最终影响整个事件的发展。例如，乌坎事件在微博上得到强势传播后，引起了不少人的关注，借助微博裂变式的传播模式，乌坎事件在社会中形成了巨大的影响力，传统媒体开始突破一些禁令进行相关报道，政府领导亦对事件给予了高度关注。9月26日，由陆丰市、东海镇两级组成的工作组进驻乌坎村。9月29日，在村民见证下，选出了乌坎村村民临时代理事会，配合政府展开调查工作。议题溢散，使得现实中人们采取行动去加速解决发生的重大突发公共事件，也使得这一事件在网络平台中形成的较为强大的影响力又渗透回到现实环境中。

在议题溢散的过程中，网络群体极化对传统大众传播媒介的报道产生积极影响，这主要表现在舆论监督和报道模式两个方面。

一方面，网络舆论监督可以对传统媒体的舆论监督形成补充。首先是时间上的补充。以"7·23"温州动车事故为例，事故发生时间为7月23日20:34，新浪微博上的第一条相关消息发送于20:52，新华社的第一篇报道发表于21:40，网络媒体以及自媒体的时效性要明显优于传统媒体。其次是内容上的补充。动车事故发生后，传统媒体的报道焦点集中于挖掘政府领导群众进行救援等正面事迹，但在网络平台上，自媒体人以及普通网民则以质问铁道部事故原因、

---

① 董天策、陈映：《传统媒体与网络媒体的议程互动》，《西南民族大学学报》2006年第7期，第135页。

救援措施、伤亡人数等内容居多，极大地满足了公众对信息的多元需求，是对传统媒体内容上的一个极大补充。最后是延续性上的补充。传统媒体舆论监督的延续性不强，对一个热点事件集中关注一段时间后，会将注意力转移到新的热点事件上。相对来说，网络平台上的舆论监督持续性较好，对话题讨论的持久性要大于传统媒体。

另一方面，网络群体极化所带来的压力推动了传统媒体报道模式的改变。首先是内容的改变。迫于压力，传统媒体开始介入报道一些预先没有报道的内容。这部分内容可能由于多种原因，在事件初始阶段未能及时报道，但是随着网络意见的不断极化，再不报道就会影响媒体的公信力、引导力、权威性。所以说，网络群体意见的极化客观上拓展了传统媒体的报道范围。其次是立场的转变。传统媒体代表的是官方话语体系，其报道的一个重要考量因素是"维稳"。随着网络群体意见的极化，传统媒体不得不从符合大众需求的角度出发报道事件，否则就会被大众抛弃。传统媒体和网络媒体一起参与整个事件的报道与监督，相互配合，优势互补，协作生产，共同推动事件的发展。综观这些事件，其结果与传统媒体的跟进报道是呈正相关的。

例如，在"7·23"温州动车事故发生后，网民持续关注事件的发展。起初，流言和不理性的话语大量流传，信息的不完整、理性思考的缺乏再加上群体情绪的感染，使群体意见有极端化的趋势。此时传统媒体运用自身的专业主义精神，对网民关注的事故原因、责任等问题进行全面、深入、客观的报道，依靠自身具有的权威性和长久积累的公信力引导网络舆论走向，将网络上亢奋的情绪拉回到理性的层面，对事件进行全面解读，帮助民众理性客观地看待此次事故，有效消解了群体意见的极化。传统媒体及时跟进报道，站在受众的立场去报道事故、提出质问，成为网络极化意见的一个宣泄口，避免了网络群体极化演化成现实生活中的"多数人暴政"。

网上强大的议题讨论除了迫使政府部门和传统媒体采取行动介入突发公共事件外，也让一些志愿者、公益组织或其他社会公共组织介入。如海门事件发生后，有微博用户通过微博平台获知该事件信息，在第一时间联系当地亲属了解情况，并在获悉实情之后在微博上进行辟谣，呼吁微博用户不要听信谣传，避免被他人煽动利用。海潮学会就是其中的典型代表。海潮学会作为海门籍大学生志愿服务组织，在事件发生后，组织中的成员通过微博了解这一事件并及时联系当地民众，在掌握第一手信息后借用微博平台向其他用户传递真实信息，澄清不利于事件发展的谣言。甚至在事件发展的关键阶段，海潮学会一度成为群众最为信赖的消息来源，并在政府与群众之间做了大量的协调工作，作为沟通桥梁起到了关键性的作用，促进了事件的有效解决。

其实，网民线上线下的互动并不是孤立的，而是存在着某种联系，使得信息在现实和虚拟间产生一个循环。现实环境中的信息被网民呈现到网络环境中，经过网络传播得到扩散，部分获得信息的网民可能将关注点转移到现实环境并采取行动，当行动对事件产生新的作用力时，又被扩散到网络环境，开始新一轮的信息传播。根据这一过程，事件信息在现实环境与网络环境间循环发展。

值得注意的是，"共鸣效果"与"溢散效果"有本质的区别[1]："其一，从媒体角度看，'共鸣'是议程从主流媒体到边缘媒体而产生的舆论效应，'溢散'是议程从边缘媒体到主流媒体而产生的舆论效应。其二，从议程角度看，引起'共鸣'的议程往往是获得社会主流意识形态高度认同的议题，因而'共鸣效果'意味着主流意识形态在整个社会生活中的扩散；引起'溢散'的议程往往是主流意识形态认为敏感并且谨慎对待的问题，因而'溢散效果'意味着对主流意识形态的某种突破。"

第六节　突发公共事件网络舆情的议题变迁模式

从议题变迁角度看，突发公共事件网络舆情的传播过程，主要包括诱因子激活导致议题发现，议程设置导致议题分蘖，意见聚合导致议题博弈，群体极化导致议题集中以及行动介入导致议题溢散五个关键阶段（见图2-9）。

---

[1]　董天策、陈映：《传统媒体与网络媒体的议程互动》，《西南民族大学学报》2006年第7期，第137页。

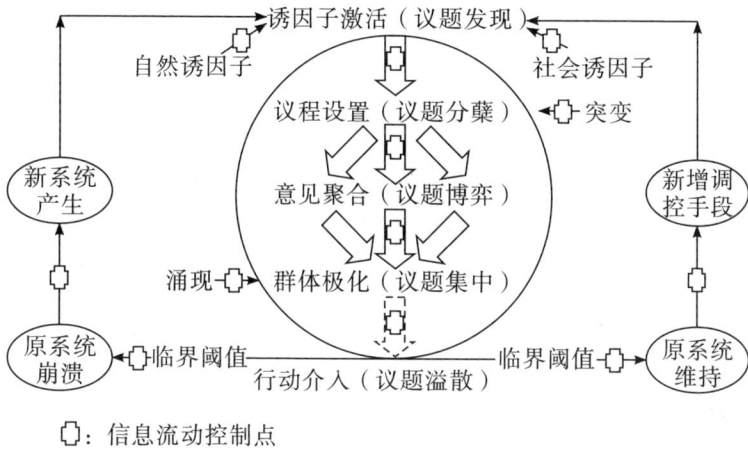

□：信息流动控制点

图2-9　突发公共事件的议题变迁模式

突变论用以解释自然界和社会现象中所发生的不连续的变化过程，描述各种现象为何从形态的一种形式突然地飞跃到根本不同的另一种形式，用于预测复杂无序的系统变化行为，其核心思想有助于人们理解系统变化和系统中断。如果系统处于休止状态（也就是说没有发生变化），它就会趋于获得一种理想的稳定状态，或者说至少处在某种定义的状态范围内。如果系统受到外界变化力量作用，起初将试图通过反作用来吸收外界压力。如果可能的话，系统随之将恢复原先的理想状态。如果变化力量过于强大，而不可能被完全吸收的话，突变就会发生，系统随之进入另一种新的稳定状态或另一种状态范围。

突发公共事件的网络传播就是一个巨大的复杂性混沌系统。随着信息大量涌现，这一系统能够同时进行信息的输入和输出，形成临界值或阈值，通过多个临界值（阈值），实现传播过程的阶段性转变。由于混沌对于初始条件极其敏感，某一个自然诱因子或是社会诱因子一旦被激活，就会导致重大议题被网民发现，进而广泛传播开来。这一诱因亦可称作事件的"引爆点"，"引爆点"被激活而引发了突发公共事件，这一引爆点（诱因子）或涉及民生大计，或涉及官僚腐败，或涉及环保健康……在每一起突发公共事件发生时，都伴随着一个被激活的"引爆点"，都有至少一个议题被发现，引发社会和网络关注和热议。一些诱因子往往会积淀为网民的集体记忆素材，一旦某个诱因子再次被关注，则积淀元素会被激活，成为下一个事件讨论的主要议题或指向。

通过网络这一开放、自由、相对平等、便捷的互动平台，突发公共事件的消息由在场的网络用户迅速传播到网络空间，并飞快传遍网络空间的各个角落。在网络时代，不仅网络媒体以及传统媒体的网络平台可以通过议程设置来引导舆论，而且每一个网络用户都有可能成为"把关人"，可根据自身的阅历、兴趣爱好以及对事件的关注点进行议程设置，建构一张属于自己的"议程表"。议程设置的多样化使得网络议题分蘖，多样化的议题呈现在网民面前。

根据协同过滤机制，面对不同议程设置的议题，受众会根据自身所处的社会经济环境、兴趣爱好等因素进行选择性接触，那些不受喜欢或支持的观点在无形中被过滤，大家会选择自己认同的或者关注度较高的议题进行关注并讨论。协同过滤机制使得受众倾向于接受同质单一倾向的信息流，其本身持有的观点得到了强化。此外，网民还会受到来自网络意见领袖以及网络信息传播者彼此之间微关系的影响，从而根据自己的需要来选取感兴趣的议题进行关注并传播，因此，不同的议题就会引发不同程度的关注和讨论，网络舆论呈现多元化趋势。

由于网络环境极其复杂，各种海量信息涌现在各大网站及社交平台上，而且真假难辨，人们要适应这种环境殊非易事。矛盾的情势层出不穷，个人很难单独作出明确的答复。这就导致人们倾向于注意别人的行动和意见。而根据协同学的一般规律，不同意见之间会自动出现竞争，最终有一个因成为主流意见而获胜。各种意见会相互交错、相互竞争，由无数条意见压缩成几条，最后形成统一的观点。因此，由于每个网络用户的关注点各有侧重，同时也有着交叉，这就使得议题在分蘖的同时，出现主次之分，议题之间会展开相互博弈。网民们往往对接近自己生活认知、对自己有影响、符合自己关注兴趣或有重大影响的议题给予更多的关注，在频繁的网络互动过程中，议题之间不断展开博弈、相互竞争。在"沉默的螺旋"效应影响下，受到更多人关注的一些议题会得到越来越多人的赞同和支持，极少数人关注的议题逐渐在网络中被信息洪流冲散，于是，开始出现意见的聚合，在某个时间段产生主流观点。同时，通过网民间的交流又会进一步展开议题之间的博弈。

议题博弈的结果，往往就是网络空间会不断发生涌现现象，而大量的涌现现象会导致群体极化的发生。人们在表达自己观点的同时也在寻找着和自己有着共同意见的群体。如果群体中的人对某个议题均表现出强烈的兴趣并且不断地进行观点的互动，那么这个议题就有可能在多个议题的博弈过程中获得保存，而鲜有人谈及的议题就有可能弱化、消失。一旦某个网络群体处于非理性化的思维状态，就很容易缺乏判断力，容易被意见领袖左右，这样就容易发生群体集合行为，导致群体极化现象，而群体极化的一大特点就是有利于集体意见的统一，导致议题集中。

在突发公共事件中，一些群体极化现象由于偏激、不理性、责任的弱化或者带有目的性，会对社会产生负效应，在现实生活中可能会引发群体性事件，产生种种社会问题，或者侵犯当事人的权利，或者传播谣言蛊惑人心，或者聚众闹事，影响社会的稳定与和谐。

因此，突发公共事件发生后，通过微博、微信、论坛、贴吧等网络平台的迅速传播，用户在线上讨论的同时，也有可能引发有关主体采取线下的具体行动，于是群体性行动开始介入。当政府现实行动介入事件之后，事件的影响就会在现实社会当中进一步扩散，引发传统媒体的相继报道，议题出现共鸣或溢散效果。同时，一些志愿者、公益组织或其他社会组织也会采取线下行动参与突发事件的治理。

随着现实行动的介入，如果行动得当，事态逐渐得到控制，事件开始平息，当到达临界阈值时，事件在一定程度上得到解决，网络舆论便会消散，原系统得以维持；而现实介入的行动一旦失当，事件没有得到解决，甚至事态变得更加恶劣，从而使网络舆论进一步恶化，当网络舆论到达临界阈值时，原系统就会崩溃，新的系统就会产生。在新的系统中，在新的诱因子的激活下，又可能引发新一轮的网络舆论波。

第三章

突发公共事件网络舆情的信息进化

……

系统论创始人奥地利生物学家贝塔朗菲（L. Bertalanffy）从系统的角度考察信息，认为信息是在系统中运动、转化并推动系统发展的要素。他的理论为后来的信息系统进化方法奠定了基础。信息系统进化方法作为信息科学方法论之一，主要用来变革高级复杂系统的工作机制，通过进化达到优化的状态。① 信息进化论从信息形态演化的角度描述了宇宙、生物以及人类社会的演化进程。邬焜认为，生物进化总体上采取的是一种生理、心理、行为三个方面协同进化、全面进化的方式。如果从信息进化的角度来看，人类社会的演化过程就是一个生物遗传信息模式、心理信息活动模式、行为信息结构模式协同进化的过程。只有当人们把时间的流逝、空间的结构和事物的演化、演化信息的历史统一起来考察之后，时间和空间所具有的内在统一性关系才可能被揭示出来。②

信息进化论为研究网络舆情传播规律提供了恰当的理论来源。网络舆情传播从根本上说是互联网环境中信息的流动和变化。这种变化也依循了生物的、心理的、行为的三条路径：生物遗传信息的进化路径、心理活动信息的进化路径以及行为结构信息的进化路径。这三条路径综合协同、相辅相成，并且每一条路径自身的进化也是综合协同的（见图3-1），构成了信息进化视野下的网络舆情传播规律。本章以2017年4月发生的"泸县太伏中学学生死亡事件"（以下简称"泸县事件"）为个案，阐述这三条路径在个案中的复杂传播状况。

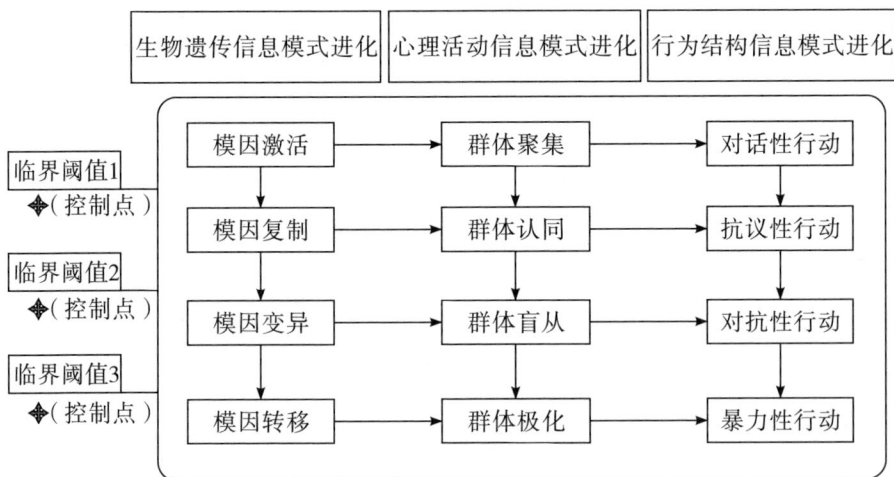

图3-1　基于信息进化论的网络舆情传播规律

---

① 钟义信：《信息科学原理（第三版）》，北京邮电大学出版社2003年版，第374-375页。

② 李国武：《全球化信息时代的元哲学——信息哲学》，《西北大学学报（哲学社会科学版）》2012年第2期，第32-36页。

第一节　生物遗传信息的进化路径

基因是传递生物信息的基本单位。牛津大学动物学家道金斯（Richard Dawkins）论述了基因将生物作为生存机器，在不断自我复制和相互竞争中传递。道金斯提出了"模因"（meme）的假设，认为模因是人类社会文化传承的复制因子、"一个可以从一个大脑传播到另一个大脑的实体"①。道金斯的学生苏珊·布莱克摩尔则认为，"不管什么东西，只要它通过这种拷贝过程得到了传递，那它就是一个谜米（即模因）"②。牛津英语词典将"模因"解释为"文化的基本单位，通过非遗传的方式，特别是模仿而得到传递"。我们可以将网络舆情事件中的初始议题看作一个模因，网络舆情的生物遗传信息的进化路径可概括为模因激活—模因复制—模因变异—模因转移。

一、议题的模因激活

议题的模因激活始于初始议题的信息发布。模因具有选择性，某些模因更易于引起人们的注意，而另一些模因则从来得不到传播。当千万个初始议题被发布到网上时，在引爆点机制作用下，只有其中一些会引起网民的转发和讨论，从而发展成热点舆情事件。马尔科姆·格拉德威尔（Malcolm Gladwell）归纳了引爆流行三法则：个别人物法则、附着力法则和环境威力法则。③ 个别人物法则关注的是信息的传播者特点。传播者包括三类人：传播信息的"联系员"、提供信息的"内行"、说服别人接受信息的"推销员"。他们或是拥有广阔的社

---

① ［英］理查德·道金斯著，罗小舟等译：《自私的基因》，中信出版社 2012 年版，第 222 页。

② ［英］苏珊·布莱克摩尔著，高申春等译：《谜米机器》，吉林人民出版社 2001 年版，第 88 页。

③ ［美］马尔科姆·格拉德威尔著，钱清、覃爱冬译：《引爆点》，中信出版社 2006 年版，第 44 页。

交关系，或是对内情十分了解，又或是善于表达和说服别人。附着力法则关注信息的内容。被传播的信息如果是容易被注意、记忆的，则容易流行。环境威力法则关注流行潮发生的条件、时间和地点。我们的外部环境决定着我们的内心状态，尽管我们对此并不完全了解。

流行三法则对于理解如何激活一个议题模因具有借鉴意义。个别人物法则在网络空间中体现为意见领袖，包括主流官方媒体、自媒体以及草根"大 V"等。在网络舆情事件议题被发布的初始阶段，正是因为一些意见领袖的参与和转发，才将议题模因进一步扩散到更广大的网民群体中去。在"泸县事件"中，政务微信公众号"泸县发布"作为"内行"，不仅是事件的传播始端，而且扮演着发布重要信息的角色；澎湃新闻、《华西都市报》等媒体以及微博法律类"大 V"徐昕等扮演了传播信息的"联系员"。在这些意见领袖的共同作用下，"泸县事件"被激活，开始被众多网民关注。

附着力法则体现在议题的话题性上。约翰·菲斯克（John Fiske）认为，读者的世界观在很大程度上建立在他们对话语的体验的基础上，如果一个媒介文本的话语符合人们在特定时间里去阐释他们社会体验的方式，那么，这个文本就会流行起来。[①] 换句话说，一个议题越是能够使网民产生共鸣，就越容易被网民注意和记忆。就议题内容来说，当涉及公权力、贫富、公平正义、公共安全、民生、自然灾害、环境污染、伦理道德、明星绯闻等问题时更容易引发网民的关注。"泸县事件"牵涉广泛，不仅涉及长久以来积累的官民矛盾，还涉及校园欺凌、家庭教育等问题，关涉生命、伦理道德、公权力、公平正义和贫富问题，具有十足的话题性。

环境威力法则在该舆情事件中也有体现。从宏观环境背景来说，"泸县事件"发生在转型期的中国，社会公平、权力制约机制尚未完善，舆情事件的爆发在某种程度上具有必然性。从具体的发生时间背景来说，该事件在网络上发布后引爆网络舆论，与其发布时间适逢清明假期也有一定关系。

二、议题的模因复制

议题的模因复制源于传播网络中的传染。传染理论将网络解释为传染态度

---

① 陆道夫：《试论约翰·菲斯克的媒介文本理论》，《南京社会科学》2008 年第 12 期，第 79 – 87 页。

和行为的通道。传播网络所提供的接触机会形成一种机制，使得个人、团体和组织会与他人的态度和行为相接触。这些接触增加了网络成员形成与其他成员相似的信念、假设和态度的可能性。[①] 传染理论从人际传播的角度指出，在人际关系网络的作用下，人的态度和行为会被与自己邻近或相似的人感染，然后再将这种影响传染给其他人。传播网络中的传染包括凝聚传染和结构对等传染。凝聚传染指网络成员的心态和行为会受到与他们直接相连的其他人的影响。结构对等传染指网络中拥有相似关系结构模式的人会相互影响。

互联网无疑提供了更广阔的传播网络，虚拟社区和社交网络使人们得以通过网络结成大小亲疏各异的社会网络。在互联网语境下人们的互动更加频繁，个体、组织间感染的作用也会随之增强。"这种一对一的互动的影响由于社会网络的传递，有可能成为一种社会性的影响。"[②] "泸县事件"传播始于微信朋友圈，首轮传播路径主要是微信、微博、论坛、贴吧等社交媒体。论坛、贴吧作为网络社区通过话题和标签将陌生网友联结；微博和微信则同时具有社会网络强关系和弱关系两个方面。当事件议题在互联网上发布时，人们趋向于认同好友转发的信息并同样选择转发信息。因此，"泸县事件"的议题模因分别通过不同个体的人际网络发散开来，带来了巨大的微博转发量和一系列朋友圈刷屏的热传文章。4 月 2 日，"泸县发布"公众号通报事件信息后不久点击率已近八万；4 月 1 日至 8 日，媒体的新闻报道约 1 480 篇，网民的言论约 61.02 万条，大部分来源于微博。[③] 在社会网络的传染作用下，"泸县事件"的模因在短暂时间内完成了大量的复制。

三、议题的模因变异

模因在被拷贝的过程中会伴随着错误、修饰或其他的变化。"同一个人在不同时期复制同一个信息，或不同的人同时复制同一个信息，最终的复制体可能

---

① ［美］彼得·R. 芒戈、诺什·S. 康特拉克特著，陈禹等译：《传播网络理论》，中国人民大学出版社 2009 年版，第 163－164 页。

② 彭兰：《从社区到社会网络——一种互联网研究视野与方法的拓展》，《国际新闻界》2009 年第 5 期，第 87－92 页。

③ 《四川泸县中学生死亡事件》，鹰眼舆情观察室，http://www.eefung.com/hot-report/20170411180538－32036。

都会不同，模因的变异也就在所难免。"① 互联网上的议题在经过网民和媒体的不断转发和重构之后，也会出现变异。议题的性质可能会发生变化，或裂变成多个新议题，衍生出次级议题或偏离原有的议题指向。

议题变异会出现两种现象：①分蘖。分蘖是一个植物学概念，指的是禾本科植物在主茎根部分不断逐级长出新分枝的过程。分蘖现象体现在议题上，即对初始议题深层挖掘从而产生次议题，次议题再生成三、四级议题。②散射。散射指的是分子或原子偏离原来的运动方向而分开的物理现象。散射现象体现为议题模因的复制过程中偏离了初始议题的指向或发生性质上的变化，具体表现为对娱乐、恶搞、谣言、敏感点等吸引子的片面呈现，这些表现往往具有"节外生枝""击鼓传花"的效果，导致产生众多舆情次生灾害。舆情话题在网络的传播过程中一旦衍生出子话题，一般该舆情事件的传播时间就会更长，影响范围也会更广。

议题模因产生变异的背后有技术、社会经济与政治等多方面的原因。互联网技术为网民赋权，自媒体的蓬勃发展使得意见表达更加多元、丰富。但归根究底是利益表达、调解渠道不畅，导致网民在热点舆情事件发生时争相挖掘潜在议题，促成新的舆情产生。议题的模因变异给舆情事件的传播带来了双重影响。一方面，议题的分蘖能扩大舆情事件的影响力，促进舆情事件的解决；另一方面，议题偏离引发谣言也会导致舆情事件变得更加扑朔迷离，真假难分，妨碍舆情处置效果。

"泸县发布"或许是回复太快，或许是结论生硬，或许是不够翔实，"排除他杀"的官方结论并没有被网民认可。网民不断制造谣言以提供符合自我想象的"证据"。"泸县发布"4月3日专门公告："个别网民不经查证，肆意通过互联网、QQ群、微信公众号等平台，编造发布'五名学生打死同学，其中一人已自杀''孩子已经离开，全身被打得淤青死血，手脚被打断'等不实信息，造谣生事，煽动群众聚集滋事，严重扰乱了社会治安秩序。"这个公告由于没有进一步公布事实细节，也没有澄清事实真相，又激发了网民新一轮质疑和催生了谣言，如有打人的学生因为害怕追责而自杀；拍摄现场状况的婚纱店老板被黑社会追打；当地为了封锁消息，让群众签字领封口费；死者的爷爷奶奶则被

---

① ［英］凯特·迪斯汀著，李冬梅等译：《文化的进化》，世界图书出版公司2015年版，第55–64页。

关进了警局……

"个体记忆、社会作用程度都对舆情衍生话题的产生具有直接影响。"我们可以从降低个体记忆、社会作用程度来思考控制舆情衍生话题。如在个体记忆层面，及时通过网络隔离、屏蔽、删帖等手段降低网民历史记忆，避免与突发公共事件相关的舆情信息频繁出现在网民的视野中。媒体要避免在同一时段大规模、高频次报道与舆情事件相关的问题或话题，减少演绎行为，减少舆情话题因"焦灼化"而带来的衍生效应，避免出现衍生舆情。在社会作用程度层面，政府要增进与公众的良性互动，及时公布舆情事件的进展情况，匡正虚假信息，消除谣言，重视培养意见领袖，降低话题衍生率，避免更多衍生子话题的出现使舆情传播时间更长，造成的社会影响更大，最终发展成不可控型危机。①

四、议题的模因转移

作为一个复制因子，模因也遵循着"适者生存"的生物进化规律，那些经过竞争、选择、淘汰保留下来的模因就是高质量的强势模因。正如布莱克摩尔所说，"在模因进化的过程中存在着巨大的选择压力。所以在数量极大的潜在模因中……只有很少一部分模因能够成功地从一个人的头脑被拷贝到另一个人的头脑"②。

优胜劣汰是达尔文进化论的根本观点。他认为，食物资源的有限性与掠食者繁衍的无限性、地域空间的有限性与生物种群规模扩大的无限性之间，永远有不可调和的矛盾，这一矛盾直接导致自然界中的生物充满着激烈的生存斗争，于是在生物圈中就出现了应变力、竞争力强的物种淘汰弱势劣质物种的现象，这一现象就是"汰劣留良"的自然生存法则。③ 相互竞争也是协同学的机制之一。协同学认为，只要是一个由大量子系统构成的系统，就能形成一定功能的自组织结构，表现出新的有序状态。系统中不同的序参量决定着一种结构，而

---

① 陈福集、陈婷：《基于 SEIRS 传播模型的网络舆情衍生效应研究》，《情报杂志》2014 年第 2 期，第 113 页。

② ［英］苏珊·布莱克摩尔著，高申春等译：《谜米机器》，吉林人民出版社 2001 年版，第 65 页。

③ 刘劲松：《近代西方进化论中的协同思想探析》，《南京社会科学》2013 年第 11 期，第 53 - 57 页。

最终出现哪一种结构要由序参量间的协作与竞争的结果来定。由于衰减常数相近，它们会自动妥协，最终协同一致，共同形成系统的一种有序结构。[①] 也就是说，在网络舆情生物信息这个子系统中，"不同意见之间会自动出现竞争，最终有一个成为主流而获胜"[②]。在网民的激烈讨论和权威媒体的报道下，某一议题会不断扩大其影响力和传播力，该议题模因的复制规模渐增渐强，最后得以保存和传递从而成为强势模因，而其他弱势模因的生存空间被挤压，逐渐被人们遗忘，最终被淘汰出局。

"泸县事件"爆发之后，相关的话题层出不穷。网民就尸检结果、网络谣言、校园欺凌等展开激烈讨论。但由于作为事件关键的学生死因始终扑朔迷离，使得网民对此保持持续关注。并且，"泸县发布"在事件传播过程中不断就死因问题发声。"死因"和"真相"始终吸引着网民的注意力，使其具备了强势模因所必需的高保真性和长寿性。另外，新华社、《人民日报》等主流媒体纷纷发表调查报道和评论文章，质问事件真相。因此，在不同议题的相互竞争下，"拷问事件真相"的议题渐渐占了上风，成为整个事件的中心议题。

第二节　心理活动信息的进化路径

与议题的生物遗传信息模式进化相协共变的是网民心理活动信息模式的变化。网络舆情在发酵过程中存在一个"心理场"，网络舆论是网民面对突发事件时，通过表达释放紧张心理以求得心理平衡的过程。舆情的形成是群体意见集合化的过程。在互联网上，不同的意见经历了零散、汇聚、分流的过程，完成了多元意见的重组、同化，最终以某一总体倾向或所指构成一致性意见。[③]在网络舆情的形成过程中，网民心理的流变大致经历群体聚集—群体认同—群

---

① 王雨田：《控制论　信息论　系统科学与哲学》，中国人民大学出版社 1988 年版，第463－464 页。

② ［德］赫尔曼·哈肯著，凌复华译：《协同学——大自然构成的奥秘》，上海译文出版社 2005 年版，第 12 页。

③ 曹茹、王秋菊：《心理学视野中的网络舆论引导研究》，人民出版社 2013 年版。

体盲从—群体极化的过程。

一、意见的群体聚集

议题一经在互联网上发布，很快就会引来数千人甚至上万人的聚集围观。在社交媒体的语境下，"围观"不再是鲁迅笔下麻木不仁的样子，而更多的是积极参与意识的表达。"围观"现象会产生一批特殊的观众——"网络哄客"。这部分网民通常抱着事不关己的态度，在围观过程中或报以欢呼，或施以嘲笑和谩骂。哄客以其戏谑的话语风格和无意识的宣泄构成了网络舆情传播初期的非理性部分，增添了无序性和杂乱性。

选择近距离"围观"而非远距离"眺望"已成为舆论集结的趋势性特征。[①]从本质上讲，网络围观是一种自发的网络群聚，是围观者在网络空间对被围观者进行的话语评判。围观可以由三种形式组成：旁观、义观和互观。[②]旁观通常发生在围观的早期阶段，指的是围观者仅是进行自给自足的传播，不寻求他人回应。义观对他人有互动的要求，围观者在获得和形成自己的意见后，开始参与或出来说话，如打抱不平等。互观则具有"希望相互展开社交活动"的意愿，指的是"共同关注"变成围观者与围观当事人、围观者之间的相互围观，从旁观到互观体现了网民参与度的不断提升。

在"泸县事件"初期，网民通过微信和论坛关注事件是一种旁观。旁观者中的一些网民开始发帖，质疑官方"非他杀"的说法，引起了其他网民对事件本身和质疑的义观，参与转发和发表言论的网民开始增加。随着事件的不断发酵，不断有网民和媒体加入围观与相互围观，形成互观。

二、意见的群体认同

随着群体聚集，网民开始对事件评头论足、指手画脚、各抒己见。在大量个人意见的不断交锋中，人们会自动站队归类，出现同类相吸、异性相斥的现象。泰弗尔（Tajfel）和特纳（Turner）等认为，个体通过对自己和他人进行范

---

①　夏雨禾：《突发事件中的微博舆论：基于新浪微博的实证研究》，《新闻与传播研究》2011 年第 5 期，第 43 - 51 页。

②　王怡红：《围观研究初探》，《新闻与传播研究》2013 年第 8 期，第 5 - 28 页。

畴化（categorization），完成对所属群体的分类，并且对自己的群体产生认同，形成对内群的偏好和对外群的偏见。

在互联网的意见市场中，持相似意见的人们相互吸引，并且以观点的异同为标准进行范畴化和自我范畴化，相同意见者被吸收，不同意见者被排斥，从而划分出了内群和外群。由于内群偏好和外群偏见的作用，"进行群体间比较时，我们倾向于在特定的维度上夸大群体间的差异，而对群体内成员给予更积极的评价"①。个体通过实现或维持积极的社会认同来提高自尊，积极的自尊来源于内群体与相关的外群体的有利比较。因此，在群体身份认同和维护群体名誉等心理机制的引导下，赞成某种观点的群体成员会更猛烈地发帖讨论。② 人们越发认为己方意见拥有优越性并且越发坚持己见，随之强烈反对和抨击其他群体。于是群际间各种观点、知识、话语就会发生相互碰撞、冲突和竞争。

在"泸县事件"爆发的初期，围绕死者究竟是自杀还是他杀的问题，网民产生了不同意见，众说纷纭。部分网民持他杀观点，认为当地政府和校方仅一天就排除他杀系故意遮掩，事件另有内幕，进而对当地政府、校方展开猛烈攻击。与此同时也出现了一些相反的声音，如微博用户"法医秦明"质疑"被殴打致死"说，认为"尸体背部大片紫淤应是尸斑而非殴打所致"，得到不少网民的支持。而持他杀观点的网民坚持认为"法医秦明"收钱"洗地"，死者肯定受到不公平待遇；另一部分网民则选择相信法医专业立场，抨击嘲讽另一阵营网民为"键盘侠""福尔摩斯"。

三、意见的群体盲从

群体认同可能产生群体智慧，也可能导致群体盲从。出于对"正确信息"和"社会认同"的渴望，当人们越信任群体的信息或是越害怕遭到嘲笑和拒绝时，就越有可能采取符合群体的做法。③ 在互联网环境下，协同过滤、"过滤气泡"和偏颇吸收的共同作用导致了人们在浏览信息的过程中不自觉地被相似的

---

① 张莹瑞、佐斌：《社会认同理论及其发展》，《心理科学进展》2006 年第 3 期，第 475 – 480 页。

② 辛文娟、赖涵：《微博中网民群体极化的动力机制研究——基于"温岭杀医"事件的内容分析》，《情报杂志》2014 年第 6 期，第 155 – 166 页。

③ ［美］谢利·泰勒、利蒂希亚·安妮·佩普卢、戴维·西尔斯著，崔丽娟、王彦等译：《社会心理学》，上海人民出版社 2010 年版，第 205 – 210 页。

人和观点包围。这种同质性致使人们倾向于与所接触到的观点保持一致，从而出现群体盲从。

与现实社会相比，网络提供了一个可以对信息进行系统性过滤的天然环境，凯斯·桑斯坦称之为网络中的"协同过滤现象"，即网站通过信息的同类搜集和网址链接，为我们量身定制了"个人通信包"，① 这种信息"窄化"会进一步强化人们对信息的"偏颇吸收"。网民在某一议题下进行讨论时，会更倾向于从中提炼与自己偏好相符的信息进行记忆和传播。"即便经过正反两方面的讨论，那些相信谣言的人最终还是没有改变初衷，反而更加坚信谣言。"② 对信息的偏颇吸收进一步强化了我们的既有观点，出现"信息茧房""信息藩篱"效应。

随着智能算法技术的逐步成熟，基于算法的个性化推荐逐渐成为我们浏览互联网信息的"把关人"。这种个性化算法机制一般取决于用户最先点击的东西，反过来又加强了过滤机制，使用户更有可能在将来得到类似的结果。而且，这种过滤机制通常是不可见的，许多用户甚至没有意识到过滤正在进行。这就会在无意识间增强确认偏误。③ 埃利·帕里策（Eli Pariser）将这种担忧描述为"过滤气泡"（filter bubble）。人工智能通过个性化推荐系统将用户困在一个不变的环境中，这种固化的环境降低了互联网用户的创造力、学习力，并且增强了他们的信念。④

"泸县事件"中，"死者生前被毒打""军警镇压当地老百姓""政府雇佣黑社会殴打拍摄视频的婚纱店老板"等虚假造谣视频，在群体盲从机制和算法推荐热点机制的作用下成为热点话题，社交媒体上谴责当地政府、求问事件真相的声音逐渐占了上风。在新华社文章《三问泸县学生坠亡案：当地政府在紧张什么?》在网络上热传之后，网络上的谩骂、诅咒愈演愈烈，当地政府形象逐渐被污名化。

---

① ［美］凯斯·桑斯坦著，尹宏毅译：《极端的人群》，新华出版社 2010 年版，第 102 页。

② ［美］凯斯·桑斯坦著，尹宏毅译：《极端的人群》，新华出版社 2010 年版，第 73 页。

③ NICKERSON R S. Confirmation bias: a ubiquitous phenomenon in many guises. Review of general psychology, 1998, 2（2）: p. 175.

④ NGUYEN T T, et al. Exploring the filter bubble: the effect of using recommender systems on content diversity. Proceedings of the 23rd International Conference on World Wide Web. ACM, 2014.

四、意见的群体极化

群体极化指与讨论前的群体个人态度的平均值相比，经由小组讨论后的个人态度平均值往往更趋向极端。[①] 互联网技术的出现为群体聚集提供了新的方式，群体极化现象也产生了新的特点。怀特（Robert Wright）指出，互联网"提供了一种便利条件，使相同目的的人集结起来，令分散的敌意更加明确，也能够动员致命的武装力量"[②]。凯斯·桑斯坦也发现，"群体极化倾向在网上发生的比例，是现实生活中面对面时的两倍多"[③]。

尽管群体极化在一定程度上对于推动事件解决具有积极作用，但同时也潜藏着风险。群体极化导致的"非理性"，一方面会造成语言暴力甚至行为暴力，导致"多数人的暴政"；另一方面也极易被某些"推手"甚至不法分子利用和操控。查尔斯·蒂利认为，暴力在意象上被假想成两极对立的阵营：一个阵营经常窝藏着形形色色的罪行，另一个则到处插遍正义道德的旗帜。"极化一般促进集体暴力的产生，因为它使我们—他们边界变得更加显著，挖空了独立的中间地带，强化了边界冲突，提高了输赢赌注，增加了领袖发动行动反对他们敌人的机会。"[④]

在经历了群体的聚集和认同分化、盲从之后，群体极化现象极易产生。网络群体极化主要有两个"非理性"特点。一是言论偏激。由于网络相对隐蔽，网民在互联网中发言不易受到社会规范的规制，因此会出现责任淡化的现象。在群体极化的作用下，网民往往使用激烈的语言表述极端的观点。在"泸县事件"中，谩骂当地政府、校方，以及对相信当地政府调查结果的网民施以人身攻击的话语屡见不鲜。这些极端言论的蔓延导致理性言论被掩埋，异见群体被呛声。二是自证自言。在群体讨论中，成员所提供的绝大多数信息都是支持自

[①] MYERS D G, LAMM H. The group polarization phenomenon. Psychological bulletin, 1976, 83（4）: p. 602.

[②] ［美］戴维·迈尔斯著，侯玉波等译：《社会心理学（第8版）》，人民邮电出版社2006年版，第224页。

[③] ［美］凯斯·桑斯坦著，黄维明译：《网络共和国：网络社会中的民主问题》，上海人民出版社2003年版，第51页。

[④] ［美］查尔斯·蒂利著，谢岳译：《集体暴力的政治》，上海人民出版社2006年版，第20页。

己观点的，甚至自己寻找证据证明自己。在"泸县事件"发酵之后，对当地政府的强烈不满引发网民自发挖掘"黑料"，"周围的乡邻每人给50元签保证书""泸州停电！断网无用，就开始断电了"的说法层出不穷。这些言论真假难辨，但加深了网民对于"当地政府故意隐瞒，事件另有内情"的刻板认知框架，进而导致群体更加极化。

第三节　行为结构信息的进化路径

按照网民行动的伤害性和组织性程度划分，网民行为结构信息的进化路径可以概括为对话性行动—抗议性行动—对抗性行动—暴力性行动。其中前三个层次的行动多属于线上行动，最后一个层次的行动多属于线下行动。

一、最低层次的对话性行动

在米哈伊尔·巴赫金看来，表现思想立场的符号或表现事物一定含义的符号之间能够发生对话关系。这种对话关系"是一种特殊类型的含义关系"，有着实际或潜在的主体，"要求意向所指是共同的对象"。在交往中，不仅有矛盾、斗争、论证、反对等对话关系，也有理解、赞同等更为重要的对话关系，对话是一种"联系着批评和内在反驳的积极接受"。[①] 在哈贝马斯看来，交往的工具是语言，语言的作用在于理解，即通过运用充足的论据说服他人，最终达成人与人之间思想的共识。[②] 这种通过对话和协商达成的共识，被他认为是新型民主模式。

在网络社会，大众传播时代的"独白"让位于社交媒体的"对话"。由于互联网具有开放性和互动性，于是个体被激活，巴赫金所期待的"主体性"觉醒，真正的大规模的人际沟通成为可能。在热点网络舆情事件形成的初期，网

---

① 袁文丽：《在对话中传播　在传播中对话——巴赫金对话理论的传播学意义》，《山西大学学报（哲学社会科学版）》2008年第6期，第120-124页。

② 季乃秀：《哈贝马斯政治思想研究》，天津人民出版社2007年版，第119-124页。

民会围绕议题展开转发、评论、点赞等一系列对话性行动。当议题被发布到网上时，一部分网民聚集并开始对话。网民对议题发布者的网帖（微博或其他）进行转发、评论和点赞，是说者与受话人之间的对话；网民在议题下相互评论、转发和点赞，进行说服和论战，是受话人之间的对话。在转发和评论的循环中，说者可变为听者，听者也能成为说者，网民之间进行了一场大规模的对话行动。在广泛的对话下，不同的观点得到呈现，最终推动网民达成对议题的初步共识。"泸县事件"起初在本地论坛和微信中传播，网民在论坛帖子中留言、讨论与转发微信朋友圈等行为即是初步的对话行为。经由微博用户"大案""励志早安之歌"等人传播到微博后，对话规模进一步升级。"大案"的微博传播 1.3 万次，影响 1 031.04 万人；"励志早安之歌"的微博传播 1.22 万次，影响 420.58 万人。①

二、较高层次的抗议性行动

抗议性行动通常发生在网络舆情的上升阶段。此时议题模因完成大量复制，网民情绪高涨。如果涉事方处置不当，网民行动就会随之升级，从态度表达的对话性行动转向抗议性行动。抗议性行动是一种重要的网络动员形式，表现为网络签名、网络集会、网络结社等。网络动员是以互联网作为媒介的社会动员。从发生成因上看，网络动员的产生一方面是由于参与者对于事件的情感认同，另一方面是因为组织和串联成为可能。互联网等新信息技术在社会动员中发挥越来越重要的作用，如"降低了参与成本，提升了集体认同，因而能够促进动员，加速运动的扩散并提供新的行动方式"②。互联网使分散的人群能够在虚拟世界中共同"在场"，与他人分享、合作变得轻而易举。当网络舆情事件具有鲜明的指向时，具有共同情感纽带的人们往往会相互联合，同仇敌忾，做出反抗，因为"最能够激发网民参与抗争的情感是愤怒、同情和戏谑"③。

在"泸县事件"中，悲痛欲绝的母亲、花季少年的遭遇引起了网民的情感

① 《四川泸县中学生死亡事件》，鹰眼舆情观察室，http://www.eefung.com/hot-report/20170411180538 – 32036。

② GARRETT K R. Protest in an information society：a review of literature on social movements and new ICTs. Information, communication & society, 2006, 9（2）：pp.202 – 224.

③ 杨国斌：《悲情与戏谑：网络事件中的情感动员》，《传播与社会学刊》2009 年第 9 期。

认同。在同情和悲伤的同时，当地政府徇私枉法、可能存在"官二代"欺凌问题引发了网民的愤怒。在舆情事件传播的过程中，当地政府的回应未能取信于网民，舆论进入高潮。此时网民愤怒升级，观念和指向变得清晰，进入抗议性行动阶段。在此阶段，一段以死者母亲同事的口吻写就的短文在微信朋友圈、论坛等渠道中广泛传播。文中涉及"你妈妈不要那 100 万""手脚皆被打断，满身钢筋印，一身的伤痕再被扔下 5 楼"之类的悲情叙事，并在文末发出号召，"希望各位伸出援手，帮助这位可怜的妈妈"。网民受到鼓动之后纷纷声称要问责当地政府，鼓动闹事。

三、中高层次的对抗性行动

网络舆情事件在升级阶段如果没有得到解决，必然会进一步激化网民的情绪，加剧利益相关方的冲突，中高层次的对抗性行动随之生成。齐美尔将冲突看作一种社会化形式，任何形式的社会中都存在冲突。刘易斯·科塞吸收了齐美尔的观点，也认为社会在根本层面上就存在着各种冲突，社会冲突是不可避免的，而且是社会运行中的常态。[1] 依照科塞的说法，冲突是价值观、信仰以及稀少的地位、权力和资源分配上的斗争，其中一方的目的是中和、伤害或消除另一方。而社会冲突则是指规模较大的群体之间的对抗。重大的社会冲突通常以集体行动的形式表现出来。网民由于沟通、抗议无果，进而通过网络相互联系，组织动员，开展网络集体行动是对抗性行动的主要表现形式。

网络对抗性行动一般包括网络审判、人肉搜索、网络恶搞、网络流言等。网络审判是网络舆论监督的一种极端恶化现象；人肉搜索是以人工察访与群体讨论为基础的在线调查；网络恶搞是对于强势文化的反抗，带有"狂欢"的性质；网络流言即没有根据的网络信息。"泸县事件"中，网民一口咬定政府与学校勾连掩盖真相即是一种网络审判。网络谣言层出不穷，对政府官员、校长等人的诅咒和谩骂充斥着整个网络。一些网民将泸县太伏中学恶搞为"蓝翔太伏职业杀人学校"，编成口诀在朋友圈大肆流传。有些网民还在贴吧发布"江湖追杀令"，号召"人肉行动"，以还给死去的孩子一个公道。

---

[1]　张卫：《当代西方社会冲突理论的形成及发展》，《世界经济与政治论坛》2007 年第 5 期，第 117 - 121 页。

四、最高层次的暴力性行动

当网民认识到仅靠网络行动无法得到满意答复时，就很有可能将线上行动转化为线下行动。线下行动一般包括快闪、游行示威、打砸抢烧等群体性事件。在很大程度上，群体性事件会演变成暴力事件。暴力是人类社会普遍存在的一种现象。查尔斯·蒂利（Charles Tilly）尤其关心集体暴力。他认为，影响集体暴力产生的相关机制是边界激活、经纪（brokerage）的关系机制以及极化。边界激活指的是相互对立的群体之间差异显著度的提高；经纪指至少连接两个社会点的人或因素；极化则涉及要求者之间政治和社会空间的扩张，它使我们——他们边界变得更加显著，强化了边界冲突。① 这三个机制共同作用，推动集体暴力的产生。

依照蒂利的思路，群体性事件的发生条件应该包括：①社会边界两边的群体出现冲突。②存在建立联系、激活、代表的个人或组织。③群体极化。当网络舆情事件涉事方（如政府、企业）与网民之间的矛盾进一步激化时，已经完成群体极化的网民就会通过互联网相互联结、相互组织，推动线下群体性事件的实现。"泸县事件"舆情发酵后，网络上谣言四起。但由于地方媒体迟迟未能解疑释惑、澄清谣言，警民冲突进一步加剧，网民愤怒情绪高涨。此时个别网民不经查证，肆意通过互联网、QQ群、微信公众号等平台，编造发布众多不实信息，煽动群众在泸县太伏中学门口聚集滋事。警民在"对峙"过程中发生暴力冲突，造成了极为不良的影响，扰乱了社会治安秩序。②

总之，网络舆情信息的三条进化路径既有其自身的变化趋势，又相辅相成、协同进化，最终导致了网络舆情信息的全面进化。同时，每条路径及其发展阶段之间并没有截然区分，而是经常相互胶合在一起。此外，并非每次网络舆情事件都完整呈现了每条路径的每个阶段，而是在不同情境下达到不同的层次阶段。

网络舆情信息的三条进化路径，为网络舆情引导与应对提供了重要的理论

---

① ［美］查尔斯·蒂利著，谢岳译：《集体暴力的政治》，上海人民出版社 2006 年版，第 20 页。

② 《四川泸县一学生死亡　个别网民煽动群众聚集滋事》，中国新闻网，http://www.chinanews.com/sh/2017/04－03/8190603.shtml。

基础和实践启示。针对网络舆情的生物遗传信息，相关部门应主动介入模因进化进程，积极培育主流强势模因，占据议题设置的制高点，及时发布权威可信的事实信息，防止谣言、猜测导致议题模因的变异和分蘖。针对网络舆情的心理活动信息，相关部门对网上民意应多一些包容和耐心，及时廓清模糊认识，化解怨气怨言，引导和纠正错误看法，防止网民心理走向非理性和极端。针对网络舆情的行为结构信息，相关部门应加强与网民的坦诚对话，把握时度效规律，消除网络社会中的冲突隐患，防止网民行动升级。随着三条进化路径的交叉演进，网络舆情的应对处置只有多管齐下、协同共振，才能掌握舆论引导的主动权和话语权，取得良好的舆论引导效果。

第四章

突发公共事件网络舆情的信息扩散

…… ……

突发公共事件网络舆情的信息扩散状况对突发公共事件网络舆情治理产生重要影响。张玉亮（2015）认为，突发公共事件网络舆情信息流风险水平主要取决于两个方面的因素：一是发生概率越大，意味着风险水平越高，反之，则说明风险水平较低；二是风险造成的危害后果。在风险发生概率一定的情况之下，突发公共事件网络舆情信息流风险水平与其危害后果成正比例关系。突发公共事件网络舆情信息流风险具体体现为三个方面：生成风险、传导扩散风险和平复风险。控制好突发事件网络舆情信息流传导扩散风险是优化导控突发事件网络舆情信息流，科学应对突发事件网络舆情信息流风险的关键之举。①

第一节　突发公共事件的信息扩散曲线

"扩散"一词在传播研究领域中指"信息（尤指伴随着大众媒体新闻）在人口中的散布"。研究旨趣主要集中在新闻扩散的速度、各种媒体渠道的相对效率，以及人际传播在大众传播时代依然扮演的角色。

在历来的实证研究中，信息扩散的过程存在着一个"常态"趋势，即"在任何扩散过程的初期，只有少数人是'采纳者'或者'知晓者'，因此采纳累积曲线缓慢增长，随后出现加速上升，但当接近饱和点时又平缓下来，在每一时间单位中新增的采纳者或者知晓者越来越少"②。在这种"常态"趋势下，整个扩散过程呈现为"S形曲线"。

查菲（1977）认为，虽然实证研究经常观察到这种"常态"趋势，但与其说它是一个实证研究成果，还不如说是一个可以用于实证研究的假设性常态或标准。例如，在一般的新闻信息扩散中不大可能发现这种趋势的完整版本。背离这一"常态"趋势的案例却可以帮助寻找哪些因素促成或阻挠扩散。查菲据此提出了以下三种常见的非常态现象：①时常发生的不彻底扩散，即没有达到

---

① 张玉亮：《突发事件网络舆情信息流风险模糊综合评价研究》，《情报科学》2015年第11期，第100-106页。

② ［英］丹尼斯·麦奎尔、［瑞典］斯文·温德尔著，祝建华译：《大众传播模式论（第2版）》，上海译文出版社2008年版。

人口的100%；②从一开始就超速增长（信源刺激）；③增长速度超慢。图4－1显示了"常态"（随机模式）曲线和上述三种非常态曲线。

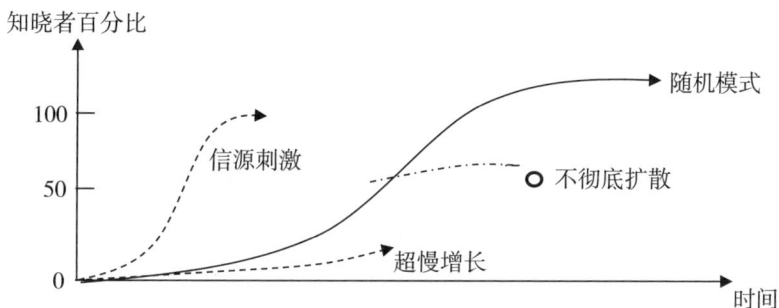

图4－1　信息扩散的"常态"曲线及三种非常态曲线

一般来说，这三种非常态现象都可以用发送者的局限、接受者的局限或者特定事件类别的局限（如不同新闻事件会根据"常态"学习或知晓效应的概率而变化）来解释。而事实显示，不同事件的性质（而不仅仅是主题的变化）是决定扩散速度的一个关键因素。

本章对2008—2015年近60个突发公共事件案例进行观察，将突发公共事件分为纯谣言型、常态型和复合型这三个类型，并将各自选取一起代表性较强的事例进行取样分析。纯谣言型突发公共事件指的是事实并没有发生，而纯粹由谣言引发的突发公共事件，如"抢盐事件"。常态型突发公共事件指的是突然发生的在短期内很快平息的突发公共事件，如"李刚门事件"。复合型突发公共事件指的是性质较复杂、交缠着众多因素、持续时间长的突发公共事件，如"钱云会事件"。

2011年3月的"抢盐事件"属于典型的纯谣言型突发公共事件。日本"3·11"大地震后，有关"碘盐可以预防核辐射"之类的谣言引发恐慌情绪，最终酿成我国多个地方民众大量抢购碘盐的事件。谣言从产生到消失只在短暂的三天内完成。

2010年10月的"李刚门事件"属于典型的常态型突发公共事件。一醉酒驾车的电视台实习生在校园里撞倒两名女生（一死一伤）后，还嚣张高喊："有本事你们告去，我爸是李刚！"引发校园师生集聚抗议该实习生。这句话也随即迅速成为网民热议的焦点。

2010 年 12 月的"钱云会事件"属于典型的复合型突发公共事件。虽然只是"一村主任被撞死"的个体事件，但是事件发生之前，征地、上访、对当地政府部门不信任等矛盾冲突积压已久，事情的发生使得前期的种种矛盾交织在一起，多个敏感点的杂糅使得整个事件复杂多变。

我们将把天涯论坛以及群体性事件所在地的地区论坛结合起来进行考察，原因在于：①天涯论坛拥有广泛的受众群。尽管目前国内较为有影响力的社区论坛还有猫扑、凯迪等，但其均有较为明确的分层受众群。②地方论坛多为事件在网络中传播的策源地，结合地方论坛可更全面、准确地展示出事件在网络论坛扩散的整个过程。

案例分析的抽样时间方面，"抢盐事件"的抽样时间是 2011 年 3 月 15 日至 19 日，"李刚门事件"的抽样时间为 2010 年 10 月 16 日至 26 日，"钱云会事件"的抽样时间则为 2010 年 12 月 25 日至 2011 年 1 月 20 日。通过实证分析研究不同属性突发公共事件的网络扩散速度和网络扩散强度。

第二节　突发公共事件的网络扩散速度

1. 纯谣言型突发公共事件——"抢盐事件"

在浙江绍兴杂谈、天一论坛、绍兴 19 楼以及天涯论坛进行帖子搜集，最终获取有效主帖和回帖共 11 247 个。我们可以看到，该事件在扩散速度上呈现出急升急降的非常态过程（见图 4 - 2）。3 月 16 日，网民开始对"抢盐事件"进行网上传播和讨论，在短短的一天内，从 3 月 15 日的 0 个帖子攀升到了 3 月 16 日的 1 243 个。在这一天，浙江、上海、广东等地同时出现抢购现象，这股恐慌性的风潮逐步从东部沿海城市扩散到内陆和中西部城市，网民对此事件的关注度迅速提高。随后帖子数量继续上升，于 3 月 17 日达到巅峰，共计 6 960 条，成为"抢盐"行动的高潮。当天下午，卫生部、中国疾病控制中心、中国盐业总公司等多个部委、机构紧急发布信息进行辟谣，各地政府职能部门纷纷展开行动，媒体也积极参与辟谣行动。到 3 月 18 日迅速下降到 3 044 个帖子。而到了 3 月 19 日，仅找到了 18 个主帖，回帖数都在 10 条以内，帖子总数相较于前一阶段，几乎可以忽略不计。

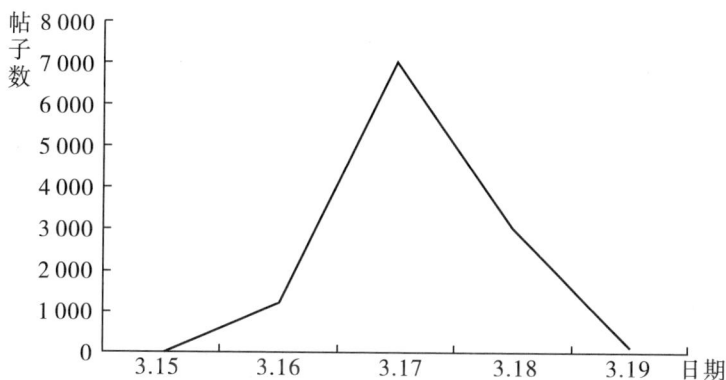

图4－2　"抢盐事件"的网络扩散速度

2. 常态型突发公共事件——"李刚门事件"

在保定当地网站莲池论坛、天涯论坛进行帖子搜集，最终确定有效帖子共计8 528个。我们可以看到，该事件在扩散速度上呈现出较为完整的正态分布：逐步上升—达到制高点—逐步下降（见图4－3）。当晚发生的事件第二天就很快被传到网络上，开始引起网民的热议和抨击。随着网民人肉搜索对"李刚"是某公安分局副局长身份的确定，以及河北大学集体被封口的传言，特别是在"造句大赛"的推动下，论坛帖子数量逐步递增。10月21日李刚和肇事者李启铭接受央视采访后出现了"引爆点"，帖子总数达到最高峰。10月21日以后，帖子数量缓慢下降，但这一阶段网民讨论仍然在各种传言中持续，如"李刚有五套房产""李刚的岳父是河北省副省长"以及"河大校长论文抄袭"等。直到10月24日李启铭被捕、26日河北省委涉入案件，整个事件才逐渐尘埃落定，网民关注度逐步下降，帖子数量也不断减少。

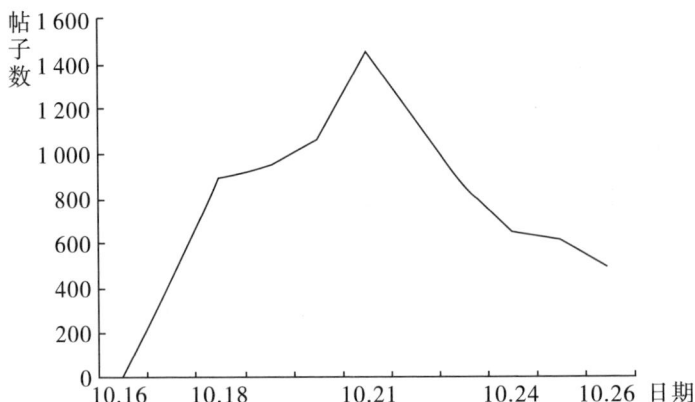

图 4 - 3　"李刚门事件"的网络扩散速度

3. 复合型突发公共事件——"钱云会事件"

在温州 703804、天涯论坛进行帖子搜集，最终搜集到有效帖子共 8 694 个。我们可以看到，各种杂糅的引爆点使得"钱云会事件"的网络扩散过程呈现波浪起伏的状态（见图 4 - 4）。曲线中的"引爆点"与事件中的重要转折点基本相符：12 月 30 日，当地公安在各种疑点未被解开时再次认定该事件为交通事故，将事件推向第一个"引爆点"。随后在公民调查团、钱云会头七以及肇事司机被捕等的推动下，于 1 月 3 日引发了第二个"引爆点"。1 月 14 日，公安机关侦查终结的消息第三次引发了"引爆点"。即使到了 1 月 20 日后，曲线也没有完全停止波动而是潜伏起来，一旦新的插曲出现，曲线将再一次反弹。"舆情的波浪形涨落充分体现了舆情的变动过程的复杂性，舆情会在不同影响因素的干扰下或涨或落，原本呈现回落趋势的舆情可能死灰复燃。"①

---

① 刘毅：《网络舆情研究概论》，天津人民出版社 2007 年版，第 292 页。

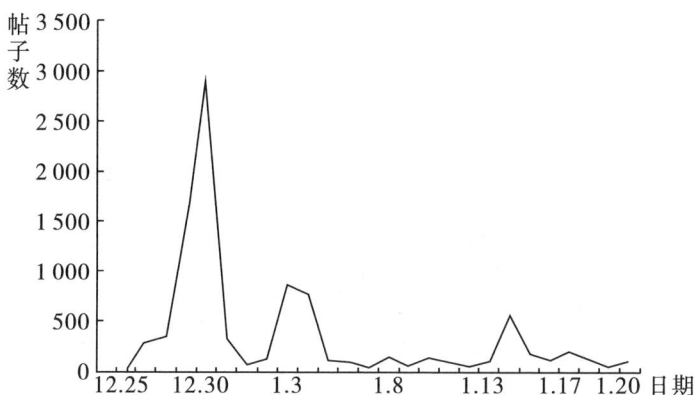

图 4 - 4　"钱云会事件"的网络扩散速度

第三节　突发公共事件的网络扩散强度

　　我们对上述三个突发公共事件的所有帖子按关键的发展阶段进行情感倾向分析，以考察其在网络中的扩散强度。情感倾向的帖子编码依据主要基于以下集中分类：支持类（包括理解、声援该事件或人物等）、反对类（包括否定、愤怒和谩骂该事件或人物等）、中立类（表达中立或者进行延伸性评论）、疑问类（表示猜测、疑惑或质疑）、其他（如转载事件发展的相关权威信息）。

　　1. 纯谣言型突发公共事件——"抢盐事件"

　　根据"抢盐事件"的发展关键点，将该事件分为以下三个阶段：3 月 15—16日，"抢盐事件"出现及升温；3 月 17 日，"抢盐事件"达到高峰，政府多方辟谣；3 月 18 日以后"抢盐事件"迅速消失。在三个阶段的扩散强度对比中，支持类和疑问类的比重随着相关部门的辟谣逐步下降，网民的不确定性也逐渐消除；反对类和中立类自始至终都占主导位置（见图 4 - 5）。此种情况与现实的疯狂抢购现象不大一致，现实中抢盐的人群主要是家庭妇女或者老年人，他们的知识较为欠缺，加上一些生活经验，使得他们加入了抢购的行列。而大部分网民都是年轻人，他们的知识储备使其不轻易相信"盐能防辐射"的谣言，因此，虽然网络可能成为谣言滋生的土壤，但也存在着另一种现象，即使谣言到了网上，理性网民也会通过分析判断，及时看穿谣言，从一开始便涌现出大量否定的声音。

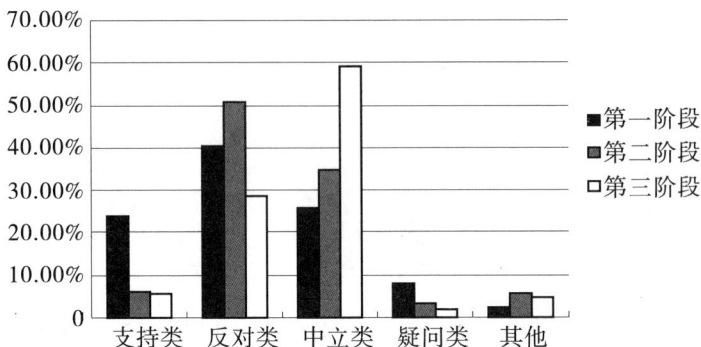

图 4 - 5　"抢盐事件"的网络扩散强度

2. 常态型突发公共事件——"李刚门事件"

该属性的事件在扩散过程中一般会出现一个"引爆点",而这个"引爆点"是事件的关键转折点,其两侧为相对称的平缓曲线。因此,将该事件分为以下两个阶段:第一阶段为 10 月 16—21 日,撞人事件不断升温,李刚父子道歉;第二阶段为 10 月 22—26 日,李启铭被捕,事件逐渐落幕。在整个事件过程中,反对类和中立类始终占据主导位置,其中反对类的帖子数量一直遥遥领先,都超过了 50% ,随着事件的发展,反对的声音与其他声音的比例差距不断拉大,产生了桑斯坦所说的"群体极化"(见图 4 - 6)。他认为,团体成员一开始即有某些偏向,在商议后,人们朝偏向的方向继续移动,最后形成极端的观点,在网络环境里,志同道合的团体会彼此进行沟通讨论,到最后他们的想法和原先一样,只是形式上更加极端了。①"李刚门事件"在网络中被曝光后,由于李启铭的"官二代"身份,网民自始至终带有一定的偏见,大概只有占 5% 的网民质疑过事件的真实性,并且随着事件的讨论,网民的这种偏见强度变得更为显著。

---

① ［美］凯斯·桑斯坦著,黄维明译:《网络共和国:网络社会中的民主问题》,上海人民出版社 2003 年版,第 47 页。

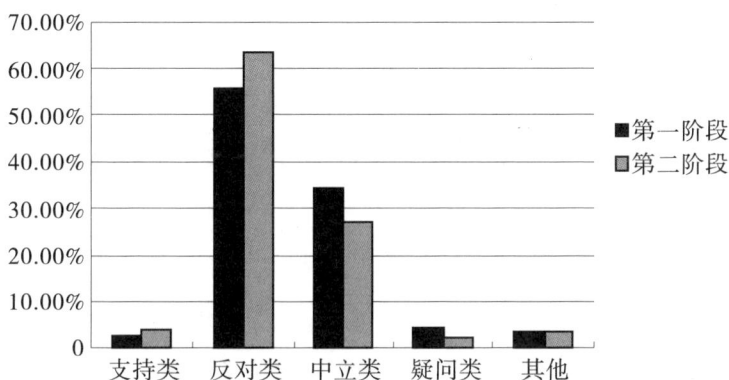

图4-6　"李刚门事件"的网络扩散强度

3. 复合型突发公共事件——"钱云会事件"

从该事件的扩散速度中，我们可以看到三个重要的"引爆点"。根据这三个重要"引爆点"将事件划分为以下五个阶段：12月25—27日，网传钱云会被谋杀，乐清市公安局表示这是一起交通肇事案，舆论升温；12月28—30日，网民质疑，温州市公安局认定该案为交通肇事案件；12月31日—1月4日，公民调查团得出调查结论，肇事司机被捕；1月5—13日，公安机关终结案件侦查，移送检察机关起诉；1月14—20日，钱云会家属与肇事司机的代表等方面签订交通事故赔款调解书。在此事件的整个过程中，中立类和反对类的帖子同样占据主导优势（见图4-7）。随着事件的逐渐发展，中立类的帖子在事件尾声时所占比例超过了60%，反对类帖子比例从55%左右下降到15%左右。可见，随着事件的发展，网民的情感从开始的偏激逐步倾向于理性。

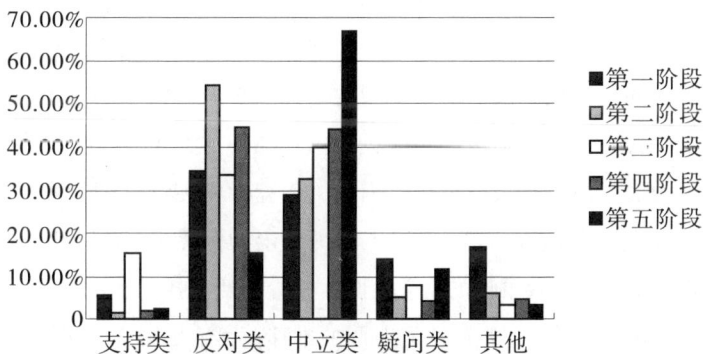

图4-7　"钱云会事件"的网络扩散强度

第四节　突发公共事件的网络扩散状态

本章通过对不同属性的突发公共事件在网络论坛中的扩散速度（量）和扩散强度（质）进行量化分析，以期从中发现不同属性事件的扩散状态，结论如下：

（1）在扩散速度上，三种不同属性的突发公共事件在网络中的扩散状态，与查菲的新闻扩散曲线有显著的重合之处（见图4-8）。

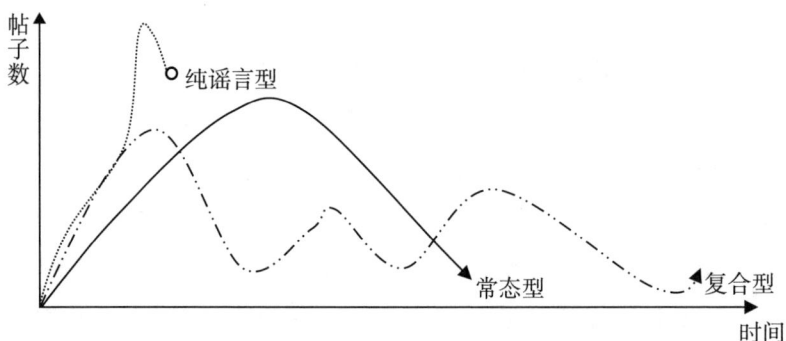

图4-8　三种不同类型突发公共事件的扩散曲线

纯谣言型突发公共事件随着谣言的瞬间爆发，网上舆论也随之飙升，并在较短的时间内达到制高点，但一旦辟谣，网上舆论便会从制高点迅速下降，事件在极短的时间内得到解决。这一类型的事件在扩散曲线上呈现出猛速上升—达到制高点—猛速下降并消失的态势，就像烟花一样，迅速上升，在高空中爆炸后便四处散去，消失在天空当中。因此，研究者将纯谣言型突发公共事件的曲线称为"烟花形"曲线，这一曲线与查菲提出的信源刺激曲线相类似。

随着常态型突发公共事件的发生，网上舆论开始上扬，逐步升级，最终达到制高点，之后随着事件的逐步解决和时间的推移，舆论热度逐步缓慢下降。在此类型的事件发展过程中，存在且只有一个制高点，整个曲线呈现正态分布，研究者将其称为"钟形"曲线，这一曲线实际上与"常态"曲线相似。

●●● ●●●

复合型突发公共事件在爆发之前已经由于各种矛盾而积累了多个问题，当事件因为某一导火线而恶化后，各种问题和矛盾会随着事件的发展一个个被激化出来，使得事件错综复杂，加上相关部门处理失当以及谣言的掺杂，事件往往跌宕起伏，出现多个转折点，此时网上的舆论也会跟随情况的变化而变化。整一个扩散曲线出现多个高峰点，呈现波浪状，因此，其被称为"波浪形"曲线。这一曲线则是查菲提出的信源刺激曲线、不彻底扩散曲线与超慢增长曲线的复杂结合。

（2）在扩散强度上，三种不同属性的突发公共事件在网络中扩散时，网民的情感都经历了从偏激到逐渐理性的过程。

不同属性的突发公共事件在扩散强度上经历了大致相同的扩散过程。这种从偏激到逐渐理性的过程，值得我们从正反方面进行思考：一是网民在第一时间得不到可靠准确的信息后，在猜疑和偏激心态的作用下将进一步诱发群体性的过激行为或复杂因素；二是在事件的发展过程中，官方权威、到位的持续信息发布可以及时消除疑惑、缓和情绪，对遏止谣言在网络上反复或恶性传播将起到重要作用。

由于不同属性的事件具有不同的扩散状态，因此相关管理部门应该根据事件的不同属性、不同特点，预见事情的发展趋势，把握好事件的治理时机，在不同扩散阶段采取相应的治理策略。对于纯谣言型突发公共事件，应第一时间发布真实、准确、可靠的信息，及时切断谣言的扩散路径。对于常态型突发公共事件，应把握事件发展的正常路径，尽量减缓扩散的速度和降低扩散的强度。对于复合型突发公共事件，应及时处理好各种相互交织的矛盾，持续发布权威、准确的信息，力求最大限度地减少多个"引爆点"的产生。

王国华等（2013）认为，针对不同类型的网络舆情（包括弱型网络舆情、强型网络舆情、波动型网络舆情），政府相应地可采取以下五种应对策略（见图 4 - 9）：①"淡化式"网络舆情应对策略，主要是指在刺激性事件主体不涉及政府的情况下，政府职能部门可暂不介入事件处置过程，使自身处于一种自发边缘状态，可运用的具体方式主要有：政府调停矛盾纠纷，处置不合法行为；依据法律法规解决现实纠纷；完善相关法规政策，避免类似网络舆情事件的再次爆发。②"萌芽式"网络舆情应对策略，指在暂未引起网民和媒体的强烈关注时，政府第一时间化解网络舆情危机，主要方式有：一是第一时间通报网络舆情，主动了解事件真相，协调有关部门处置；二是转入网络舆情监测工作，观察后续舆情动态和事件处置效果。③"强力式"网络舆情应对策略，强调快速发布权威信息，表明事件处置立场和态度，回应网民质疑，抢占媒体话语权。④"溯源式"网络舆情应对策略，是指对事件追本溯源，不仅要对事件进行彻底调查，还原事件真相，追究相关主体责任，更要针对事件反映出的社会问题进行深挖，消除现实隐患。⑤"重塑式"网络舆情应对策略，其目的主要在于维护和重塑政府形象和公信力，该策略主要是针对波动型网络舆情而言。波动型网络舆情持续时间往往较长，单一、固定的应对策略难以适应变化需要，这就要求政府平时要深入了解网络舆情生态，多与网民平等、深入地交流，在日积月累的沟通和互动、潜移默化的工作中维护和重塑政府形象与公信力。①

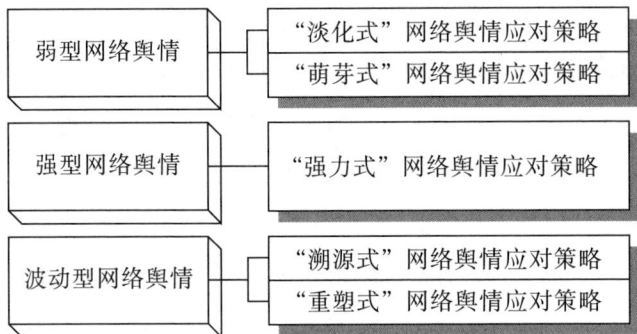

图4-9 不同类型网络舆情的政府应对策略

诚然，对突发公共事件网络信息扩散的研究仅以论坛为例进行样本的统计分析，并没有全面考察微信、微博、新闻跟帖等传播渠道，这对于事件扩散状态的完整性可能造成一定影响。由于突发公共事件的相对敏感性，取样时相关的数据可能被论坛管理者进行了部分删帖处理。虽然研究者试图以穷尽关键字的方法来获取完整的数据，但删帖、过滤等处理对于事件扩散状态的内容分析仍然产生了不可避免的影响。今后研究应继续加强对微信、微博、新闻跟帖等传播渠道的综合考察和大数据分析，同时加强对突发公共事件网络传播的紧密跟踪，及时搜集保存好帖子，以力求更准确地呈现突发公共事件网络信息的扩散状态。同时，每类事件未必只有一种舆情信息扩散状态，可能在事件发展的不同阶段会呈现出不同网络扩散状态相互交织的复杂图景。

----

① 王国华、冯伟、王雅蕾：《基于网络舆情分类的舆情应对研究》，《情报杂志》2013年第5期，第3-4页。

第五章

突发公共事件微博传播的
自组织机制

…… ……

微博以其操作简单、页面简洁、开放性强等特点，在社交类应用上占据重要地位。在微博风靡全民之际，诸如谣言、舆论暴力、群体极化等弊端也开始显现。特别是在群体性事件、突发公共事件发生后，微博往往成为各种信息和意见的聚散地，成为考察社会舆论的风向标。微博如何管理，成为当前社会关注的重要议题。从自组织理论来考察微博所具有的功能属性，将为微博管理提供另一种认识视角。

第一节　微博自组织机制形成的可能条件

自组织理论就是研究系统如何在没有特定外力的情况下，自发组织起来，并从无序走向有序或从低级有序走向高级有序的规律。20 世纪 90 年代以来，自组织理论在人文学科领域得到了积极的运用。一般来说，自组织机制的形成需要具备一些基本的条件。根据这些基本条件，我们认为微博信息传播过程中也具有自组织的可能性。

1. 系统开放

一个系统是否开放要看系统和外部环境之间信息交换的情况，即信息是否能够同时进行输入和输出。微博功能包括发布、评论、转发等，充分地实现了信息输入和输出的双向传播。

2. 远离平衡态

"判断一个系统是否远离平衡态的方法要研究其各个组成部分是否均匀一致，体系的各个部分之间的差异越大，体系远离平衡态就越远。"[1] 微博用户都是各具个性的个体，这些个体在微博这一平台上传播信息、交流思想，因其个体的巨大差异而形成各种讨论，从而引起对某一话题的涨落变化。

3. 达到阈值

阈值又叫临界值，是使对象发生某种变化所需的某种条件的值。微博具有

---

① 吴彤：《耗散结构理论的自组织方法论研究》，《科学技术与辩证法》1998 年第 6 期，第 23 - 24 页。

裂变式的传播模式，当关于某一事件的大量信息涌现时，这一传播体系将在某一时段达到舆情高峰。

4. 非线性

判断一个体系是否非线性，就是要研究体系的组成部分，不仅在数量上而且在性质上要相互独立且有相当的差异。微博各个用户之间是独立而差别性地存在着的，且通过关注、转发、评论等动作与另一个用户产生联系。这种联系包括一对一、一对多、多对一以及多对多等多种传播模式。

5. 涨落和非稳定性

"涨落表现了体系的非稳定性的一个因素，逐渐地远离平衡也表现了体系的非稳定性的一个方面，非线性反映了体系内部的非稳定性。外界输入的渐增激励着非稳定性，当这种输入达到一定阈值时，意味着体系的非稳定性已经达到临界状态，再稍稍越过一点点儿，体系立刻就会跃迁到新的有序状态。"① 微博热门事件在达到其关注高峰时，通常以一个或多个权威意见领袖的微博为转折点。这些涨落会使整个事件的进展发生突变，从而跃升至一个新的有序状态。

第二节　微博自组织机制形成的实证考察

微博尽管具备了自组织机制形成的理论条件，但传播实践是否呈现了这样一种构想，我们还需要通过具体的案例来加以证实。

一、抽样

个案抽样：以日本地震中某谣言事件为案例。2011 年 3 月 12 日晚，新浪微博出现相关谣言的消息，在一段时间内被网友疯传。最终此事被证实系谣言。

平台抽样：在新浪微博平台公开可搜索的时间轴上，实时跟踪该事件发展

---

① 吴彤：《耗散结构理论的自组织方法论研究》，《科学技术与辩证法》1998 年第 6 期，第 23 - 24 页。

过程中信息传播的涨落态势，及时完整地收集相关帖子（由于事件发生的偶然性，仍有一些帖子不可避免地被遗漏）。

二、数据分析

1. "移情信息"的诞生

新浪微博搜索结果表明，相关谣言的第一条微博出现在 3 月 12 日 19：09，为网民"山东渔人"发布的。随后 5 小时内又有两条相关内容的微博发布。20：51"鲁义章"、22：40"马轩"分别发出相关谣言信息。其中"马轩"为新浪认证的"加 V"用户，粉丝数达 3 454。但这三条微博并未形成大规模的转发，推测与博主"真实性未确认"的态度有关。

2. 向阈值逼近

这个"移情信息"真正引起转发热潮是由于当天 23：00 左右的一条微博。新浪认证用户"金乾生"发布了一条当时最完整的微博，并且不包含求证或质疑等文字内容。但不久后该微博被删。

"金乾生"的粉丝数达 10 485，发布微博的时间也正值网民上网高峰期，使得这条微博能被更多的网民看到，直到当日午夜（13 日 0：00）前还被疯狂转发。其中包括不少粉丝过万的认证用户，包括著名导演高群书、凤凰卫视老总刘春等名人。我们在 3 月 12 日 23：09 至 14 日 9：56 进行了实时跟踪。统计数据表明，在事件初期（3 月 12 日 23：09 至 23：23），微博数从 3 条／分钟增长至 6 条／分钟，随后（23：23 至 23：32）又降至 3 条／分钟。"金乾生"微博发出的一个小时内，集中发布的微博数量最大，骤升到约 150 条／小时。而随后的 34 小时里即骤降为 5 条／小时。

3. 涨势逐渐回落

事发一周后的 3 月 19 日，我们再次进行了一次实时数据统计（见表 5－1）。经过一周数据变化的比较，发现与谣言相关的微博总数、传谣微博数、中立微博数都迅速减少，在 3 月 19 日达到最低点，并且不呈现任何回升的痕迹。辟谣的微博数量在 5 天后尽管有少量增加，但随着话题本身的关注度下降而最终渐渐减少。

表 5 - 1　微博信息类型分布变化（统计时间：3 月 19 日 9:56）

时间	总数	传谣	辟谣	中立
3 月 12 日 22:40 至 23:57	105	23	30	52
3 月 13 日 0:00 至 9:00	23	4	4	15
3 月 13 日 9:01 至 3 月 14 日 9:56	69	19	22	28
3 月 14 日 9:57 至 3 月 19 日 8:00	11	0	8	3

三、研究发现

　　自组织是一个持续处在运动中的机制，在不断的变化中达到有序。而所谓的"有序"也不过是一个暂时的状态。在充满移情信息的微博空间中，一旦出现"有前途的涨落种子"，就会引起另一轮巨涨落。但每一轮涨落之后形成的耗散结构都会维持在一个特定的阈值内。

　　微博谣言的自我纠正功能应当体现于此。这种自纠功能不是纯粹地指谣言会在微博上自动消灭。由于其开放性、非线性、远离平衡态的特点，各用户的各种信息和观点会在这个自组织里得到充分交流和碰撞。而在经过短时间的相互博弈之后，新的有序结构就会慢慢呈现。微博谣言的信息传播就在其湮灭和再生的过程中实现着从无序到有序，再到新的有序的变化过程。第一条引起热推的微博，作为"有前途的涨落种子"将推动某一信息的传播，形成强大的舆论主体。但一旦出现了较大规模的移情信息，即另一较大尺寸涨落种子出现时，新的舆论方向又将通过移情信息的涨落放大而达到新的主流地位。

　　以日本地震某谣言为例，"金乾生"的原始微博作为一个"有前途的涨落种子"，发布了相关谣言的信息。其他用户通过转发和评论此微博，使涨落不断放大，从而形成了主流舆论。而在当天 23:15，用户"作业本"发出第一条辟谣微博。这条微博作为移情信息出现，成为一颗新的"涨落种子"。随着正反两方在微博上的博弈，这一"种子"也开始迅速涨落放大，并在不断的求证、转发和评论中得到认可，形成了主流。

　　值得注意的是，这里的"形成主流"并不是真正意义上引起新的涨落。在谣言传播的案例中，跟在辟谣信息之后形成的新的耗散结构，并不表现为与传谣类似的集中转发和评论。多数人在新一轮的涨落中会选择停止转发、删除传谣性原帖等方式迫使谣言停止传播。只有为数不多的一部分人会对辟谣性的信息进行转发。

第三节　微博自组织机制的影响因素与管理

正如普里戈金所说，自组织最终的走向，不是经典力学的可逆、可预测的理想世界。对这个体系加入的任何干预都可能导致其发生不可期的巨变。正如物种的进化，没有一个宏观的力量预知了今日的繁华。进化的每一个节点都有一颗"涨落种子"促成了偏离原始轨道的变化。因而人类于斯，亦未知明天。然而，侵入自组织体系的运作固然是危险的，但也并非只能对其袖手旁观，任其肆意，尤其是当一些具有特定目的的群体已经公然干扰了微博自组织的运行时，如果不加以控制，其后果是无法预知的，同时也是危险的。

一、微博信息传播自组织的影响因素

尽管微博自组织在运行中总会达到一个新的有序状态，但在具体的社会环境下，其运行会受到一些客观因素的干扰，因此如何确保其运行环境的正当性成为最大的挑战。

1. 外力干预过度

突发公共事件或群体性事件中，微博可谓出尽风头，对事件的解决起到了强大的舆论监督作用。然而微博的巨大影响也挑动了政府的神经。著名博客作者"安替"说："如果政府能正确看待这个无法阻止的传播渠道的革新，政府的公开和透明是可以通过这个工具来推动的。Twitter 在美国，已经成功地使国会、白宫和各个政府部门更直接地面对广大群众。"[1]

如果说作为自组织的微博，因其在自主运行的过程中产生的负面影响就要

---

[1]　张守刚：《饭否歇了，Twitter 的晚餐在哪》，http://blog.sina.com.cn/s/blog_470c56e30100e8ay.html。

采取过度的干预手段，并非正确的微博治理策略。在一定程度上，信息传播的涨落经过酝酿、发展和爆发后也将可能达到一种可预知的有序。然而，在不可预知的外来因素干扰下，作为具有一定自组织功能的微博将会发生怎样的改变，将变得无可预知。

2. "网络水军" 操纵舆论

"网络水军" 也称 "网络打手"，在中国是一种非常特殊的网络营销行为。不少公司以 "网络公关" "网络营销" "网络推广" "品牌维护" "网络口碑" 的名义，在利益驱动下帮助客户策划网络事件，操纵网络舆论，由此也出现了一个庞大的 "网络推手" 或 "网络打手" 群体，形成了一个潜伏于 "网海" 中的灰色产业链。2019 年 12 月，国家互联网信息办公室颁布《网络信息内容生态治理规定》（2020 年 3 月 1 日起施行），要求网络信息内容服务使用者和网络信息内容生产者、网络信息内容服务平台 "不得利用网络和相关信息技术实施侮辱、诽谤、威胁、散布谣言以及侵犯他人隐私等违法行为，损害他人合法权益"；"不得通过发布、删除信息以及其他干预信息呈现的手段侵害他人合法权益或者谋取非法利益"；"不得利用深度学习、虚拟现实等新技术新应用从事法律、行政法规禁止的活动"；"不得通过人工方式或者技术手段实施流量造假、流量劫持以及虚假注册账号、非法交易账号、操纵用户账号等行为，破坏网络生态秩序"；"不得利用党旗、党徽、国旗、国徽、国歌等代表党和国家形象的标识及内容，或者借国家重大活动、重大纪念日和国家机关及其工作人员名义等，违法违规开展网络商业营销活动"。这些规定已经比较具体地限定网络营销的诸多恶意行为，但对 "网络水军" 如何进行有效监管还需要进一步精细化。

微博自组织的运行要提供个体自由发声的环境，以使各种思想和信息互相传播从而达到一种动态的有序。"网络水军" 进行恶意干扰的行为，使自组织正常的运行遭到破坏，从而使网络信息传播的走向具有不可控性。

3. 网民素质堪忧

中国互联网络信息中心发布的《第 44 次中国互联网络发展状况统计报告》指出，截至 2019 年 6 月 19 日我国网民达 8.54 亿，互联网普及率达 61.2%。在年龄结构上，19 岁以下的网民占比 20.9%，占据着整体网民的近 1/4。在学历结构上，低学历网民继续增加，初中及以下学历网民占比从 2010 年底的 41.2% 攀升至 2019 年 6 月的 56.1%。在职业结构上，学生群体占比最高，达到 26%。在收入结构上，与 2010 年底相比，无收入群体网民占比从 4.6% 上升到 5.8%，月收入在 1 500 元以下的网民占比为 31.7%。

由上可见，我国网民群体呈现出基数大、低龄化、学历低等特点，其主体是思想较不成熟、对社会认知度较低的初中及以下学历的群体，容易受到环境和他人的影响，缺乏理性的辨识能力，这对微博自组织的良性发展有一定的负面影响。

二、微博自组织机制的管理

1. 依法治理违法现象，打造良好网络舆情生态

网络舆情生态系统是指在特定时空范围内，网络舆情客体、网络舆情主体以及网络舆情环境在网络热点事件的评判发展过程中，相互影响、相互作用形成的一类特殊的网络信息生态系统。网络舆情客体是公众对互联网上传播的热点和焦点所表现的具有一定影响力和倾向性的言论和观点。网络舆情主体是指参与网络热点事件开发、传播、评论、监督、管理和利用的具有主动性和自适应性的网络信息个体或组织，个体包括普通网民、网络意见领袖、网络推手、网络水军等，也包括舆情事件所指向的现实社会的个人；组织包括政府、企业、网络媒体、传统媒体等。网络舆情环境是指对舆情主体起直接或间接影响作用的一切事物的总和，包括网络基础设施、信息技术、信息伦理、信息政策和法规等。[1]

微博由于发表门槛低、内容良莠不齐，需要一定程度的管理和规范。因此，微博不可能是一个绝对的自组织机制，对其管理应"软硬结合"。一方面，管理部门要给其一定的自由度，让其通过自组织实现自我净化。自组织、原生态的发展，更加有利于网络舆情生态的自我净化。而过度的介入和干预，可能反倒会破坏这种自我净化机制。[2] 正如喻国明所言，"对于舆论场，我们应当认识其复杂性，并且在网络舆情的治理规制的构建中体现这种复杂性的要求。同时还应当理解和把握网络舆情生态机制中的关联性，保护舆论成分的多样性。应当善用网络舆情生态的自组织机制，促成网络舆论的自身成长和价值'涌现'。尊重多样性、了解'涌现'现象的特殊形成机制，这些都是舆情生态系统供给

---

① 王建亚、宇文姝丽：《网络舆情生态系统的构成及运行机制研究》，《情报理论与实践》2014 年第 1 期，第 56 页。

② 宋铮：《互动、自组织和自我净化》，《青年记者》2008 年第 5 期，第 12 – 13 页。

侧改革的关键所在"①。另一方面，对于违反相关法律法规的行为，应该及时介入和处罚。微博具有其本身的特性和运行方式，但遵循的规则与现实世界并无不同。适用于现实世界的公民法律同样适用于微博平台和微博用户。2018年2月，国家互联网信息办公室颁布《微博客信息服务管理规定》，要求"各级党政机关、企事业单位、人民团体和新闻媒体等组织机构对所开设的前台实名认证账号发布的信息内容及其跟帖评论负有管理责任"。

2. 微博运营方主动监测并进行适当处罚

新浪微博设置了"不实信息辟谣专区"，针对三类信息提供举报并进行辟谣：①虚假信息：不存在的事实或张冠李戴的信息，尤其是灾难、求助等方面。②不准确信息：为了提高网友关注度，故意夸大事实真相的信息。③商家利用有奖活动骗取粉丝和转发，被网友举报的信息。对于以上信息，网友可以通过专门的邮箱或私信向"微博辟谣""系统管理员""微博小秘书"等新浪官方账号举报。针对举报的信息，微博运营方应在调查事实后积极干预，并进行适当处罚，如暂时性地禁止造谣者发布微博，严重者可永久性地封锁其账号。而对于参与传谣者也应当进行提醒或警告，如公布参与者的账号，或通过私信告知等。国家互联网信息办公室颁布的《微博客信息服务管理规定》赋予微博客服务提供者更多的平台化管理责任，要求"微博客服务提供者应当落实信息内容安全管理主体责任，建立健全用户注册、信息发布审核、跟帖评论管理、应急处置、从业人员教育培训等制度及总编辑制度，具有安全可控的技术保障和防范措施，配备与服务规模相适应的管理人员"；"微博客服务提供者应当建立健全辟谣机制，发现微博客服务使用者发布、传播谣言或不实信息，应当主动采取辟谣措施"；"微博客服务提供者和微博客服务使用者不得利用微博客发布、传播法律法规禁止的信息内容"；"微博客服务提供者应当自觉接受社会监督，设置便捷的投诉举报入口，及时处理公众投诉举报"；"微博客服务提供者应用新技术、调整增设具有新闻舆论属性或社会动员能力的应用功能，应当报国家或省、自治区、直辖市互联网信息办公室进行安全评估"；"微博客服务提供者应当遵守国家相关法律法规规定，配合有关部门开展监督管理执法工作，并提供必要的技术支持和协助"。

---

① 喻国明：《关于网络舆论场供给侧改革的几点思考》，《新闻与写作》2016年第5期，第43页。

3. 提升网民媒介素养，加强理性批判能力

近年来，真实性作为新闻的本质属性正在受到挑战与冲击，并有让位于时效性、轰动性的迹象。[①] 尽管微博用户模糊的自律意识让部分网友开始注意自身的言论和表态，但不够彻底的新闻专业意识却使得这些看似权威和公正的信息源在追捧之下更容易导致扩散。网民即使在明确得知原信息为谣言的情况下，也多采取消极方式转发谣言，只有少部分网民会积极参与到辟谣信息的转发中。在一定的时间段内，谣言得不到最快最有效的遏制。这就要求网民提高媒介素养，尤其是增强自媒体责任感和信息批判能力，具有理性和建设性思维，以使微博自组织有更良性的运行空间和发展前景。

---

① 吴焰：《警惕"宽容失误"下的"媒体失范"》，《新闻记者》2009 年第 7 期，第 38 页。

第六章

突发公共事件微博传播的影响力评估

……

微博在中国社科院出版的 2011 年《社会蓝皮书》中被评价为"杀伤力最强的舆论载体",其一大特点就是"强烈关注时事"。① 突发公共事件发生后,微博以其独特的"裂变循环式"传播方式,形成公共话语空间和强大的传播影响力,从而引发线上和线下舆论的强烈关注,在一定程度上、一定范围内影响了突发公共事件的进展与治理。想正确评估突发公共事件的微博传播影响力,需要一套比较全面完整的评估指标体系。

第一节　微博传播影响力评估指标确立的理论与方法基础

为比较科学、合理地建构突发公共事件的微博传播影响力指标体系,我们选取层次分析法(AHP)、概念提炼法和事件分析法(EAM)作为思想来源。其中层次分析法从理念上将突发公共事件的微博传播影响力评估指标体系确立为一个多目标、多层次的模型,并能对这一模型进行可操作性的实施和验证。概念提炼法基于"传播影响力"核心概念,从宏观上将传播影响力分为知名度、活跃度、名誉度和反应度四个一级指标。事件分析法从微观上对这四个一级指标做进一步细分考察,使构建的层次模型更具严谨性和针对性。

一、层次分析法

层次分析法是由美国匹兹堡大学教授萨蒂(T. L. Saaty)在 20 世纪 70 年代提出的,是一种定性和定量分析相结合的综合性研究方法。它主要将复杂的问题分为多个因素,而这些因素又进一步细分,按照目标层、准则层、指标层排列起来,形成一个多目标、多层次的模型。②

层次分析法一般有以下六个步骤:①建立层次结构模型;②构造两两比较

---

① 汝信、陆学艺、李培林:《社会蓝皮书:2011 年中国社会形势分析与预测》,社会科学文献出版社 2011 年版,第 187－208 页。

② 杜占江、王金娜、肖丹:《构建基于德尔菲法与层次分析法的文献信息资源评价指标体系》,《现代情报》2011 年第 4 期,第 10 页。

判断矩阵；③设计专家权重咨询表；④回收问卷与统计数据；⑤进行层次单排序；⑥进行层次总排序。在构造两两比较矩阵的时候，需要邀请专家对各影响因素的重要性进行评定，依据的是萨蒂1－9标度评分标准（见表6－1）。

表6－1　萨蒂1－9标度评分标准

对比分值	相对重要程度	说明
1	同等重要	g因素与h因素同样重要
3	稍微重要	g因素比h因素略重要
5	相当重要	g因素比h因素较重要
7	非常重要	g因素比h因素非常重要
9	绝对重要	g因素比h因素绝对重要
2、4、6、8	两相邻程度的中间值	折中时采用的分值
g相对h的重要性与h相对g的重要性刚好相反		

二、概念提炼法

我们可以从"影响力"这个核心概念的内涵中挖掘出几个相关的主体指标。影响力是"一事物对其他事物的无形作用力的总和"，其实质就是"有意或无意、显性或隐性地发出各种信息，干预受影响者的认知、判断、情感、决策和行为"。影响力是难以直接测定的，特别是难以在短时间内对相关的人进行无干扰的测定。但是，我们可以通过影响力所造成的后果，尤其是通过有关对事物的反映来决定影响力的范围、大小、性质、走向与结果等。[①] 据此，我们可用知名度来考察影响力的范围或大小，用名誉度来考察影响力的性质（积极还是消极评价），用活跃度来考察影响力的走向，用反应度来考察影响力的结果等。

三、事件分析法

美国加利福尼亚大学教授 Vivek K. Singh 等人（2010）提出了基于微博的

[①] 吴力群：《影响力的信息测度》，《现代情报》2009年第4期，第75页。

事件分析法。事件分析法指即时地按照时间、空间、主题等要素将分散的用户数据结合起来，同时将大量的异类数据转换成人们可认知的知识以应用于自动化的控制和反应。事件分析法的六个方面包括结构（structural）、时间（temporal）、空间（spatial）、信息（informational）、经验（experiential）、因果（causal）（见图 6-1）。① 结构主要考察人口统计学特征，时间主要考察传播的速度或时长，空间主要考察传播的范围，信息主要考察议题敏感性、意见倾向性、议题裂变性等，经验主要考察资历、号召力等（如粉丝数量），因果主要考察传播引发传统媒体的报道或政府相关部门的反应等。

图 6-1　事件分析法的六个方面

第二节　微博传播影响力评估指标体系的建构

一、评估指标的具体设定

以三个主要的思想来源为基础，结合目前网络舆情研究的相关成果，通过考察众多重大突发事件在微博上的传播状况，我们初步尝试建构了突发公共事

---

① SINGH V K, GAO M, JAIN R. Event analytics on microblogs. World wide web, 2007 (10).

件的微博传播影响力评估指标体系，共分为 4 个一级指标，11 个二级指标，35 个三级指标。

1. （传者）知名度

该指标考察传者的相关信息，即影响力的范围或大小。从数量和质量两方面看，知名度可分为传者的粉丝数量和人口统计学特征。粉丝数量指标又可细分为意见领袖粉丝数、媒体粉丝数和普通用户粉丝数。一般而言，意见领袖和媒体的粉丝数大于普通用户的粉丝数。人口统计学特征指标细分为职业结构、学历结构和地域分布三个指标。通过该指标，可以了解传者的相关信息，及时把握传播的源头、主体、范围等方面的实时信息。

2. （传播）活跃度

该指标考察传播过程的状况，即影响力的走向，可分为发布量、回复量、转发量和传播载体。发布量指用户针对某一突发公共事件发布的信息或评论的数量，具体通过总发布量、日均发布量和最高日发布量三个指标进行衡量。回复量主要指微博用户对其他用户所发布的信息进行评论的数量，通过总回复量、日均回复量、最高日回复量三个指标来衡量。转发量主要考察微博用户对某一信息进行转发的数量。传播载体主要考察信息在微博平台上是以何种方式传播的，包括文字、图片、视频和多媒体等。

3. （议题）名誉度

该指标考察传播议题的状况，即影响力的性质，涉及议题敏感性、态度倾向性和议题裂变性。议题敏感性主要反映微博用户评价该事件时指向某领域的敏感程度，可以从政治性、经济性、社会（道德）性三个方面考察。态度倾向性主要指受众对某一事件的看法是持支持、中立还是反对的态度。议题裂变性主要考察突发公共事件的四个主要类型（即自然灾害、事故灾难、公共卫生和社会安全）衍生交叉出现的状况。议题裂变性可能仅仅限于事件本身的类型，也可能由单一类型衍生为多种类型的危机事件，如日本海啸这样的自然灾害事件裂变为事故灾难（如核辐射）、公共卫生事件（如食品安全）和社会安全事件（如抢盐）。某一事件可裂变的其他类型越多表明其影响力越大。

4. （效果）反应度

该指标考察传播效果的状况，即影响力的结果。当微博中关于突发公共事件的讨论形成舆论时，一方面会引起相关政府部门的重视并作出相关反应，包括政府回应、实际调查、解决问题等方面；另一方面会引起传统媒体、网络媒体和境外媒体的关注和报道。以上两方面在很大程度上体现了微博传播的效果。

二、评估指标的权重排序

在比较全面、具体地确立微博传播影响力评估指标后，需要通过层次分析法的关键步骤对这些指标进行权重排序。我们设计了微博传播影响力权重咨询表、等级咨询表和两两比较判断矩阵的调查问卷，通过微博私信、邮件、当面派发等方式邀请专家学者填写问卷，共邀请到复旦大学、中国传媒大学、武汉大学、华中科技大学、上海交通大学、兰州大学、云南大学等校的18位网络传播学研究者。实际派发问卷18份，回收有效问卷15份，回收率为83.3%。本研究主要利用层次分析法软件对数据进行处理。将15位专家的问卷数据录入该软件，计算出指标体系中目标层、准则层和指标层的权重，从而算出总排序权重，即④（总排序权重）＝①（一级指标权重）×②（二级指标权重）×③（三级指标权重）。通过对问卷数据的整理统计、归一化处理和一致性检验，最终确定各个影响因子的权重与排序（见表6-2）。

表6-2 微博传播影响力评估指标的权重排序

一级指标	权重①	二级指标	权重②	三级指标	权重③	总排序权重④	排序
知名度（A1）	0.364 4	粉丝数量（B1）	0.617 7	意见领袖粉丝数（C1）	0.502 3	0.113 063	1
				媒体粉丝数（C2）	0.350 4	0.078 871	2
				普通用户粉丝数（C3）	0.147 3	0.033 156	11
		人口统计学特征（B2）	0.382 3	职业结构（C4）	0.432 0	0.060 182	3
				学历结构（C5）	0.356 8	0.049 706	4
				地域分布（C6）	0.211 2	0.029 422	15

（续上表）

一级指标	权重①	二级指标	权重②	三级指标	权重③	总排序权重④	排序
活跃度（A2）	0.172 1	发布量（B3）	0.264 7	总发布量（C7）	0.400 4	0.018 240	22
				日均发布量（C8）	0.326 4	0.014 869	25
				最高日发布量（C9）	0.273 2	0.012 446	29
		回复量（B4）	0.257 8	总回复量（C10）	0.431 8	0.019 158	19
				日均回复量（C11）	0.298 6	0.013 248	27
				最高日回复量（C12）	0.269 6	0.011 961	30
		转发量（B5）	0.307 6	总转发量（C13）	0.428 9	0.022 705	18
				日均转发量（C14）	0.318 4	0.016 855	24
				最高日转发量（C15）	0.252 7	0.013 377	26
		传播载体（B6）	0.169 9	文字比例（C16）	0.159 3	0.004 658	35
				图片比例（C17）	0.230 7	0.006 746	34
				视频比例（C18）	0.292 3	0.008 547	32
				多媒体比例（C19）	0.317 7	0.009 289	31
名誉度（A3）	0.256 8	议题敏感性（B7）	0.444 4	政治性评价（C20）	0.343 4	0.039 189	8
				经济性评价（C21）	0.260 7	0.029 752	14
				社会性评价（C22）	0.395 9	0.045 181	6
		态度倾向性（B8）	0.337 4	支持数量（C23）	0.460 7	0.039 917	7
				中立数量（C24）	0.210 7	0.018 256	21
				反对数量（C25）	0.328 6	0.028 471	16
		议题裂变性（B9）	0.218 2	自然灾害（C26）	0.139 1	0.007 794	33
				事故灾难（C27）	0.224 0	0.012 552	28
				公共卫生（C28）	0.309 5	0.017 342	23
				社会安全（C29）	0.327 5	0.018 351	20

（续上表）

一级指标	权重①	二级指标	权重②	三级指标	权重③	总排序权重④	排序
反应度（A4）	0.206 7	部门重视（B10）	0.493 3	政府回应（C30）	0.224 7	0.022 912	17
				实际调查（C31）	0.301 3	0.030 722	13
				解决问题（C32）	0.474 1	0.048 342	5
		媒体报道（B11）	0.506 7	传统媒体（C33）	0.315 7	0.033 065	12
				网络媒体（C34）	0.354 3	0.037 108	9
				境外媒体（C35）	0.330 0	0.034 563	10

从表6-2中，我们可以看出，微博影响力的一级指标中，知名度占36.44%，活跃度占17.21%，名誉度占25.68%，反应度占20.67%。二级指标中，粉丝数量（0.617 7）、议题敏感性（0.444 4）、部门重视（0.493 3）、媒体报道（0.506 7）等指标的权重都在0.5左右，直接左右着突发公共事件的微博传播影响力。三级指标中，意见领袖粉丝数（0.502 3）、职业结构（0.432 0）、总发布量（0.400 4）、总回复量（0.431 8）、总转发量（0.428 9）、支持数量（0.460 7）、解决问题（0.474 1）等指标也占有重要的比重（都在0.4以上），在突发公共事件的微博传播影响力上也不可小觑。

三、传播影响力的评价等级

突发公共事件微博传播影响力评价分为四个等级：轻度级、警示级、严重级、危险级，分别用蓝、黄、橙、红四个颜色加以区分。根据综合分值大小确定其对应的区间，可得出影响力监测级别，并适时作出动态预警，为决策者提供决策支持。根据专家的赋值（分值在0~1），我们最后确立了突发公共事件微博传播影响力的评价等级（见表6-3）。

表6-3　突发公共事件微博传播影响力的评价等级

Ⅳ级（蓝）	Ⅲ级（黄）	Ⅱ级（橙）	Ⅰ级（红）
轻度级	警示级	严重级	危险级
0～0.25	0.26～0.50	0.51～0.75	0.76～1

第三节　突发公共事件中微博传播影响力的实证分析

为验证突发公共事件的微博传播影响力评估指标体系及其权重赋值和评价等级的合理性，我们以2011年下半年发生在广东的两个突发公共事件——乌坎事件和海门事件为案例进行实证分析。

一、数据统计

我们连续跟踪了两个突发公共事件的进展，通过新浪微博实时搜集相关信息资料。其中，乌坎事件的信息搜集从2011年9月21日起开始统计，到2011年12月30日截止，搜索关键词有"乌坎事件""WK"等。海门事件的信息搜集时间为2011年12月20—24日，搜索关键词有"海门事件""海门、环境污染"等。对于无法获得的个别数据，我们只能凭主观经验进行赋值。由于各指标的单位不统一，因此在计算传播影响力时必须首先要进行归一化处理，具体的做法为：将每项指标中值最大的数据作为1，其他数据按比例计算；然后将计算所得的值与该指标权重相乘再求和。最终结果显示，乌坎事件总得分为0.530223，表明该事件处于严重级；海门事件总得分为0.453002，表明该事件处于警示级。

二、比较分析

根据乌坎事件和海门事件中具体指标的数据统计，两者微博传播影响力的形成基于如下几方面的原因。

第一，传者知名度方面，普通用户粉丝数得分都比较高（权重分别为 0.6 和 0.8），分布的地域比较集中，大多为广东省用户（权重分别为 0.9 和 0.8），可见两起事件的影响力主要在省内，并没有成为全国性事件，地域性比较显著。但意见领袖方面，乌坎事件中有"于建嵘"（133 万）、"笑蜀"（36 万）、"徐昕"（8 万）等名人，而关注海门事件的意见领袖明显少于乌坎事件，致使两者的权重相差较大（前者为 0.7，后者为 0.3）。

第二，传播活跃度方面，无论在哪个指标上，乌坎事件的指标权重都要超过海门事件，基本上都处于 0.6 以上，表明乌坎事件传播的活跃度高于海门事件。

第三，议题名誉度方面，两者都属于社会安全类突发群体性事件，但受关注的领域不同，乌坎事件的评论大多衍生到政治、经济等领域，对该事件的发生持支持态度的权重达到 0.7，远超海门事件的 0.2。

第四，效果反应度方面，传统媒体大多表现失声，境外媒体表现活跃（权重均达到 0.8）。乌坎事件和海门事件发生之后，因存在各方阻力，传统媒体未能及时介入报道，省内特别是当地媒体也选择沉默。相反，境外媒体表现活跃，中国香港主要媒体及英国《卫报》、英国 BBC、日本报社等都进行了报道。在政府反应方面，乌坎事件中，地方政府对事件的真相一直未公开透明，导致整个事件拖延较久，直到省委省政府介入后才逐步得到缓和。海门事件之后，当地政府能够及时听取群众的利益诉求，有效采取应对措施，使整个事件得以尽快平息。

三、对策建议

影响突发公共事件的微博传播影响力的因素众多，对突发公共事件的微博传播管理也需要多方合力。在这两个突发公共事件中，就政府角色而言，要有力地控制传播活跃度和提高议题名誉度，可从传者知名度和效果反应度方面采取一些针对性的措施以减少微博传播影响力带来的消极影响。

第一，传者知名度方面，要尽量利用好"意见领袖舆论场"和"传统媒体舆论场"，必要时公开邀请意见领袖、相关媒体、草根网民组成观察调查团到现场了解事件处理的过程。这些观察人员的微博相当于当地的一个新闻发布会，让事件的来龙去脉处于直播状态，既能消除民众对事件的不确定性，也能减少网民对事件和政府的非理性、负面的评论。

第二，效果反应度方面，要巧妙地处理好信息控制和开放的关系。地方政府部门要有网络媒介素养和网络执政能力，建立微博舆情信息发布、监测、应对机制，要适度、灵活、有节奏地传播真实、有效的信息，防止"一控就死、一放就乱"的局面，及时介入调查并采取有力措施促进事件的解决。

突发公共事件的微博传播影响力评估指标体系还存在一些不合理的地方，有待今后不断完善修正。微博传播影响力的研究还需要自动采集、分析和处理微博舆情数据信息，这涉及互联网搜索、统计分析、数据挖掘以及人工智能等领域，而在这个过程中将会遇到一些技术上的难点与问题，需要我们接下来进一步去探究。

第七章

突发公共事件网络舆情的治理机制

……

突发公共事件网络传播的问题不仅是网络本身的问题，更多的是一个社会政治框架的问题。如果不在现实政治框架和社会运行机制上解决问题，那么即使对互联网进行强势管制，网络传播中的各种负面问题依然存在。党的十八届三中全会公报提出，"要改进社会治理方式，激发社会组织活力，创新有效预防和化解社会矛盾体制，健全公共安全体系"。党的十九大报告指出，"加强社会治理制度建设，完善党委领导、政府负责、社会协同、公众参与、法治保障的社会治理体制，提高社会治理社会化、法治化、智能化、专业化水平。加强预防和化解社会矛盾机制建设，正确处理人民内部矛盾"。因此，突发公共事件网络传播的问题需要以一种创新方式来加以思考。从信息传播管理的角度看，突发公共事件网络传播的问题需要协同治理的思维。协同治理理论是一种新兴的理论，它是自然科学中的协同论和社会科学中的治理理论的交叉理论。

协同治理理论有以下主要特征：①治理理论的前提是存在着一个开放的复杂的社会系统，在这个系统中存在着多元化的行为体，这既包括政府组织，也包括非政府组织；②在社会系统中的各个行为体之间存在着交流与互动，它们之间的关系是竞争与协作，而且这种竞争与协作建立在信任与共利的基础之上；③社会系统竞争与协作的过程中，会产生与国家具有相对独立性的自主的自组织网络，这种自组织网络是一种新的系统模式或者结构，而且自组织应该成为治理过程中的协调模式之一；④治理过程中的系统协作不仅是一种资源分配的过程，更重要的是一种分配规则（或是游戏规则）的建立过程，也可以说，治理是关于游戏规则的活动；⑤治理与秩序是分不开的，治理的直接目标是形成某种稳定的秩序（或者是平衡的结构），它的根本目标是促进公共利益最大化（系统的功效达到优化）。①

多元化的行为体主要是利益相关者。弗里曼（R. Edward Freeman）认为："利益相关者是能够影响一个组织目标的实现，或者受到一个组织实现其目标过程影响的所有个体和群体。"② 在突发公共事件网络传播治理中，应该准确定位、区分对待和合理利用不同类型的利益相关者，建立起利益相关者协同机制，避免眉毛胡子一把抓。应高度重视核心的利益相关者，他们是决定舆情走向的重要主体；积极引导边缘的利益相关者，使其成为应对突发公共事件的协助者

---

① 李汉卿：《协同治理理论探析》，《理论月刊》2014 年第 1 期，第 141 页。

② FREEMAN R E. Strategic management: a strategic approach. Pitman, 1984.

而不是阻碍者或旁观者；密切关注潜在的利益相关者，避免其因不满而使事件恶化。①

2018 年 4 月 21 日，习近平在全国网络安全和信息化工作会议上强调，要提高网络综合治理能力，形成党委领导、政府管理、企业履责、社会监督、网民自律等多主体参与，经济、法律、技术等多种手段相结合的综合治网格局。突发公共事件的网络舆情治理，由政府部门、网民群体、专业媒体、网络传播平台、意见领袖和社会组织等各种利益相关者共同合力构成协同系统：政府部门是治理的主力，网民群体是治理的动力，专业媒体是治理的聚力，网络传播平台是治理的引力，意见领袖是治理的推力，社会组织是治理的助力（见图 7－1）。

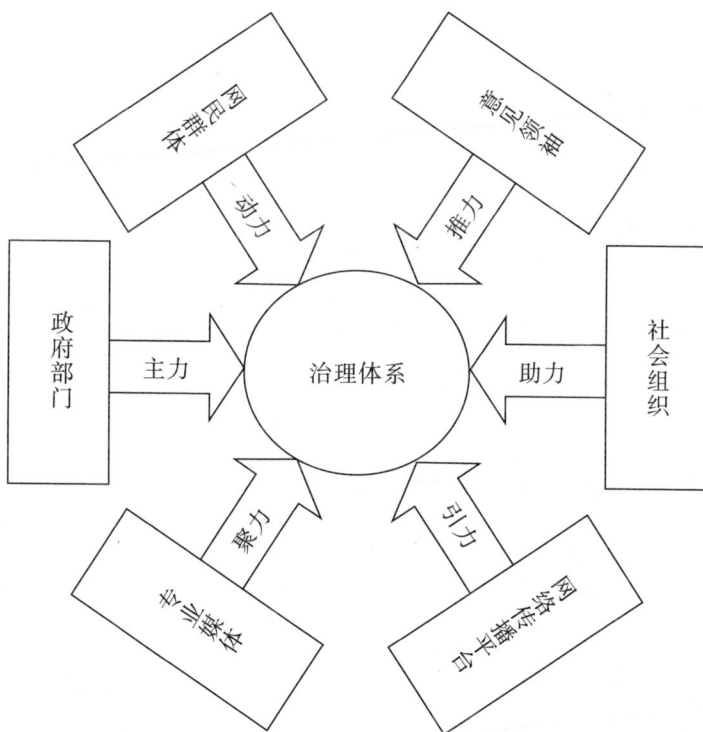

图 7－1　突发公共事件网络舆情的治理机制

①　任立肖、张亮：《食品安全突发事件网络舆情的分析模型——基于利益相关者的视角》，《图书馆学研究》2014 年第 1 期，第 69 页。

第一节　政府部门是治理的主力

突发公共事件网络舆情影响着政府公信力的塑造。在突发公共事件中，政府公信力取决于社会公众对事件真相信息、政府处理行为信息与自我感知信息的对称性评价。在自媒体时代，提升政府在突发公共事件中的公信力，需要解决政府与社会公众之间的信息不对称问题。政府需要动态识别社会公众的信息需求，并采取回应性信息传播机制，提升社会公众的专业思辨能力与知识素养，以减少社会舆论"失调"和行为"失范"。[①]

政府部门作为突发公共事件网络舆情治理的主力，担负着众多的管理职责。从硬治理看，政府应大力推进信息公开法规建设，强化对即时通信工具的监管；从软治理看，政府应重视提升信息发布质量，加大对网络舆情的引导力度。

一、推进信息公开制度建设，强化互联网思维

长期以来，以捂、堵、压、拖、赔为主的传统刚性维稳模式存在严重缺陷。当发生突发公共事件或群体性事件时，政府部门或官员对网民诉求的回应往往存在如下种种误区：沉默（"鸵鸟政策"、拖字诀）、寻找借口（包括求助于偶然性，特殊情况，不了解情况，生理或非理性驱动力，推诿他人即找替罪羊如临时工、实习生、非专业人员等）、否认辩解（如否认存在的事实、否认自身原因、否认造成伤害、否认行为对象是受害者、认为自己是受害者、对谴责者提出谴责、求助于忠诚等公共道德与公共利益因素）、事先声明（包括闪烁其词、以身份名誉等作保证、允许适度的过失等）、利用第三方（中立方）、转移焦点（顾左右而言他）、秒杀（未经调查，迅速处理、切割）等。诸如此类的种种误区，不仅无助于有效回应网民的相应诉求，反而会在一定程度上激化网民的愤怒情绪，使得政

[①]　王明：《论公共突发事件中信息传播的对称性与政府公信力》，《情报杂志》2015年第12期，第116页。

府与网民之间的矛盾进一步加深，不断助长网络社会中存在的"上访不如上网""不闹不解决""小闹小解决""大闹大解决"的心理预期，从而陷入"越维越不稳"的怪圈和"老百姓老不信"的"塔西佗陷阱"。

依法行政，强化信息公开并追究问责弄虚作假行为，严控执法的随意性是减少政府行为与公众期望之间的"失调"、提升政府公信力的基础。由于2003年非典的冲击，我国政府加强了对突发公共事件的研究和立法工作，相继出台了《国家突发公共事件应急总体预案》《中华人民共和国突发事件应对法》《中华人民共和国信息公开条例》等100多部涉及突发公共事件应急的法律、法规或部门规章。尽管这么多的相关法律、法规和政策性文件已经出台，但是仍然存在诸多难以执行的问题。例如在《政府信息公开条例》等相关信息公开的法律规制中存在对信息公开方式、信息公开时间、信息公开范围的规定过于笼统、模糊等问题；由于政府主动公开信息意识欠缺、新闻发言人等相关制度不完善，造成信息公开不及时、信息公开内容流于形式等问题；没有充分利用好网络媒体资源，造成信息公开渠道不畅，加上缺乏对网络传播媒介的有效引导和管制，造成在事件信息的网络传播中出现媒体缺席，或是一些媒体、论坛对事件信息推迟报道、片面报道、主观解读、炒作的问题。当前信息公开法规建设的重点应做好如下几点：

1. 明确依法公开信息的领域

进一步拓展主动公开内容，坚持以公开为常态、不公开为例外原则，依法依规做好公开工作。依法公开的要坚决公开，依法不能公开的要保守机密，必要时也要向社会解释说明不公开的法律依据。

国务院办公厅2015年4月印发了《2015年政府信息公开工作要点》，明确将推进行政权力清单，财政资金信息，公共资源配置信息，重大建设项目信息，公共服务信息，国有企业信息，环境保护信息，食品药品安全信息，社会组织、中介机构信息共9个重点领域信息的公开工作。

2016年2月，中共中央办公厅、国务院办公厅印发《关于全面推进政务公开工作的意见》，要求推进政务阳光透明，包括推进决策公开、推进执行公开、推进管理公开、推进服务公开、推进结果公开、推进重点领域信息公开；扩大政务开放参与，包括推进政府数据开放、加强政策解读、扩大公众参与、回应社会关切、发挥媒体作用；提升政务公开能力，包括完善制度规范、建立政务公开负面清单、提高信息化水平、加强政府门户网站建设、抓好教育培训；强化保障措施，包括加强组织领导、加强考核监督。

2016 年 8 月，国务院办公厅下发 61 号文件《国务院办公厅关于在政务公开工作中进一步做好政务舆情回应的通知》，提出领导干部要带头宣讲政策，特别是遇有重大突发事件、重要社会关切等，主要负责人要带头接受媒体采访，表明立场态度，发出权威声音，当好"第一新闻发言人"。建立健全政务舆情收集、研判、处置和回应机制，加强重大政务舆情回应督办工作，开展效果评估。对涉及本地区本部门的重要政务舆情、媒体关切、突发事件等热点问题，要按程序及时发布权威信息，讲清事实真相、政策措施以及处置结果等，认真回应关切。依法依规明确回应主体，落实责任，确保在应对重大突发事件及社会热点事件时不失声、不缺位。

2016 年 11 月，国务院常务会议讨论通过《〈关于全面推进政务公开工作的意见〉实施细则》，强调部门主要负责人是"第一解读人和责任人"，要敢于担当，通过发表讲话、撰写文章、接受访谈、参加发布会等多种方式，带头解读政策，传递权威信息。遇有重大突发事件和重要社会关切，相关部门主要负责人要及时主动参加吹风会，表明立场态度，发出权威声音。

《国务院办公厅关于印发 2017 年政务公开工作要点的通知》《国务院办公厅关于印发 2019 年政务公开工作要点的通知》都指出，紧紧围绕党和政府中心工作及群众关注关切，着力提升政务公开质量，加强政策解读和政务舆情回应，深化重点领域信息公开，完善政务公开制度规范，以公开稳预期、强监督、促落实、优服务，进一步提高政府治理能力，切实增强人民群众满意度、获得感，为促进经济持续健康发展和社会大局稳定发挥积极作用。

2. 建立健全回应处置机制和问责制度

在突发公共事件爆发初期，首先，政府应成立相关处置领导小组，明确职责和分工，并制订合理的行动计划，包括行动时间表；其次，应向社会公众公开承诺处理事件的时间进度安排，避免事态激化，让社会公众信任政府并对政府行动有清晰的期待；最后，应利用政府信息管理系统，构建回应性信息传播机制，适时对社会舆论和公众信息需求进行调查分析和信息采集，并通过应急信息互动平台或日常信息渠道（如政府官网、政务微博微信）向社会公众及时披露事件真相，公布政府行动成效和下一步安排，把公众的期待转化为切实行动，以行动换取信任。①

舆情应急处置部门要常备有舆情监测预判机制（必要时启动联席会议制度）、热点敏感点问题单及基本应急预案、舆情报告报送机制、领导批示和催办制度、舆情应急处置机制、舆情回应发布机制（新闻发言人制度）、舆情回应效果评估与归档制度、考核评比激励制度等。

《2015 年政府信息公开工作要点》指出，要建立健全政府信息公开工作考核评议制度，强化问责制度，定期开展社会调查评议，了解社情民意，不断改进公开工作。建立政府信息公开举报办理工作制度，强化信息公开工作主管部门的监督职责，对经举报查实的有关问题，要严格依据《中华人民共和国信息公开条例》规定进行处理。地方和部门可根据工作需要在信息公开领域建立政府法律顾问制度，发挥法律顾问专业优势，提高信息公开专业化、法制化水平。但是目前我国没有设立专门的行政问责机构，突发公共事件中的行政问责还存在着问责意识淡薄、缺少程序性问责、缺少操作性以及问责结果处理不力等问题。因此，在具体的突发公共事件管理中，政府应该加快建立先进的行政问责理念，加强问责制度立法，建立统一规范的法律体系，常设专门的突发公共事件行政问责机构，从而形成统一的、标准的、规范化的问责制度，采用更加定性和科学的评价方法，增强可操行性和合理性。

3. 加强组织领导和机构队伍建设

党的十八大以来，习近平高度重视领导干部的网络舆论引导能力建设。他在党的十九大报告中指出，"全面增强执政本领"，"善于运用互联网技术和信息化手段开展工作"。在网络安全和信息化工作座谈会上指出，"各级党政机关和领导干部要学会通过网络走群众路线"。在中共中央政治局就实施网络强国战略进行第三十六次集体学习时指出，"各级领导干部要学网、懂网、用网，积极谋划、推动、引导互联网发展。要正确处理安全和发展、开放和自主、管理和服务的关系，不断提高对互联网规律的把握能力、对网络舆论的引导能力、对信息化发展的驾驭能力、对网络安全的保障能力"。在党的新闻舆论工作座谈会上强调，"领导干部要增强同媒体打交道的能力，善于运用媒体宣讲政策主张、了解社情民意、发现矛盾问题、引导社会情绪、动员人民群众、推动实际工作"。

---

① 王明：《论公共突发事件中信息传播的对称性与政府公信力》，《情报杂志》2015 年第
12 期，第 119 页。

要严格制定并规范政府信息发布人员的考核评价指标，制定相应的奖惩机制以及严格的进入退出机制。对政府相关信息发布人员的选拔，要录用具备相应技能和知识的专业人才。同时，可考虑实施上岗资格认证，提升入职门槛，强调专业技能，保证信息发布人员队伍的专业性。《2015年政府信息公开工作要点》强调，要理顺工作关系，减少职能交叉，加强专门机构建设和人员配备，统筹做好信息公开、政策解读、舆情处置、政府网站、政务微博微信和政府公报等工作，并在经费、设备等方面提供必要保障。把信息公开列入公务员培训科目，加大各级政府尤其是市、县级政府相关工作人员培训力度，不断提升工作能力和水平。媒介素养教育要进党政部门办公室，单位全员尤其是领导干部都要进行教育培训，提高"媒商"。管理者要具备舆情应对的思维、方法、手段等基本素养。在舆情事件面前，不想讲、不敢讲、不愿讲、不会讲，都是缺乏媒介素养的表现。

要建立协调统一的指挥组织机构。一般突发公共事件的舆情处置，可由涉事相关部门完成。重大突发公共事件的舆情处置，由宣传、网信部门协调涉事部门、维稳办、公安局、应急办、新闻出版部门、电信部门、新闻媒体等相关部门。要确立好突发公共事件的主要处置、调查部门，如涉及多个部门，最好选择最有直接利益相关部门，但也要看具体情境下的公众关注点。如校园发生的血案，如果公众从教育的角度关注，可以由教育部门牵头调查，如果公众从案件调查的角度关注，可以由公安部门牵头调查。即突发公共事件的主管部门通常由不存在利益冲突且直接主管，并且符合公众心理预期的部门来负责牵头调查处置。在新闻发布方面也要遵循"谁主管、谁发布"原则及明确角色和责任担当。危机处置部门是站在前面的，宣传部门的工作是统筹协调，是站在后面的，不要随便把宣传部门推出去。

二、具备互联网思维，通过网络走群众路线

传统媒体视阈中，政府对社会舆情的治理理念是"管制"，即严格限制负面言论的流出。但在新媒体时代，负面言论是限制不住的。常用的方法是封锁消息、堵塞不同声音、设置"敏感词"等，这种方法对于那些具有恶意煽动性的言论，尤其是带有错误政治倾向的言论，是很有必要的，而一般的负面情绪可能只是公众的心理反应，政府要有开放和包容的心态，将"善治"作为网络

舆情治理的基本理念。《道德经》说："上善若水。水善利万物而不争，处众人之所恶，故几于道。居善地，心善渊，与善仁，言善信，正善治，事善能，动善时。"政府网络舆情治理必须秉持"善治"理念，面对"汹涌"民意，一味压制和封堵信息，只会导致舆论倒向负面的一方。①

习近平多次强调互联网思维的重要性。2013 年 11 月 15 日，习近平在《关于〈中共中央关于全面深化改革若干重大问题的决定〉的说明》中强调，"要坚持'学习、开放、包容'的心态，深入研究利用网络平台、移动终端，发挥新媒体的传播特征，运用互联网思维，把舆论引导工作由平面引向立体、由单向引向多维、由抽象引向鲜活"。2014 年 8 月 18 日，习近平在中央全面深化改革领导小组第四次会议上强调，"推动传统媒体和新兴媒体融合发展，要遵循新闻传播规律和新兴媒体发展规律，强化互联网思维，坚持传统媒体和新兴媒体优势互补、一体发展"。2015 年 12 月 25 日，习近平在视察解放军报社时指出，"要研究把握现代新闻传播规律和新兴媒体发展规律，强化互联网思维和一体化发展理念"。

互联网思维指在互联网新技术发展条件下，对市场、用户、销售、产品、生产等要素进行重新审视和定义的全新思维，主要包括：用户思维（有助于信息发布的责任心）、极致思维（有助于信息发布的精细严谨）、换代思维（有助于信息发布的更新意识）、社会化思维（有助于信息发布的开放包容）、大数据思维（有助于信息发布的整体预见性）、平台思维（有助于信息媒介的融合性）、情感思维（有助于信息发布的实效性、人性化、情怀温度）、场景思维（有助于信息发布的情境性）。这些互联网思维对引导突发公共事件网络舆情具有重要的启示。

当前我国政府在处理突发公共事件时，仍然遵循的是"政府主导制"，新闻媒介组织、中立的第三方组织以及普通公众参与事件处理仍然存在渠道少、参与面低、约束条件多等问题，尤其在对政府"不利"的突发公共事件中，表现更为突出。事实上，在涉及政府公信力的突发公共事件中，独立的外部监督主体的参与是减少公众信息不对称、赢得公众信任的重要路径，因此，政府部门应该鼓励并邀请中立的第三方组织或"志愿者"参与事件的调查取证，并及

---

① 尚红利：《自媒体时代网络舆情政府治理的困境及其消解》，《行政论坛》2016 年第 2 期，第 59 页。

时向社会公布调查结果，让社会公众拥有真实完整的信息去客观评价事件真相和政府效能，减少信息不对称带来的误判误读，同时也可以有效防控谣言流言的传播，尤其防控一些所谓的"意见领袖"的蓄意不实言论通过网络的迅速放大而"扭曲"社会整体认知。① 2009 年 2 月，云南"躲猫猫"事件中，云南省委宣传部发布公告，请网友会同公检法机关组成"调查委员会"，参与调查"躲猫猫"真相。这一做法开邀请网民参与重大敏感问题调查之先河，体现了对网民的重视与尊重，是满足公民知情权的一种尝试。当然，质疑者也有之，认为如此做法"有作秀之嫌""瞎折腾""闹剧""政府找的托""没有法律意义或效力"。

三、注重信息发布质量，建设回应型政府

纵观近年政府对突发公共事件的舆情回应，与以往相比，由过去的无视、回避、惧怕状态到今天的主动疏导、尊重民意，但仍在速度、准度、精度、温度、力度等方面存在不足，如"选择性回应、公关式回应、简单粗暴回应、敷衍了事回应"时有发生。舆情回应最能考验各级政府的舆情应对能力，也最能体现政府的社会治理水平。众声喧哗的网络舆论时代要求政府舆情部门人员必须掌握舆情回应的规范、规律和技巧，做到既"先声夺人"又"真实准确"，既"回应关切"又"温暖担当"，与网民积极沟通，营造和谐的网络空间。②

信息公开是前提，信息发布质量是关键。人际欺骗理论（IDT）认为，"人们可以通过操纵其信息的真实性、完整性、直接性、相关性和个性化，来选择隐瞒、歪曲、错误呈现、混淆视听，或者在其交流中避免传递信息等方式"③。信息发布如果只是讲形式、虚摆设，还停留在以往虚报、瞒报、迟报、模糊、遮掩等老套上，反而进一步恶化突发事件的发展，不仅让老百姓"老不信"的刻板印象根深蒂固，更是对政府形象和公信力的严重损害，使得"塔西佗陷阱"越陷越深。

---

① 王明：《论公共突发事件中信息传播的对称性与政府公信力》，《情报杂志》2015 年第 12 期，第 119 - 120 页。

② 熊萍：《重大突发事件政务"舆情回应"存在的问题及应对路径》，《湖南社会科学》2018 年第 1 期，第 177 页。

③ ［美］莱斯莉·A. 巴克斯特、［美］唐·O. 布雷思韦特著，殷晓蓉等译：《人际传播：多元视角之下》，上海译文出版社 2010 年版，第 299 - 301 页。

突发公共事件网络舆情的政府治理，必须掌握其网络舆情基本规律，把握舆情的矛盾关系，以便对各个环节的问题进行有效调节。要正确认识和处理突发公共事件网络舆情传播过程中隐藏的主流与支流、顺流与逆流、显流与潜流、常流与变流4对矛盾关系。① 提高信息发布质量，根本要求就是把握时度效规律，提升网络舆情应对处置和引导能力。

（1）时：把握时机（及时与适时），解决"何时说"问题（关乎态度），掌握话语主动权。

习近平在网络安全和信息化工作座谈会上谈到"建设网络良好生态，发挥网络引导舆论、反映民意的作用"时指出，"对建设性意见要及时吸纳，对困难要及时帮助，对不了解情况的要及时宣介，对模糊认识要及时廓清，对怨气怨言要及时化解，对错误看法要及时引导和纠正"。

英国著名公关专家迈克尔·里杰斯特在其著作《危机管理》一书中提出了关于危机沟通的著名"3T"原则："tell you own tale"（以我为主提供信息），指政府要主动掌握信息的发布权，以我为主向公众发布权威的危机事件相关信息，防止谣言滋生。"tell it fast"（尽快提供信息），指危机发生后，政府要赶在谣言传播之前第一时间发布官方的权威信息。"tell all"（提供全部信息），指政府要把自己知道的与危机相关的所有信息毫无保留地告知公众，不论是正面信息，还是负面信息。但"快"不是越快越好，"全"不是越全越好，还得处理好相关问题，诸如时效性和时宜性、新闻价值与宣传价值如何协调，政府信息发布的第一时间如何把握，又如何判断和评价，有没有一个定量的区域标准，这些问题都应该在发布前仔细考虑。

危机公关还有个"4R原则"，即危机事件初期，新闻发布要侧重表达"遗憾"（regret）、"重视"（respect）等善意态度；危机事件中期，要逐步公开"救援"（rescue）或"赔偿"（restitution）等具体做法；危机事件后期，要在事件回复常态时及时公布"改革"（reform）或"恢复"（recovery）形象的相关措施。蒂莫西·库姆斯（Timothy Coombs）于1998年提出"危机情景传播理论"（situational crisis communication theory，SCCT），认为组织应该视不同的危机传播

----

① 王静：《信息标准化管理中供应链突发事件应急建模与协调机制研究》，《现代情报》2016年第1期，第135－140页。

情境，选择合适的危机响应策略来保护组织声誉。① SCCT 主要由三种要素组成，分别是危机情境、危机响应策略以及匹配不同的危机情境和危机响应策略的系统。② 他通过实验总结，将危机响应策略分为了三大类：否认型策略、弱化型策略和重建型策略，并具体细分了 10 个措施（见表 7 - 1）。

表 7 - 1　SCCT 响应策略类型及说明

响应策略	具体措施	解释
否认型 （denial）	攻击当事人 （attack the accuser）	正面回应危机事件的造成者或者负面评价者，声称他们的看法是错误的
	否认（denial）	否认危机的存在
	替罪羊（scapegoat）	将危机责任推卸给其他人或组织
弱化型 （diminish）	借口（excuse）	声称危机的发生来自于组织之外的其他因素
	辩解（justification）	最大限度地减少人们感知到的危机损害
重建型 （rebuild）	逢迎（ingratiation）	赞扬利益相关人的行为
	关心（concern）	对事件受害者表示关心
	同情（compassion）	对事件受害者表示同情
	遗憾（regret）	对事件的发生表示遗憾
	道歉（apology）	声称组织为事件负责，向公众道歉

此外，强调发布信息的时效性也有助于及时消除谣言。突发公共事件的发生或多或少总是伴随着谣言的发生，二者可谓"孪生兄弟"。很多时候，一则谣言往往成为助燃剂、导火索，使突发公共事件变质，酿成更为严重的群体性事件。突发公共事件的舆情治理也是谣言治理的过程。"权威信息发布得越早越能有效地控制谣言传播，权威信息发布者的权威性以及权威信息的公信力对谣

---

① COOMBS W T. An analytic framework for crisis situations: better responses from better understanding of the situation. Journal of public relations research, 1998, 10（3）: pp. 177 - 191; COOMBS W T. Helping crisis manager protect reputational assets: initial tests of the situational crisis communication theory. Management communication quarterly, 2002, 16（2）: pp. 165 - 186.

② COOMBS W T. The protective powers of crisis response strategies: managing reputational assets during a crisis. Journal of promotion management, 2006, 12（3 - 4）: pp. 241 - 260.

言传播的控制效果受权威信息发布时间点的影响较大。"① Yan 等人在 SCCT 模型基础上，研究了微博平台的突发公共事件危机沟通，提出了"微博中介的危机调节模型"（blog-mediated crisis communication model）。他们将基于博客的谣言突发公共事件生命周期划分为谣言产生、谣言信任、谣言转变和危机修复四个阶段，并将应急响应策略分为了基础、拒绝、减小、重建、加强和惩罚六类，指出应急管理者应该在突发公共事件的不同阶段采取相应的响应策略。②

　　总之，做好"时"的文章，就是要稳中求进、拿捏适度、掌握节奏、收放自如。事件发生时，要及时回应，表明态度。前期信息饥渴期，态度第一，措施第二，密集发布救援情况。你不说别人就说，你后说别人就先说，你乱说别人就更乱说。事件处置中，要适时发布，掌握节奏。中期探求真相期，通报最近进展，逐步发布事故原因，不断更新伤亡人数（生命高于一切），不断发布救援情况，不能只做不说，也不能只说不做，要边做边说，不断消除社会谣言。所谓公式"谣言＝事件重要性×信息不确定性"，在事件重要性这个客观条件无法改变的情况下，就要发挥主观能动性，依法公开信息，回应社会关切，消除信息不确定性。信息不公开，难免导致群众"不明真相"甚至成为"不法之徒"。事件平息后，要应时总结，修复形象。后期责任追究期，发布权威事故报告，公布相关责任追究措施，完善防范预警机制，实施整改方案。防止"回应有力、处置乏力"，"解释"层面与"解决"层面脱节的突出问题或烂尾现象。

　　比较 2018 年"天津大爆炸事件"和"深圳渣土滑坡事件"的案例（见表7－2），"深圳渣土滑坡事件"的舆情处置应对由于在"时"方面先声夺人，坚持"快速发布、直面热点、信息量大、有序可控"的原则，最终能转危为机，在突发公共事件面前展现了一个城市的危机应对能力和综合治理能力。

---

　　① 宋之杰、石蕊、王建：《权威信息发布对突发事件微博谣言传播的影响研究》，《情报杂志》2016 年第 12 期，第 41 页。

　　② JIU J，FISHER B. The blog-mediated crisis communication model：recommendations for responding to influential external blogs. Journal of public relations research，2010，22（4）：pp. 429－455.

表7-2　两个事件在"时"上的舆情应对比较

	天津大爆炸事件 （死165人，处分171人， 其中含5名省部级官员）	深圳渣土滑坡事件 （死73人，处分53人， 其中含11名厅局级官员）
发布时间	2015年8月13日3:52，事故发生（8月12日23:30左右）后的4小时，"天津发布"发布了第一则消息	2015年12月20日13:03，事故发生（11:40）后的1小时23分，"深圳消防铁军"发布第一则消息，称"光明长圳洪浪村煤气站旁发生山体滑坡"，并同时转发给"广东消防""深圳微博发布厅""深圳公安"
新闻发布会	第二天16:30召开第一次新闻发布会。三天内召开6场发布会。回应中常使用"不掌握""不了解""无法回答"等否定词语，连统筹救援责任人也不清楚。直播记者提问环节中断。每场发布会引发4~5个次生舆情灾害。对公众舆情可能形成的提问未有预期研判和资料准备，未能有效掌握事故处置的多方信息。会议统筹混乱，6次新闻发布会参会人员均有变化，新闻发布会信源不统一，官方回应层级不统一。分管副市长迟迟不露面。官方哀悼没有出现在新闻发布会	当天17时，现场救援指挥部召开第一场新闻发布会，一周内召开10场发布会。前期只发布消息，不接受记者提问。中期发布事故原因。后期发布责任追究。市委主要领导在发布会上表明态度并鞠躬道歉
传播渠道	事发已经超过10个小时，天津卫视一直在播韩剧。第二天《天津日报》电子版没有刊发头版和二版，其官方微博写有"死亡人数应该不多"	现场救援指挥部新闻发布组成为统一口径的官方传播主体，"深圳微博发布厅""光明发布"为发布权威信息的政务新媒体。"深圳微博发布厅"仅一周内就发布信息160多条，平均每天将近25条

（续上表）

	天津大爆炸事件 （死 165 人，处分 171 人， 其中含 5 名省部级官员）	深圳渣土滑坡事件 （死 73 人，处分 53 人， 其中含 11 名厅局级官员）
谣言	谣言满天飞："死亡人数至少 1 000""方圆一公里无活口""天津已混乱无序、商场被抢""恐怖分子所为""CNN 记者遭地方官员殴打"。截至 8 月 14 日，国家网信办查处了 360 多个涉及谣言信息的微博微信账号；对 18 家网站采取永久关闭处罚措施，对 32 家网站采取暂行关闭 1 个月的处罚措施	几乎没有谣言。外媒评价"应急表现可圈可点""应对能力日显娴熟"

（2）度：掌握尺度，解决"怎么说"问题（关乎技巧），确保话语主导权。

"度"的掌握最有难度，涉及的点面非常复杂，是一项专业化的精细工程，"度"至少包含有高度、厚度、深度、广度、力度、强度、温度、角度、进度、巧度、能见度、精准度、配合度等方面的内涵。

①舆情回应的高度。

要高瞻远瞩、富有洞见，提高自我议题设置能力，抓准核心关键观点，掌握话语权制高点，"牵一发而动全身"，对社会产生共鸣作用。2016 年"雷洋案"，昌平警方关注的议题是"他是怎么嫖的"，北京电视台《雷洋案足疗女露面受访：帮他"打飞机"》、北京电视台 BTV 科教频道《北京警方：现场避孕套鉴定结果证实雷某嫖娼》等栏目关注的是"嫖娼"议题，而众多媒体和民众关注的议题是"他是怎么死的"，如新华社《以有力信息公开取信于民》《权威发布不能落在舆情后面》、光明网《"人大硕士死亡"官方回应含糊，需要逻辑完整的答案》、人民网《"涉嫖被抓身亡"：以公开守护公正》、澎湃新闻《雷洋是怎么死的》等评论文章关注的是"生命"议题。"嫖娼"议题与"生命"议题，孰高孰低，不难区分。站位于"生命"议题的高度，才真正把握了问题的核心、焦点，也才能有效掌握话语权。

②舆情回应的速度。

2015 年 5 月某火车站枪击事件后，官方近两周"失声"，导致"上访说"

"封口说""视频剪辑说"等不实言论在互联网上持续发酵。又如 2016 年 12 月 12 日央广网等媒体报道《辽宁岫岩被指瞒报洪灾死亡人数：通报 8 人实为 38 人》，2017 年 8 月 11 日鞍山市人民政府官网通报《岫岩县瞒报 2012 年 "8·4" 洪灾死亡失踪人数事件 相关责任人受到严肃处理》，政府在灾情发生的五年之后被动通报。当地政府迟迟没有反应，导致在没有政府信息发布的 "时间真空" 里，各种小道消息、谣言四处传播。当地政府前面 6 场新闻发布会，很多行为让人难以理解，经常是一到记者提问的时刻，电视画面就切回演播室，直播莫名中断；发言人多次用 "不清楚""不了解""不掌握" 等回答记者的提问；记者提问的 60 个问题，有一半都没有得到现场回复。① 2015 年 4 月 23 日，中宣部发布《关于规范重特大事故信息发布工作的意见》，要求重特大事故信息向上级报告的同时，要向社会发布，原则上不超过 1 小时，5 小时内要有权威发布。国办发〔2016〕61 号文件《国务院办公厅关于在政务公开工作中进一步做好政务舆情回应的通知》要求 "对涉及特别重大、重大突发事件的政务舆情，要快速反应、及时发声，最迟应在 24 小时内举行新闻发布会，对其他政务舆情应在 48 小时内予以回应"。2016 年 11 月 15 日，国办发〔2016〕80 号文件《国务院办公厅印发〈关于全面推进政务公开工作的意见〉实施细则的通知》，要求涉及特别重大、重大突发事件的政务舆情，最迟要在 5 小时内发布权威信息，24 小时内要召开发布会。重大突发事件舆情回应，要在 24 小时内举行新闻发布会。2015 年深圳光明新区发生重大滑坡事故，官方 2 小时内发布信息，四天内其新浪、腾讯官方微博平台推出 251 条信息，阅读量超过 800 万人次。"深圳发布" 微信平台共发布 40 个整合专题，阅读量超过 23 万人次。灾后 5 小时召开第一场新闻发布会，连续 5 天共召开 9 场新闻发布会。② 及时、持续、丰富的救援进展信息和群众安置、善后工作信息满足了公众的知情权。

③舆情回应的准确度。

充分告知真相是舆情回应的最重要原则。信息发布内容上要做到真实、准确、一致、客观、公正、科学、全面，语言修辞也要注意措辞严谨、用语准确、逻辑合理，尤其对于敏感信息如事故伤亡人数、事件原因及事件定性，需要严

---

① 陈明：《重新审视突发事件中政府和媒体的关系》，《中南民族大学学报（人文社会科学版）》2016 年第 3 期，第 178 页。

② 泰格：《一个新闻人目光中的深圳光明滑坡事件》，新浪深圳网，http://shenzhen. sina. com. cn/news/n/2015 - 12 - 26/detail-ifxmxxst0528796. shtml。

谨核对，认真查证后方可确定。人员伤亡、财产损失、处置措施等关键信息要精准，不能随意变动，如确需变更，要作出充分说明。对暂时拿不准的情况，信息发布要留有余地，同时要注意引导媒体的报道频次和密度。如2017年8月20日张家口发生"骡子远距离碰瓷"事件。第二天张家口公安局官方微博发布情况通报，详细说明了来龙去脉，有图，有视频，有证人，图文并茂，证据链条完整，反转了"讹人、拦车、警方不作为"的舆论炒作，客观公正披露事实，以正视听。

相反的案例是常州外国语学校"毒地"事件（2015年9月至2016年8月），可谓是一场媒体与学校、当地官方之间的"对峙"。2016年4月17日，央视新闻报道常州外国语学校"毒地"事件后，这则数月前即有多家媒体曝光的"旧闻"迅速升温，引发舆论广泛关注。就当大家等待官方调查组的最终结果时，学校却率先指责央视报道有"硬伤"："眼下，学生们正在紧张准备各种重要考试，九年级即将面临中考，国际部学生即将参加剑桥全球考试，我们尚不确定央视的这期姗姗来迟的报道对同学们的影响有多大，也无法理解央视为什么会选择这个时间点来播出。"事件继续发酵，多次"对峙"之后，时任常州外国语学校校长在回复家长的质疑时说："媒体并非真理，我们无愧于心。"在接受记者采访时说："我们的态度就是尊重事实，相信科学。"学校多次缺乏真实、准确回应的态度，引发众多媒体评论的批评。

新华网评论《六问常州外国语学校"毒地"事件》发出疑问："谁在捂盖子？环评为何失守？学校为何死扛？该事件会如何处理？全国还有多少'常外'？'毒地'能否禁绝？""三问，学校为何死扛？常外的学生出现大面积身体状况不是一天两天，学校也并非不知情，面对学生家长诉求，学校方面一味否认、推诿，态度令人费解。即使学校是名校，升学率高，学生家长甚至'求'着来，可像鸵鸟一样把头插入地下就能解决问题？学生家长们就可放心？舆论质疑就会消失？没有解决问题的正确态度只会激化矛盾。"

《人民日报》评论《学生健康岂容掩耳盗铃》指出，"常州外国语学校所受到的污染威胁，不是由地方政府或学校觉察并阻止的，而是在学生已经出现身体不适后，一个个无助的家长拿着孩子的体检报告四处寻求说法时爆出的。在家长和学生都能闻到异味的情况下，当地教育部门官员仍然坚称'检测都是达标的'，其淡定态度和家长的焦虑形成鲜明对比。即使媒体介入，学校仍然在公开信中坚称'并未觉得情况如此糟糕'，近3 000名师生仍然在校坚持教与学。

不知学校'底气'何来？学校本应扮演着保护学生的角色，然而，在此次事件中，我们看到了学生和家长作为弱势一方的无奈，屡次体检、屡次抗议、集资购买空气净化器……在这个时候，表示'问心无愧'的校长，可曾把学生放在第一位？对此，学校或许有难言之隐，校领导或许是迫于某种压力，但无论压力来自哪里，有一点是肯定的，他们心中没有把学生放在首位"。

《南方都市报》评论《"与毒地为邻"，常州涉事校方不寻常应对为哪般》指出，"常州外国语学校的态度，却是异常强硬，在承认央视报道'基本事实总体无误'之后又指责其'有硬伤'，且又不明示硬伤是什么。面对外界的质疑，常外校长表示'问心无愧'，与此同时有不少学生家长表示遭遇压力，被警告'不要惹事'"；"当地官方对多达百人的身体异常数据以'仅有'的表述淡化处理，这是涉事学校在事发后表现得态度强硬的底气所在。一所学校的舆情应对和公共危机处理，或许注定不可能太成熟，令人可怖的倒是，在不成熟的应对手段之中，公众嗅到了某些'成熟的套路'，比如将学生家长径自划分为'绝大部分'和'少部分'两类，对'少部分家长'的态度，涉事学校与当地有关部门似乎从一开始便达成一致，告诫'不要惹事'，对有工作的家长通过供职单位施压，还有所谓《法律宣告单》给家长罗列违法后果"。

④舆情回应的精度。

回应问题要"射中靶心"，对准舆情焦点、热点、痛点、关注点，重视民意诉求，注意慎言功绩。舆情回应中越是回避网民关切越容易引发群体猜测。当然舆情回应难以做到回应每一个受众的质疑与利益，但公众有共同关注点，如为何爆发、是否得到控制、造成怎样的损害、官方如何解决、采取了哪些措施等，舆情回应可以围绕这些问题展开。如2017年6月22日杭州蓝色钱江小区保姆放火案，公众关注背着案底逃走的保姆、远在外地的男主人、顶级小区的物业消防管理。官微"平安杭州"6月22日、23日、28日和7月2日四次发布微博公告保姆莫某晶有重大作案嫌疑、依法刑事拘留、依法提请批准逮捕、依法执行逮捕的动态过程。"杭州市公安消防局"也就社会普遍关注的救火不力的质疑，发布了头条文章《"6·22"蓝色钱江放火案热点》，文章指出物业消防安全管理不到位、应急处置能力不足、建筑消防设施运行不正常等问题，用事实反驳了部分网民的质疑。①

　　舆情回应的精度，也可根据信息性质、类型、专业等特征来决定让相应的权威部门来发布信息。政府信息的权威发布可遵循梯度规则："第一梯度，政府最高层首先发布信息，表明政府处理危机的立场和解决危机的初步思路；第二梯度，危机涉及的具体部门发布信息，即公布公众最想知道且政府已确切掌握的信息，公布具体责任部门的明确意见，同时，要给出概要性的解决方案、危机发生的直接原因、已采取的措施等；第三梯度，危机应对现场的负责人发布信息，要真实、全面、直观地介绍现场情况，介绍伤亡情况、救援情况、社会秩序的恢复情况等，并有体系地针对公众的关注点进行回应性的发布；第四梯度，专业技术人员发布信息，即从专业技术的角度发布危机爆发的直接诱因、深层原因、是否会有连锁灾害、危机中公众如何防范、已经采用的技术手段等信息。"②

　　⑤舆情回应的温度。

　　舆情回应，要以人为本，尊重人心，以人民为中心。习近平在网络安全和信息化工作座谈会上指出，"网民大多数是普通群众，来自四面八方，各自经历不同，观点和想法肯定是五花八门的，不能要求他们对所有问题都看得那么准、说得那么对。要多一些包容和耐心"；"要把权力关进制度的笼子里，一个重要手段就是发挥舆论监督包括互联网监督作用"；"对网上那些出于善意的批评，对互联网监督，不论是对党和政府工作提的还是对领导干部个人提的，不论是和风细雨的还是忠言逆耳的，我们不仅要欢迎，而且要认真研究和吸取"。在舆情应对和风险沟通时，事实、价值和情感是三个重要的变量，只有做到这三点，才能在观点赛跑中脱颖而出。

　　2015 年"平安哈尔滨"通报当地一起火灾事件，其通报共 585 字，"领导高度重视"占 258 字，生硬刻板的官腔官调引发网民吐槽，将当地的领导一同推向舆论虎口。又如 2016 年全国多地发生"毒跑道事件"，某部门官网回应"个别小孩火气比较大，容易流鼻血"，网民争议不断。又如 2017 年 2 月云南丽江古城区委宣传部官方微博"古宣发布"向网友发表评论"你最好永远别来！

---

　　①　熊萍：《重大突发事件政务"舆情回应"存在的问题及应对路径》，《湖南社会科学》2018 年第 1 期，第 177 - 180 页。

　　②　左志富：《公共危机事件中政府的信息发布梯度——兼评 2005 年松花江水污染事件中政府的信息发布》，《中山大学研究生学刊（社会科学版）》2006 年第 3 期，第 61 - 67 页。

有你不多无你不少!",激起网民对相关部门冷漠、傲慢的质疑。

"决定人行动的往往是情感而非知识。快速阅读时代,传播力和影响力并不在于事实和逻辑的传递,而在于态度和情感的传递。态度有时比事实更重要,包容、谦卑的态度是有效处置舆情事件的关键一步";"只有'硬信息'加上'软情怀',只有让公众有一种被理解和怦然心动之感,只有翔实的事实加上真诚的致歉,舆情引导才有可能实现预期目标"。① 广东省委工作组在切实解决乌坎问题上做到五个坚持。这五个坚持,充分体现了舆情回应的"温度"。

一是坚持民意为重,最大限度满足群众合理诉求。"一定要彻底摸清乌坎村村民的合理诉求,一定要认真回应和解决村民的合理诉求,一定要严肃查处违法腐败行为,一定要为乌坎村村民办好事办实事,一定要让乌坎重新恢复生产生活和社会秩序。"

二是坚持群众为先,依靠群众解决乌坎问题。陆丰乌坎村群众的主要诉求是合理的,基层党委政府在群众工作中确实存在一些失误,村民出现一些不理性行为可以理解。对于那些有过煽动群众打砸、妨碍政府进村解决问题等违法行为的人和组织者,"只要你们有诚意和政府一起来解决问题,什么事情都可以谈,都可以找到出路"。

三是坚持以人为本,全力做好死者家属的安抚优恤工作。一名在押犯罪嫌疑人突发疾病死亡,尽管其生前有犯罪嫌疑,但其猝然离世仍令人痛心。各级领导一定要坚持以人为本,在依法依规的前提下,站在死者家属的角度考虑问题,认真倾听死者家属的诉求,做好安抚优恤和有关善后工作。

四是坚持阳光透明,及时公布调查处置工作的进展情况。让主流媒体能够及时地发出权威声音,引导大家正确认识事件性质,压缩谣言的传播空间,防范有人恶意造谣生事。

五是坚持法律为上,依法依规、讲情讲理,妥善解决问题。对部分乌坎村村民在参与上访游行过程中出现的不理智行为给予充分理解和谅解,参与打砸的只要有悔改表现要给予宽待;即使是对策划、组织违法行为的头面人物也要给出路,只要他们有悔改表现,不再组织村民妨碍工作组进村解决群众合理诉求。

---

① 熊萍:《重大突发事件政务"舆情回应"存在的问题及应对路径》,《湖南社会科学》2018 年第 1 期,第 177 – 180 页。

⑥舆情回应的配合度。

传播渠道协同方面，充分发挥政务新媒体矩阵的作用，建立与其他媒体矩阵之间的网上统一战线。传统媒体的网站、论坛、官方微博、微信公众号、新闻客户端等各种网络传播渠道应积极发布和转发主流声音和网络评论。政府官方微博、微信公众号要与传统媒体、意见领袖的微博和微信建立朋友互动圈，形成圈子之间相互缠绕的连锁效应，建立联系紧密的网上统一战线。所有与事件相关部门的政务微博之间要增强互动和协同，实现多个政务微博之间的信息对流、内容共享，以促使政务微博的传播力、影响力产生集群效应和联动效应。如北京"7·21"暴雨事件中，"北京新闻办""平安北京""北京消防""交通北京""水润京华"等16区县政务微博持续不断发送雨情信息、救援消息，合力形成综合的权威信息，在舆论引导中占得先机。

《2015年政府信息公开工作要点》就提出，新闻发言人、政府网站、政府公报、政务微博微信发布信息，要充分发挥广播电视、报刊、新闻网站、商业网站和政务服务中心的作用，扩大发布信息的受众面、提高影响力。特别要适应传播对象化、分众化趋势以及新兴媒体平等交流、互动传播的特点，更好地运用新技术、新手段，注重用户体验和信息需求，扩大政府信息传播范围，提高信息到达率。加强不同平台和渠道发布信息的衔接协调，确保公开内容准确、一致。

有学者通过深圳渣土滑坡事件的实证分析，发现政务微博联动圈群的形成以问题为导向，构成多样；不同政务微博通过信源支持、互助传播、微型互动等联动形式结成圈群网络；联动圈群中政务微博间角色不同，群体联动效应的发挥有赖于核心成员作用，边缘成员的功能相对单一；政务微博在联动网络中核心地位的形成受其与事件关联的密切程度、自身日常运营能力的影响。[①] 还有学者通过天津大爆炸事件的案例分析发现，地方政务微博在突发危机中第一响应较慢，议题设置缺乏主导，交互意识和策略均有待增强。地方政务微博在应对突发事件中应加强预警，快速响应网络舆情，抢占舆论引导权和话语权；科学设置议题，优化交互策略，促使信息公开与舆论引导有机结合；提高交互意识，发挥集群效应，加强与内部机构、媒体、意见领袖等沟通协调，强化联

[①]　王国华、方宏、钟声扬等：《突发事件应对中政务微博圈群的构成与联动研究——以深圳山体滑坡事件为例》，《情报杂志》2016年第7期，第95页。

动协同网络。①

　　相关主体协同方面，坚持"统一领导、分级负责、上下联动、横向协作、快速反应、态度诚恳、全力解决"的处置原则，要统一口径，用同一种声音说话。2009 年杭州富家子弟飙车撞人案中，杭州警方 5 月 11 日认为肇事者车速在"70 码左右"，引发大量网民质疑，出现谐音"欺实马"的流行语。5 月 14 日，事故鉴定完成，杭州市公安局当日向媒体发布交通肇事案鉴定报告，认定事故车在事发路段的行车时速在 84.1 公里到 101.2 公里。5 月 15 日，杭州警方就早前的 70 码说法向公众道歉。而 2015 年广州地铁有效应对"超级细菌"事件可谓优秀案例。澎湃新闻发布新闻《广州地铁被检出超级细菌，研究者称不必恐慌应加强消毒》，"广州地铁超级细菌"登上新浪微博实时热搜榜榜首。广州地铁注重多主体协同，传达"专业权威的一种声音"：一是在研判后，果断通知各大媒体，当天一定会发布新闻通稿进行说明解释，给媒体定心丸；二是立即召开集团跨部门会议，由党群总部组织办公室、运营总部集中讨论应对口径，形成新闻通稿，当天向媒体发布情况通报；三是将相关情况报告市网信办、市应急办、市疾控中心和市国资委等相关党政部门；四是在广东省疾控中心发布专家答疑后，迅速通知并将相应的口径转发给各媒体。

　　⑦舆情回应的统一度。

　　2008 年"5·12"汶川地震发生后，中央政府和四川省政府迅速向媒体发出了报道的具体指示：在满足公众知情权的同时，明确一个基调，即"坚持团结稳定鼓劲、正面宣传为主"；确立一个主题，即"抗震救灾、众志成城"；提出"两个第一"的要求，即"第一时间报道、第一现场报道"；突出四个重点，即党和政府抗震救灾的决策部署，灾区党委政府全力抢救和妥善安置受灾群众的具体措施，军队和武警官兵、公安战士为抢救人民生命冲锋在前、连续奋战的感人事迹，以及灾区群众互帮互助、舍己为人的精神风貌。② 这个指示方案，从基调、主题、要求、重点等方面对媒体的报道进行了规定。汶川地震中，及时、公开、开放、透明的舆论引导模式获得了海内外的高度赞许。这个舆论引导模式在之后数年出现的 2010 年甘肃舟曲特大泥石流、2013 年四川雅安

---

①　陈世英、黄宸、陈强等：《突发事件中地方政务微博群信息发布策略研究——以"8·12"天津港特大火灾爆炸事故为例》，《情报杂志》2016 年第 12 期，第 28 页。

②　王建华：《公共危机状态下的媒体控制探析——以汶川地震为例》，《探索》2009 年第 5 期。

地震、2015 年长江沉船等事件中，体现得非常明显，也获得了较好的舆论引导效果。

（3）效：注重效果，解决"说得如何"的问题（关乎影响力），提升话语引导力。

突发公共事件舆情回应要入眼、入脑、入心，以消除负面情绪、解决实际问题为目的，以凝聚社会共识（寻求最大公约数）为宗旨，有统筹、分层次、讲策略，实现动机、立场和效果的统一，力争效果最大最优。突发公共事件舆情引导首先要达到舆情消解的共识，通过及时回应和相关报道，抢占舆论制高点，化解负面舆情。

①发布渠道上要掌握媒介传播偏向。

不同终端、不同媒介有不同的传播偏向，尤其是新媒体在突发公共事件信息的发布上具有重要作用。

传播终端方面，微信、微博、新闻客户端等不同平台终端的不同传播特征，形成立体化的舆情传播渠道（见图 7 - 2）。微信群、微信朋友圈、微信公众号具有病毒式传播的特征，隐形渗透性极强，适合发布小众圈子信息。微博开放互动性强，适合发布大众热点信息，易快速形成网络舆论。新闻客户端具有海量信息数据库和"长尾"效应，适合发布大数据推荐个性化信息。博客具有深度呈现话题思想的力量，适合发布专业性信息。此外，在移动互联网时代，移动端与非移动端在突发公共事件舆情传播的影响方面也有差异。有学者通过新浪微博热点话题"南海仲裁案"的大数据统计分析，发现新媒体环境下移动端突发公共事件网络舆情信息传播比非移动端传播速度更快、传播程度更深、传播范围更广、舆情演进周期性更强，移动端网络用户比非移动端网络用户具有更强的关联性和互动性。[1] 也有学者对"九寨沟地震"突发公共事件网络舆情信息在移动端和非移动端的传播过程进行对比分析，发现移动环境下突发公共事件网络舆情话题传播范围更广、传播周期更长、信息传播层级史高、意见领袖影响力更大。[2]

① 王晰巍、邢云菲、王楠阿雪等：《新媒体环境下突发事件网络舆情信息传播及实证研究——以新浪微博"南海仲裁案"话题为例》，《情报理论与实践》2017 年第 9 期，第 7 页。

② 李紫薇、邢云菲：《新媒体环境下突发事件网络舆情话题演进规律研究——以新浪微博"九寨沟地震"话题为例》，《情报科学》2017 年第 12 期，第 39 页。

各平台优势互补、相互赋能，共同构建多渠道覆盖、全平台达到的流量聚合式共赢生态

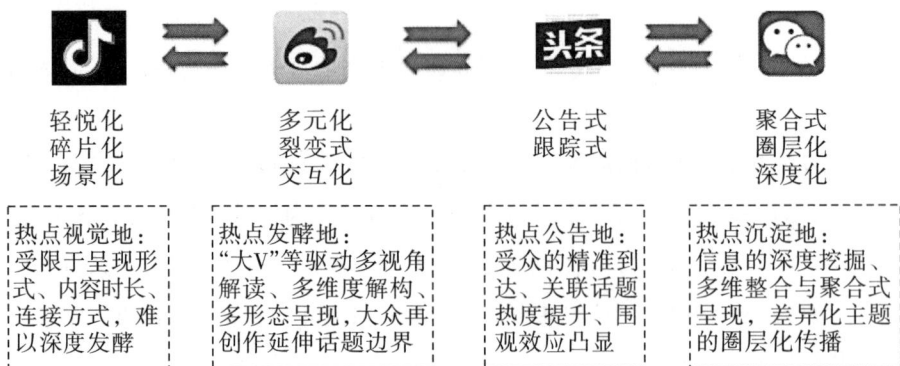

| 轻悦化
碎片化
场景化 | 多元化
裂变式
交互化 | 公告式
跟踪式 | 聚合式
圈层化
深度化 |

| 热点视觉地：
受限于呈现形式、内容时长、连接方式，难以深度发酵 | 热点发酵地："大V"等驱动多视角解读、多维度解构、多形态呈现，大众再创作延伸话题边界 | 热点公告地：受众的精准到达、关联话题热度提升、围观效应凸显 | 热点沉淀地：信息的深度挖掘、多维整合与聚合式呈现，差异化主题的圈层化传播 |

图7-2 不同平台终端的不同传播特征

在传播媒介方面，不同媒介之间是相互补充的关系，从不同角度来发布突发公共事件舆情信息。媒介信息的互补性，需要注意到媒介与题材的适宜性。美国加州大学伯克利分校新闻学研究生院主讲融合新闻报道的资深学者 Paul Grabowicz 对媒介与题材的适宜性这一问题作了详尽的分析。他根据每种媒介的传播优势和劣势，将不同媒介适宜题材的差异性作了分类，指出如果新闻故事或其内容中某一部分涉及类似题材，可考虑采用相应的媒介进行报道（见表7-3）[①]。

表7-3 媒介与题材适宜性对照表

媒介	适宜题材	举例或简要说明
文本	背景信息	如回答经常性疑问的 FAQ 板块
	分析和解释性信息	文本便于表达逻辑复杂和富于深度的信息
	人物速写	对新闻故事中的核心人物的传记式描述
	总结	类似导语或编者按语，介绍新闻故事的梗概
	突发新闻	文字是最快的传递突发新闻信息的方式

---

① 方洁：《美国融合新闻的内容与形态特征研究》，《国际新闻界》2011 年第 5 期，第32-33 页。

（续上表）

媒介	适宜题材	举例或简要说明
图表	统计数据和资料	便于人们接受，可将传播数据资料的过程变得具有趣味性
	某个事物如何正常运作或如何做某事	图表有助于呈现较为复杂的过程
	人类无法企及的地方	如太空、微生物学的报道
	历史	时间线有助于表现历史事件
	地理定位的事件或故事	可绘制地图帮助人们理解事件发生地的位置
照片	反思和回忆	激发人们对于某个事件的反思，让人们回忆
	情感	照片适宜激发强烈的情感
	新闻主角	如果要强调故事中的人物是谁而不是强调其做了何事，则适宜用照片
	新闻地点	适用于让人们记住事件的核心场景，全景照片尤其适合将人们带入故事
音响	情感	强调情感宣泄的题材，人声适宜表达情感
	铺垫气氛	给故事设置基调
	反思	让人们静心思考
	新闻主角	通过听人声让人们和故事中的人物建立情感上的联系
	新闻地点	使用生活中常见的音响可带领人们想象自己进入故事中的某一特殊场景，在此处音响常与照片、幻灯片配合使用
视频	动态信息	自然灾害、运动比赛、舞蹈表演
	新闻地点	让人身临其境，引领人们进入新闻现场
	新闻主角	让人看到其形象和行为，听见其话语，如果人物有趣或有生气则更能添彩
	戏剧	某个富于情感的瞬间，某个影响故事发展的具有戏剧冲突的细节

（续上表）

媒介	适宜题材	举例或简要说明
视频	幽默	幽默促进传播
	儿童	如是一组儿童之间的互动画面更好
	动物	人们喜爱看动物表演
	犯罪与犯罪场景	人们对犯罪故事和场景都有强烈的信息需求
	食物	如何准备制作和品尝食物，视频能传递感觉
	某个事物如何正常运作或如何做某事	视频有助于呈现比较简单的过程
	原始视频	人们喜欢看未经剪辑的原始视频，尤其在突发新闻报道中

突发公共事件网络舆情信息发布，还需要考虑各种媒介之间的配合问题。如音响和文字的配合，当同期声清晰度不够时，可用字幕的形式加以补充；音响和照片的配合，开端用音响和照片、幻灯片组合将用户带入新闻发生的特殊场景中；图表和文字的配合，当解释复杂问题时用图表简化新闻，用文字辅佐提供基本信息；视频、音响与文字的配合，如在报道高潮和关键信息的时段，利用音响或文字烘托视频中的震撼性的内容，给人留下深刻的印象。①

突发公共事件网络舆情信息发布，应掌握多媒体传播技巧，尽量用完整的图片、音频、视频还原现场事实真相，弱化危机冲突，转移公众视线，缓解负面情绪。2015 年 5 月 2 日，庆安火车站发生枪击事件，由于铁路警方迟迟不公布该事件完整的现场监控视频，初始舆论一面倒质疑警察开枪的合法合理性，而当 5 月 14 日公布现场完整视频后，网络舆论又开始转向认同警察开枪的合法合理性。2016 年肇庆处置商贩与城管执法冲突事件中，一则配文为"一群人激动地冲了上去，而地上坐着一名流血的妇女"的短视频被广泛传播。城管部门通过官方微博及时回应、公布完整视频、借用第三方的数据或话语等手段，使得舆论一改"质疑城管、支持小贩"的惯性立场。2017 年 4 月 1 日，泸县发生中学生跳楼事件。2017 年 4 月 6 日，微博"大 V""一个有点理想的记者"公

---

① 方洁：《美国融合新闻的内容与形态特征研究》，《国际新闻界》2011 年第 5 期，第 33 页。

布泸县警方、教育局跟坠楼者父母的沟通录音（全长 20 余分钟）后，舆情从同情家属反转为心疼警察，认为受害者父母缺乏沟通诚意，不肯配合警方工作。

②注意语言符号和非语言符号要恰当得体。

注意语言表达的口吻，以及情绪、态度、表情、肢体动作等非语言符号的得体性，要开诚布公、庄重严肃、主动担责。注意多用事实说话，不要和社会公众、新闻媒体辩解，要明确将采取的有效措施和有力行动。不发布猜测和不准确的消息。避免使用行话或行业术语，要用清晰易懂的大众语言甚至网络语言向公众表达。

"无可奉告""大包大揽""照本宣科""自我辩护""报喜不报忧""恼羞成怒""感情错位"等表述，是长久以来新闻发言人给社会公众留下的负面形象。很多新闻发言人在发布新闻时也成为新闻的制造者，他们的"雷人雷语"被广泛传播。在温州动车追尾事故中，铁道部新闻发言人王勇平说的一些不当言论，如"这是生命的奇迹，我只能说，事实就是这样，它确实发生了""不管你信不信，反正我信了"，不仅没有达到为公众答疑解惑的效果，反而激化了社会民众对政府处置事件不当的愤怒与不满，成为网络舆论的热点话题。此外，王勇平"微笑"的截图让网民极度不满并引发了斥责。《中国青年报》记者曹林也在微博中提到了发言人王勇平的微笑，引起舆论的强烈关注（见图 7 - 3）。写有"不管你信不信，反正我信了"字样的表情包更是让铁道部和王勇平陷入被动的处境。

中青报曹林 V：有人怀疑铁道部新闻发言人王勇平那张在这次事故新闻发布时的微笑截图是假的，我刚才又细看了一遍新闻发布会视频，确实是真的，这是视频地址 http://t.cn/aIuZ4F　在 14 秒的位置。这是我从视频上拍的图。

7月25日 23:46　来自新浪微博　　　　　　　　　转发(734)　　收藏　　评论(264)

图 7 - 3　铁道部新闻发言人王勇平"微笑"的微博

③发布内容有理有据、释疑解惑，发布形式有的放矢、因情制宜。

以 2017 年泸县中学生死亡事件为例。4 月 1 日 6 时 20 分，泸州市泸县公安局太伏镇派出所接到报案称：太伏镇太伏中学男生宿舍楼外发现一男子俯卧在水泥地上没有动静。经查证，死者赵某，是泸县太伏中学八年级（4）班学生。4 月 2 日，"泸县发布"公布："经公安机关现场勘验、尸表检验和调查走访，赵某损伤符合高坠伤特征，现有证据排除他人加害死亡，具体死亡原因需依法按程序待家属同意后尸体检验确认。"或许是回复太快，或许是结论生硬，或许是不够翔实，人们对这样的解释并不满意。网民对官方的质疑此起彼伏，排除他杀的官方结论更没有被广泛认可。为验证已有的刻板印象，涉及官员的谣言满天飞。"泸县发布" 4 月 3 日专门公告："个别网民不经查证，肆意通过互联网、QQ 群、微信公众号等平台，编造发布'五名学生打死同学，其中一人已自杀''孩子已经离开，全身被打得淤青死血，手脚被打断'等不实信息，造谣生事，煽动群众聚集滋事，严重扰乱了社会治安秩序。目前查实唐某、李某、姚某、郑某等人网上造谣、传谣的违法事实，公安机关将对上述人员依法进行处罚。"这个公告没有公布事实细节，也没有澄清事实真相，却以惩治谣言为目标，激发了新一轮质疑和谣言。

"泸县发布"的信息，从一开始就缺乏回应能力和素养。只是一味强调"死亡均为高坠伤、无其他暴力加害"的结论，没有对死亡给出科学翔实的证据解释，也没有针对性地回答网民提出的各种疑问。照搬结论的简单回应缺乏说服力，难以打消公众心中的疑惑，也给谣言四起提供了滋生空间。

此外，可根据具体情况灵活采用多种新闻发布形式①（见表 7-4）。每种新闻发布形式适用于不同的情景，遵循不同的操作要点可达到一定的舆情回应效果。

---

① 杨兴坤：《网络舆情引导方法与技巧》，《电子政务》2015 年第 1 期，第 14 页。

表 7-4　适用于不同情景的新闻发布形式

序号	策略与方法	适用情景	操作要点
1	召开新闻发布会	重大突发事件、重大舆情、人员伤亡或财产损失较大的事件、暴力恐怖事件、涉外事件等	发布新闻通稿、服务媒体、沟通记者、用新闻发布会议程引导舆情
2	发布公开信	重大舆情、重大事实错误、众多人质疑、共性问题等	澄清事实、公开道歉、回应问题和质疑
3	发布公（通）告	重大危险源、极端天气、自然灾害、恐怖袭击事件、辨明是非等	预警信息尽量全覆盖，让公众知晓风险、了解注意事项
4	信息疏导	谣言、误会、辨明是非、有不法分子煽动等	突发事件宜做好现场疏导
5	公开事实	突发事件、谣言、城市公共危机、治安事件或刑事案件等	"镜像式"地公开现场事实、非公开原因
6	解释澄清	谣言、误导、误会等	通过媒体加以澄清
7	公布案件查处情况	重大伤亡或经济损失事件、社会治安事件或群体事件、重大刑事案件、重大食品安全事故、冤假错案	公布案件查处情况，案件调查、侦查进展情况
8	承认错误	过失或过错、错误或不当言行、失误等	公开承认错误、道歉
9	领导直面	重大突发事件、重大舆情、有关领导者自身的谣传等	领导者直接参与、直面媒体或公众
10	组织专家解读、人物专访	重大自然灾害、重大事故灾难、公共卫生事件、各种谣传、迷信、公众存在重大疑虑等	邀请专家在媒体上解读、进行访谈

④有序调控网络舆情的负面情绪感染。

网络舆情危机爆发与网民的情绪化传播、情感动员、情感抗争、情绪传染等相关现象密切相关，大量研究已经证实网民情绪是推动舆情危机发展的重要驱动因素。网民情绪传染作为突发公共事件网络舆情中的重要因素，其演化机制将决定事件的走向与路径。情绪传染包括凝聚传染和结构对等传染。凝聚传染指网络成员的心态和行为会受到与他们直接相连的其他人的影响。结构对等传染指网络中拥有相似关系结构模式的人会相互影响。突发公共事件网络舆情的负面情绪表达比较突出，主要包括炒作（不怕上告就怕上报、不怕上报/上访就怕上网、网络推手、网络打手、网络黑社会、所谓"我弱我有理""按闹分配"）、暴力（泄愤、谩骂、围攻、人肉搜索）、起哄（恶搞、围观、跟风、狂欢）、抹黑（贴标签、污名化/丑化、"高级黑""低级红"）、习惯性质疑（"吐槽""老不信""塔西佗陷阱"，公务员、警察、城管、医生、教师成为网上"黑五类"）、造谣。因此，掌握网民情绪演化规律，科学调控网络舆情，对突发公共事件应急管理具有重要意义。

网民情绪从产生到传播，进行情绪共鸣与碰撞，最终以某种情绪强度推动事件的发展，是个体认知和心理层面、媒体传播层面、社会（政府）引导层面相互耦合、互为反馈的多回路、非线性的动态复杂系统。在舆情形成的情感积聚、情绪爆发和情绪"扩音"三个阶段中，情感能量、网络互动、信息污染和个体期望之间相互作用、相互影响，使社会情绪持续发展、强化、扩大，最终导致舆论生态的撕裂和失控态势。[①] 在情感主体结构方面，尤其要关注情感领袖的作用和影响。"情感领袖在集群情感的形成中产生群际情感效应和群际认同效应，并且在情感领袖的情感传播过程中促进新的集群情感产生；不同情感类型的领袖引发的群际效应趋于一致，即都使新的集群情感强度减弱；情感复杂度先增强后减弱，并且随着集群情感整体规模的扩大，集群中情感表达为中性的情感比例增大。"[②]

要有序调控网络负面情绪感染，可从如下几方面入手：一是通过情感数据挖掘，全面感知网民心理情绪演变程度，为政府掌握舆情态势和引导舆情提供决策依据。二是通过情感数据挖掘，及时捕捉负面情感并主动回应，争取引导舆情的先动优势。政府要从"事件进展，救援力量，政府立场，谣言驳斥"等

---

① 朱代琼、王国华：《基于社会情绪"扩音"机制的网络舆情传播分析——以"红黄蓝幼儿园虐童事件"为例》，《西南民族大学学报（人文社会科学版）》2019 年第 3 期，第 146 页。

② 王志英、杨淼：《信息安全突发事件情感领袖群际效应研究》，《管理科学》2019 年第 8 期，第 14 页。

角度全方位回应网民的质疑；对于真相质疑这一范畴，政府及相关部门可以采取"慎说原因，缓说结论，主说措施"的方法，语气诚恳，主动设置议题，以理服人，防止网络谣言进一步激化。① 三是通过情感数据挖掘，快速及时获取网民关切的核心内容，有的放矢，防止应对舆情焦点的错位。情感强度值的变化直观反映了网民的情绪波动情况，因此，若能了解网民的情感属性的变化，就能有针对性地做出舆情疏导措施。②

四、加强网络信息传播管理

信息公开与信息管理是事物的两方面，政府部门在加强信息公开制度建设的同时也要加强网络违法不良信息的管理。在突发公共事件网络传播中，网络谣言、网络水军、网络意见领袖和自媒体的不当言论往往使得事件越演越烈。网络空间不是法外之地。整治网络空间的违法不良信息就是要依法治网，加大相关法律法规建设。

（1）要加大网络信息内容生态治理。

加大网络谣言、网络诽谤、网络水军等网络传播乱象的治理。2013 年 9 月10 日实施的《最高人民法院、最高人民检察院关于办理利用信息网络实施诽谤等刑事案件适用法律若干问题的解释》指出，利用信息网络诽谤他人，同一诽谤信息实际被点击、浏览次数为五千以上，或者被转发次数为五百以上的，应当认定为刑法第二百四十六条第一款规定的"情节严重"；利用信息网络诽谤他人，引发群体性事件的，引发公共秩序混乱的，引发民族、宗教冲突的，诽谤多人，造成恶劣社会影响的，损害国家形象、严重危害国家利益的，造成恶劣国际影响的，应当认定为刑法第二百四十六条第二款规定的"严重危害社会秩序和国家利益"；利用信息网络辱骂、恐吓他人，情节恶劣，破坏社会秩序的，依照刑法第二百九十三条第一款第（二）项的规定，以寻衅滋事罪定罪处罚；编造虚假信息，或者明知是编造的虚假信息，在信息网络上散布，或者组织、指使人员在信息网络上散布，起哄闹事，造成公共秩序严重混乱的，依照

---

① 王明：《论公共突发事件中信息传播的对称性与政府公信力》，《情报杂志》2015 年第12 期，第 120 页。

② 张鹏、崔彦琛、兰月新等：《基于扎根理论与词典构建的微博突发事件情感分析与舆情引导策略》，《现代情报》2019 年第 3 期，第 130 – 131 页。

刑法第二百九十三条第一款第（四）项的规定，以寻衅滋事罪定罪处罚；以在信息网络上发布、删除等方式处理网络信息为由，威胁、要挟他人，索取公私财物，数额较大，或者多次实施上述行为的，依照刑法第二百七十四条的规定，以敲诈勒索罪定罪处罚；违反国家规定，以营利为目的，通过信息网络有偿提供删除信息服务，或者明知是虚假信息，通过信息网络有偿提供发布信息等服务，扰乱市场秩序，具有下列情形之一的，属于非法经营行为"情节严重"，依照刑法第二百二十五条第（四）项的规定，以非法经营罪定罪处罚；利用信息网络实施诽谤、寻衅滋事、敲诈勒索、非法经营犯罪，同时又构成刑法第二百二十一条规定的损害商业信誉、商品声誉罪，第二百七十八条规定的煽动暴力抗拒法律实施罪，第二百九十一条之一规定的编造、故意传播虚假恐怖信息罪等犯罪的，依照处罚较重的规定定罪处罚。

2019 年 12 月，国家互联网信息办公室颁布《网络信息内容生态治理规定》，对网络信息内容生产者、网络信息内容服务平台、网络信息内容服务使用者等相关方规定了明确的责任。网络信息内容生产者方面，"应当采取措施，防范和抵制制作、复制、发布含有下列内容的不良信息：使用夸张标题，内容与标题严重不符的；炒作绯闻、丑闻、劣迹等的；不当评述自然灾害、重大事故等灾难的；带有性暗示、性挑逗等易使人产生性联想的；展现血腥、惊悚、残忍等致人身心不适的；煽动人群歧视、地域歧视等的；宣扬低俗、庸俗、媚俗内容的；可能引发未成年人模仿不安全行为和违反社会公德行为、诱导未成年人不良嗜好等的；其他对网络生态造成不良影响的内容"。网络信息内容服务平台方面，"应当建立网络信息内容生态治理机制，制定本平台网络信息内容生态治理细则，健全用户注册、账号管理、信息发布审核、跟帖评论审核、版面页面生态管理、实时巡查、应急处置和网络谣言、黑色产业链信息处置等制度"。此外，"网络信息内容服务使用者和网络信息内容生产者、网络信息内容服务平台不得利用深度学习、虚拟现实等新技术新应用从事法律、行政法规禁止的活动"；"网络信息内容服务使用者和网络信息内容生产者、网络信息内容服务平台不得通过人工方式或者技术手段实施流量造假、流量劫持以及虚假注册账号、非法交易账号、操纵用户账号等行为，破坏网络生态秩序"。

（2）要加大网络意见领袖的引导力度。

网络意见领袖在突发公共事件传播中往往具有"一呼万应"的效应，他们对事件的判断、情绪、观点对其粉丝都将产生不同程度的影响。党和政府近年来已明显看到了网络意见领袖的重要作用，在引导、争取网络意见领袖方面采取了不少措施。2013 年 8 月 10 日，国家互联网信息办公室举办"网络名人社会责任论坛"，就共守"七条底线"达成共识：法律法规底线、社会主义制度底线、国家利益底线、公民合法权益底线、社会公共秩序底线、道德风尚底线和信息真实性底线。在 2015 年 5 月中央统战工作会议上，习近平总书记强调，"要加强和改善对新媒体中的代表性人士的工作，建立经常性联系渠道，加强线上互动、线下沟通，让他们在净化网络空间、弘扬主旋律等方面展现正能量"。中共中央统战部 6 月 3 日通过官方微信账号"统战新语"就"何谓新媒体中的代表性人士"作出解读，指出新媒体中的代表性人士大致分两类：一类是新媒体平台的经营者，一般可称为新媒体从业人员；另一类是新媒体上内容的制造者，可笼统地称为网络意见人士。前者主要包括 4 种人：新媒体企业出资人（包括技术入股）、经营管理人员、采编人员、技术人员。"从社会阶层属性来看，这些人的主体是新的社会阶层的重要成员。"2015 年 5 月 18 日施行的《中国共产党统一战线工作条例（试行）》已明确将其作为新的社会阶层人士的一部分，纳入统战工作对象。后者涉及各个地区、领域、行业、阶层，既有党内的，也有党外的，既有体制内的，也有体制外的，既有国内的，还有海外的。"新媒体中的代表性人士是伴随新媒体的发展而产生并成长起来的新群体，具知识层次高、流动性强、思维活跃、影响面广等特点，其中党外人士占多数，在维护网络安全、影响社会舆论等方面发挥着重要作用，是推动经济社会发展的一支重要力量。"①

（3）要加大即时通信工具/社交媒体的监管力度。

即时通信工具，是指基于互联网面向终端使用者提供即时信息交流服务的应用，如微博、微信、QQ 等。即时通信工具赋予了网民随时随地发布信息、发表评论的权利，使得突发公共事件网络传播的信源、信息扩散达到了一个前所未有的景观，同时也为突发公共事件信息传播安全带来了隐患。国家互联网信息办公室 2014 年 8 月发布实施《即时通信工具公众信息服务发展管理暂行规定》，要求即时通信工具服务提供者应当按照"后台实名、前台自愿"的原则，要求即时通信工具服务使用者通过真实身份信息认证后注册账号。即时通信工

---

① 《中共中央统战部解读何谓"新媒体中的代表性人士"》，新华网，http://news.xinhuanet.com/politics/2015 - 06/04/c_127876869. htm。

具服务使用者注册账号时，应当与即时通信工具服务提供者签订协议，承诺遵守法律法规、社会主义制度、国家利益、公民合法权益、公共秩序、社会道德风尚和信息真实性"七条底线"。即时通信工具服务使用者为从事公众信息服务活动开设公众账号，应当经即时通信工具服务提供者审核，由即时通信工具服务提供者向互联网信息内容主管部门分类备案。新闻单位、新闻网站开设的公众账号可以发布、转载时政类新闻，取得互联网新闻信息服务资质的非新闻单位开设的公众账号可以转载时政类新闻。其他公众账号未经批准不得发布、转载时政类新闻。即时通信工具服务提供者应当对可以发布或转载时政类新闻的公众账号加注标识。对违反协议约定的即时通信工具服务使用者、即时通信工具服务提供者应当视情节采取警示、限制发布、暂停更新直至关闭账号等措施，并保存有关记录，履行向有关主管部门报告义务。

2017 年 8 月，国家互联网信息办公室颁布《互联网论坛社区服务管理规定》，要求对新闻信息提供跟帖评论服务的，应当建立先审后发制度；建立健全跟帖评论审核管理、实时巡查、应急处置等信息安全管理制度，及时发现和处置违法信息，并向有关主管部门报告；跟帖评论服务提供者和用户不得利用软件、雇佣商业机构及人员等方式散布信息，干扰跟帖评论正常秩序，误导公众舆论；跟帖评论服务提供者应当建立用户分级管理制度，对用户的跟帖评论行为开展信用评估，根据信用等级确定服务范围及功能，对严重失信的用户应列入黑名单，停止向被列入黑名单的用户提供服务，并禁止其通过重新注册等方式使用跟帖评论服务。

2017 年 8 月，国家互联网信息办公室颁布《互联网跟帖评论服务管理规定》，要求互联网论坛社区服务提供者应当落实主体责任，建立健全信息审核、公共信息实时巡查、应急处置及个人信息保护等信息安全管理制度，具有安全可控的防范措施，配备与服务规模相适应的专业人员；互联网论坛社区服务提供者不得利用互联网论坛社区服务发布、传播法律法规和国家有关规定禁止的信息。

2017 年 9 月，国家互联网信息办公室颁布《互联网群组信息服务管理规定》，要求互联网群组信息服务提供者应当落实信息内容安全管理主体责任，配备与服务规模相适应的专业人员和技术能力，建立健全用户注册、信息审核、应急处置、安全防护等管理制度；互联网群组信息服务提供者应当根据互联网群组的性质类别、成员规模、活跃程度等实行分级分类管理；互联网群组信息服务提供者应当建立互联网群组信息服务使用者信用等级管理体系，根据信用等级提供相应服务；

互联网群组信息服务提供者应当根据自身服务规模和管理能力，合理设定群组成员人数和个人建立群数、参加群数上限；互联网群组信息服务提供者和使用者不得利用互联网群组传播法律法规和国家有关规定禁止的信息内容。

2018 年 2 月，国家互联网信息办公室颁布《微博客信息服务管理规定》，要求微博客服务提供者应当落实信息内容安全管理主体责任，建立健全用户注册、信息发布审核、跟帖评论管理、应急处置、从业人员教育培训等制度及总编辑制度，具有安全可控的技术保障和防范措施，配备与服务规模相适应的管理人员；微博客服务提供者应当建立健全辟谣机制，发现微博客服务使用者发布、传播谣言或不实信息，应当主动采取辟谣措施；微博客服务提供者应用新技术、调整增设具有新闻舆论属性或社会动员能力的应用功能，应当报国家或省、自治区、直辖市互联网信息办公室进行安全评估。

值得关注的是，人工智能时代社交媒体上的机器人制造的"计算宣传""虚假新闻"尤其值得关注。我们要未雨绸缪，加强相关监管制度储备和完善。

五、强化大数据舆情监控与预警

建立健全网络舆论监测预警机制。一是要不断优化和规范预警指标体系。通过分类、梳理、分析突发公共事件网络热门评论的演变特征、趋势等，建立健全危机信息数据库，从而更好地监测预警。二是要逐步形成网络舆情管理的一体化工作布局。互联网信息主管部门牵头，通信管理部门、安全部门、涉事部门协作联动，实现内容管理、网络管理和安全管理一体化、无缝化。三是根据舆情信息的性质、敏感度、可控度、影响度等，区分预警等级，依次为蓝色、黄色、橙色和红色预警四个等级，制订差异化、可操纵性强的预警处置方案。四是完善网络舆情常规研判分析制度、网络舆情应急分析制度、重大网络舆情联席会议制度等。五是着力运用现代科技手段监测研判网络舆情。针对网络传播的特性，组织研发突发舆情专题技术系统、专门的网页微博微信监测系统、舆情研判系统等技术。[①]

大数据背景下的突发公共事件舆情分析系统模块包括以下部分：①数据采

---

① 宋建国：《面对突发事件，如何引导网络舆论》，《人民论坛》2018 年第 14 期，第 118 – 119 页。

集与清洗模块：清洁、全面、统一的数据信息是实现大数据突发公共事件舆情分析，特别是智能化分析研判的先决条件。②综合研判模块：包括运用文本挖掘、人工智能、自动检索、自然语言处理、文本情感分析、语义分析等大数据技术和工具，同时结合权威专家提供的知识保障，构建突发公共事件相关分析模型，对突发事件要素、态势、舆情等进行关联分析，并依托构建的突发公共事件案例数据库、突发公共事件分析模型数据库等各类数据库，挖掘突发公共事件信息中的潜在规律，实现对突发公共事件的全面综合研判。根据不同层级的舆情分析需求可以实现突发公共事件的战略分析、战役分析和战术分析。③服务产品模块：突发公共事件发生前主要提供事件检测与预警性服务产品；突发公共事件发生过程中主要提供事件跟踪、关联分析、阶段性态势分析、突发舆情分析及应对策略等相关服务产品；突发公共事件处置结束后主要提供事件报告、事件案例总结、事件衍生舆情分析报告等情报服务产品等。同时通过人机交互技术，实现与决策用户的交流互动，对决策用户的情报需求进行实时传递和反馈。①

突发公共事件舆情大数据分析需要建立一整套评价指标体系，如王静茹等（2017）提出舆情主体、舆情客体、舆情本体、舆情媒介、舆情环境的一级指标，其中舆情主体指标包括影响力、倾向度、参与度、网龄分布度、地域覆盖度；舆情客体指标包括主题署名度、价值度、关注度；舆情本体指标包括舆情频度、内容详略度、收听化程度；舆情媒介指标包括参与度、权威度、传播速度；舆情环境指标包括扩散性、干预性、时效性。② 孙飞显等（2015）基于新浪微博建立了针对政府的负面网络舆情监测指标体系，包括博主指标、博文指标、传播指标和受众指标四个一级指标，其中博主指标包括博主关注数、博主粉丝数、已发微博数、博主的类别；博文指标包括博文正负面、博文敏感度、博文发布时间；传播指标包括博文转发数、博文评论数、博文点赞数、博文传播速率；受众指标包括受众地域分布、地域回应指数、地域参与频度。③ 张玉亮（2012）基于突发事件网络舆情风险生成、扩散、衰退平复的发生周期，构建了

① 瞿志凯、兰月新、夏一雪等：《大数据背景下突发事件情报分析模型构建研究》，《现代情报》2017 年第 1 期，第 49 – 50 页。

② 王静茹、金鑫、黄微：《多媒体网络舆情危机监测指标体系构建研究》，《情报资料工作》2017 年第 6 期，第 30 页。

③ 孙飞显、程世辉、倪天林等：《基于新浪微博建立的针对政府的负面网络舆情监测指标体系》，《情报杂志》2015 年第 4 期，第 83 页。

突发事件网络舆情风险评价指标体系，其中舆情生成风险指标包括突发事件发生数、突发事件解决的民众满意度、上访人数、当地网民数量、当地网站数量、刊登议题网站数量、刊登舆情议题文字总数、刊登舆情议题图片数量；舆情扩散风险指标包括网民浏览次数、议题回复网帖数量、非本地网民发帖数量、浏览议题网民的分布省份数、舆情持续时间长度；舆情衰退平复风险指标包括政府监测平台完善程度、政府舆情监测人员数量、政府舆情响应速度、政府舆情回应效度。[①] 谈国新、方一（2010）构建了由舆情发布者指标、舆情要素指标、舆情受众指标、舆情传播指标以及区域和谐度指标五个指标群组成的网络舆情监测指标体系，展现舆情的地理分布、来源、传播渠道以及舆情内容的性质和受众的反应（见表7 – 5）。[②]

表7 – 5　突发公共事件网络舆情风险评价指标体系

二级指标	三级指标	叶节点指标
舆情发布者指标	舆情发布者影响力	浏览次数
		发帖数
		回复数
		转载率
	活跃度	发帖数
		回帖数
	价值观	舆情发布语义信息

---

① 张玉亮：《基于发生周期的突发事件网络舆情风险评价指标体系》，《情报科学》2012年第7期，第1036页。

② 谈国新、方一：《突发公共事件网络舆情监测指标体系研究》，《华中师范大学学报（人文社会科学版）》2010年第3期，第66 – 70页。

（续上表）

二级指标	三级指标	叶节点指标
舆情要素指标	信息主题类别	生存危机
		公共安全
		分配差距
		腐败现象
		时政
		法治
	关注度	页面浏览数
	信息主题危害度	舆情主题语义信息
舆情受众指标	负面指数	回帖总数
		负面回帖总数
		中性回帖总数
	受众影响力	舆情回复语义信息
	参考频度	点击、评论、回复某一舆情的总次数
	网络分布度	点击者 IP
舆情传播指标	媒体影响力	总流量
		日流量
		点击率
	传播方式	门户网站
		网络论坛/BBS
		博客/个人空间
		短信、邮件
	舆情扩散度	报道次数

（续上表）

二级指标	三级指标	叶节点指标
区域和谐度指标	贫富差距	基尼系数
		农村城镇居民收入比
		财富集中度
	信息沟通	电视覆盖率
		网络覆盖率
		广播综合人口覆盖率
	社会保障	社会治安
		医疗保险覆盖率
		养老保险覆盖率
		工伤保险覆盖率
	宗教信仰	邪教
		宗教冲突与民族矛盾

网络舆情监测的方法主要有以下几种：基于网络日志数据挖掘的隐性舆情分析、基于内容挖掘的主题监测、基于社会网络分析的舆情主体关系发现、关联不同领域数据进行舆情分析、基于网络民意调查的舆情分析、基于统计规则的模式识别等。[①]

（1）基于网络日志数据挖掘的隐性舆情分析。当网民关注某突发公共事件而去浏览或搜索相关信息时，会在网站服务器端产生浏览日志或搜索日志。浏览日志中记录了网民 IP 地址、浏览时间、网页 URL 地址等数据，可以通过分析日志，统计某地区、某时间段内的浏览热点，许多网站推出的"舆情热点排行榜"就是这方面的应用。通过统计分析用户的搜索词及搜索频率，可以发现网民的关注点及其热度；对一段时间内与某个社会事件相关的搜索词进行词频统计，可以描述网民关注点的产生和变化过程。目前，一些搜索引擎公司已经研发了通过搜索日志挖掘发现网络舆情的技术和应用，如"谷歌趋势"和百度指数、百度舆情。

（2）基于内容挖掘的主题监测。流程有三步：信息提取（包括信息采集、结构化数据存储）、信息预处理（包括信息过滤、词法分析、句法分析、概念

---

① 唐涛：《基于大数据的网络舆情分析方法研究》，《现代情报》2014 年第 3 期，第 3–6 页。

分析)、舆情分析(包括文本标示、主题发现、意见挖掘、倾向分析),主要进行话题识别。近年来浅层分析技术出现,相关研究开始关注网络舆情的情感倾向。这种方法的核心技术包括搜索引擎技术、信息组织技术、自然语言处理技术等。市场上出现了不少网络舆情监测分析软件,知名的有人民网舆情监测平台、拓尔思网络舆情监控系统、方正智思互联网舆情监控系统、邦富互联网舆情监控系统、军犬网络舆情监控系统、清博舆情分析系统、新浪微舆情分析系统、云润大数据分析系统、众云大数据分析系统等。

(3)基于社会网络分析的舆情主体关系发现。互联网上不同主体间的互动形成很多社会化网络,以微博为例,用户之间互相关注、转帖、评论。将所有用户之间互相关注的关系都画成有向边,整个微博舆论场就成为一个有向图,每个用户就是一个节点,每个关注就是一条有向边,所有人际关系数据最终全景展示了整个社会化网络。这些舆情主体间频繁联系、相互影响,在这个过程中涌现出一些威望和地位较高的舆论意见领袖,他们左右着其他主体的舆论方向,最终影响整个舆论场。社会网络分析/复杂网络分析方法已成为研究现实社会网络和以互联网为基础的网络信息交流的重要工具,包括了整体网络密度分析、个体中心度分析和凝聚子群分析、结构洞分析等指标。

(4)关联不同领域数据进行舆情分析。将用户职业数据、地域数据、年龄数据、专注领域等和社会网络数据结合起来,可以分析出不同的舆情热点在哪些职业、哪些地域、哪些时段、哪些群体中传播广泛,这对于更有针对性地进行舆论引导有重大意义。将网站新闻数据、论坛数据、博客数据、微博数据等进行对比,可以分析出舆情热点在不同舆论场的传播速度和广度,从而掌握哪些舆论场更易于传播哪类舆情。还可以将舆情分析的数据与外部数据相联系,如将食品安全问题的舆情数据与相关食品的销售数据相联系,就能反映出舆情对企业经营的巨大影响。将网络谣言传播与造成的社会后果数据相联系,可以反映谣言的巨大破坏力;辟谣的引导性舆论发布后,再动态监测相关社会数据,可以看出舆论引导的效果。

(5)基于网络民意调查的舆情分析。网络调查方法是将社会调查法移植到网络上,即在网上进行问卷调查。这种方法通过设计问卷、抽样调查、统计分析等一整套科学程序,能够客观地推论社情民意。这种方法应用广泛,许多网站会在新闻网页下方设置新闻评论功能和读者态度倾向调查,新华网、人民网等网站在近年全国两会期间专门进行关于民众关注热点的网络舆情问卷调查,一些网站还针对国家重大事件和社会热点进行网络调查。

（6）基于统计规则的模式识别。通过统计分析某段时间内用户所关注信息点的记录，可构建互联网内容与舆情的热点/热度、重点/重度、焦点/焦度、敏点/敏度、频点/频度、拐点/拐度、难点/难度、疑点/疑度、黏点/黏度、散点/散度 10 个分析模式和判据。[①]

网络舆情大数据监测分析需要注意以下问题[②]：

（1）数据的安全性。在进行大数据分析时，隐私是个大问题。需要推行新技术方式来促进隐私保护，一种途径是故意将数据模糊处理，促使对大数据的查询不能显示精确的结果，另一种途径是界定数据挖掘、利用的权限和范围。要注意技术安全性和管理制度安全性并重，防止信息被损坏、篡改、泄露或被窃，保护公民和国家的信息安全。

（2）数据的可获取性。要想提高大数据分析的水平，可获取的数据量是关键。大数据时代，传播形式的多元化使得数据分布在不同的传播终端，特别是微信、陌陌等私密性社交媒体用户使用数据难以获取到。这些问题都给设想基于大数据的网络舆情分析带来难题。除此之外，政府掌握着社会的大多数公共信息，网络平台则掌握着大量网民在线社交、消费的数据。要获取大规模的用户数据，需要政府、商业部门的开放、合作、共享。

（3）数据的代表性。大数据平台只能打捞那些可能代表一个群体或一定数量级的"沉默的声音"，线上线下大量的"沉默的声音"实际上还很难打捞到。因此，网络舆情大数据实际上是不全面的，以此来指导社会管理是有偏差的。需要在大数据挖掘技术上不断提升产业化、智能化、自动化水平。

第二节　网络传播平台是治理的引力

《"十三五"国家信息化规划》指出，"对所有从事新闻信息服务、具有媒

[①]　谢海光、陈中润：《互联网内容及舆情深度分析模式》，《中国青年政治学院学报》2006 年第 3 期，第 95 – 100 页。

[②]　唐涛：《基于大数据的网络舆情分析方法研究》，《现代情报》2014 年第 3 期，第 6 页。

体属性和舆论动员功能的网络传播平台进行管理"。当前，"政府指导、平台主导、用户引导"成为网络社会治理的基本模式。网络传播平台作为中介型把关人，掌握着信息流的总阀门，一方面，平台本身受到外部规制；另一方面，平台作为治理主体，拥有权力和责任，通过规则的工具去管理用户言行、营造良好生态，如阿里巴巴的平台治理部、微信的谣言粉碎机、界面的"最快抄袭奖"等。在治理责任方面，"汉德公式"（Hand Formula）可作为划定平台责任的准则之一。责任分摊的汉德公式是指，在一场事故中，谁越容易避免事故，谁承担的责任就越大；反之，谁避免事故所要付出的成本越高，谁的责任就越小。该公式广泛应用于版权纠纷、隐私泄露纠纷、虚假广告纠纷等。相对来说，政府直接管理网民所要付出的成本比平台方要高，因此平台的责任理应有所加重。政府对网络平台的监管思路是"以网管网"——"谁主管、谁负责，谁经营、谁负责，谁接入、谁负责"，即"三谁原则"。习近平在网络安全和信息化工作座谈会上强调，"网上信息管理，网站应负主体责任，政府行政管理部门要加强监管。主管部门、企业要建立密切协作协调的关系"；"企业做得越大，社会责任、道德责任就越大，公众对企业这方面的要求也就越高"；"只有富有爱心的财富才是真正有意义的财富，只有积极承担社会责任的企业才是最有竞争力和生命力的企业。办网站的不能一味追求点击率，开网店的要防范假冒伪劣，做社交平台的不能成为谣言扩散器，做搜索的不能仅以给钱的多少作为排位的标准"。随着平台影响日益增大，平台责任越来越重、第三方义务越来越多，平台企业面临的风险、压力也愈发巨大。近年来，国家互联网信息办公室先后密集颁布有关网络传播平台方面的管理规定，如《即时通信工具公众信息服务发展管理暂行规定》《互联网论坛社区服务管理规定》《互联网跟帖评论服务管理规定》《互联网群组信息服务管理规定》《微博客信息服务管理规定》，都对网络传播平台的主体赋予了比较清晰的义务和责任。

虽然平台并不直接生产内容，但大量用户可自由地在平台上传自己制作的内容，而由于用户的媒介素质和内容生产能力各异，平台上的UGC（用户生成内容）也良莠不齐，甚至出现各种非法内容利用平台进行传播扩散的现象。塔尔顿·吉莱斯皮（Tarleton Gillespie，2017）研究了平台内容的治理，他归纳出了6类平台应该限制传播的内容：色情内容、暴力内容、对其他用户的骚扰内容、仇恨言论、宣扬自我伤害的内容、宣扬非法行为特别是吸毒的内容。① 他认为平台对违规内容的处理方式主要有两种：删除或过滤。大部分平台会同时使用这两种方法。平台需要在两种方法的应用中找到平衡点，因为过度的删除可能会造成用户的不满，甚至有限制言论自由之嫌。比起直接删除，平台采用设置标签、搜索引擎屏蔽选项等形式，可以在用户不想接触违规内容时自动将违规言论过滤掉，让用户拥有更好的体验。

平台数量增加，规模不断扩大，社会影响力日益增强，其主体责任也自然成为平台化治理中必不可少的一部分。吉莱斯皮认为在平台责任方面，要为平台尤其是社交媒体平台量身定制免责规定，而非将针对互联网提供商的法律法规直接套用于平台之上；要表达出对平台在法律、文化、道德等层面的积极期待，促使平台由名义上中立的内容生产商转变为公共领域的建造者；还要建立起平台的透明和问责标准，对社会开放更多的平台内部运营信息，如平台内容审核的标准、用户个人信息的应用情况等。②

突发公共事件舆情传播中，网络传播平台在及时有效引导舆论、负面舆论矫正、网民情绪引导上存在不足。重塑网络传播平台的舆论引导力，可从以下几个方面着手：一是与媒体议程进行匹配，能够在舆论发展初期与媒体共同引导舆论向积极正面方向发展；二是有效监管负面舆论，能够通过技术手段及时预测网络平台中的负面舆情，对负面舆论中的网民情绪进行适时介入引导；三是做好桥梁沟通工作，将网络平台中的网民意见、舆论话题进行总结归纳，并向政府有关部门进行信息反馈，搭建起网民、政府之间的意见交流与沟通渠道。③

如南方网在网络论坛中运用了以下引导网络舆情的办法：①主动导帖。论坛管理员推荐优秀的网民帖文或主动发表新帖作为引导，组织网民就某一热点话题展开讨论。②积极跟帖。对一些思想比较消极、观点不十分正确的言论，由论坛管理员以跟帖方式予以正面引导。③善于劝帖。当论坛出现言论过激的帖文或说粗话、搞人身攻击等情况时，管理员及时出面对发帖者进行规劝或警告。④注意收帖。每天关闭论坛发帖功能前认真检查收尾帖子的内容，尽量使

① GILLESPIE T. Governance of and by platforms//BURGESS J, MARWICK A, POELL T (eds.). The SAGE handbook of social media. Sage, 2017.

② GILLESPIE T. Governance of and by platforms//BURGESS J, MARWICK A, POELL T (eds.). The SAGE handbook of social media. Sage, 2017.

③ 余秀才：《突发事件中微博舆论的传播特征与问题——以成都男司机暴打女司机事件为例》，《现代传播》2016 年第 4 期，第 141 页。

尾帖与主帖观点一致，体现出网站的引导意图。⑤适时结帖。对某些热点话题的讨论持续一段时间后，选择适当的时机结束讨论，以避免"炒作"或影响社会整体舆论环境。①

《中国网络社会治理研究报告（互联网治理蓝皮书）》课题组根据网站类平台与移动应用类平台的差异，设计了网络传播平台的治理能力评价指标体系（见表7－6、表7－7），并给每个指标进行了赋值，每年监测发布网络传播平台的治理能力指数。② 网络传播平台的治理能力评价指标体系包括内容引导力、用户服务力、安全保障力、性能表现力和平台影响力。

1. 内容引导力

该指标考察平台传播信息内容的价值取向状况，即平台作为把关人，是否能有意识地主动把关，设置议程，使具有公共性质的信息传播活动符合社会道德规范与价值取向，使平台自身生态环境保持良好。内容引导力可分为两个方面。第一是正面信息引导，即习近平提出的网络内容建设要求："做强网上正面宣传，培育积极健康、向上向善的网络文化，用社会主义核心价值观和人类优秀文明成果滋养人心、滋养社会，做到正能量充沛、主旋律高昂。"第二是负面信息控制，若平台充斥着虚假、诈骗、攻击、谩骂、恐怖、色情、暴力、敏感、低俗、炒作、误导等违法不良信息，其治理能力则堪忧。

2. 用户服务力

该指标考察平台为用户提供服务数量多寡与质量高低的能力，即平台是否能以切实的服务来满足用户需求，使平台成为多方互惠、和谐共生的"栖居之所"。用户服务力可分为两个方面。第一是公共服务，主要考察平台面向用户的、不以营利为主要目的的线上线下公共服务的提供、建设、实施情况，如问政监督、便民服务等，可看作平台社会责任的组成部分。第二是投诉处理，通过这一渠道，平台主动接受公众监督，发现、处理存在问题，不断改善内容和服务状况，提升用户满意度与平台美誉度，从而取得良好的治理效果。

3. 安全保障力

该指标考察平台在网络产品安全上的情况，即预防和应对安全威胁的能力。

---

① 张纯青：《新闻网站贴近受众的途径》，http://www. southcn. com/news/china/zgkx/200411080483. htm。

② 罗昕、支庭荣：《中国网络社会治理研究报告（互联网治理蓝皮书）》，社会科学文献出版社2017年版，第54－55页。

产品安全是保障平台稳定、有序运行的基础和前提。网站平台方面的安全问题，包括网站漏洞；虚假、欺诈等违规信息泛滥；挂马、恶意（恶意转向代码或木马程序情况）；恶意篡改（恶意篡改网站内容或代码）等。移动应用方面的安全问题，包括软件里高危漏洞、中危漏洞、低危漏洞的存在情况。这些问题会不同程度地引起网站或软件崩溃，被病毒、黑客等入侵，从而导致用户信息泄露、遭受欺骗攻击、造成经济损失等信息安全事件。

4. 性能表现力

该指标考察平台作为一个产品的性能表现，即平台是否能在运行速度、所占内存、所耗流量等方面提供良好的用户体验。网站平台方面的性能表现，包括下载时间、首字节时间、总时间、解析时间。移动应用方面的性能表现，包括启动耗时、CPU 占用、内存占用、流量耗用、电量耗用。上述指标的数值越小，说明平台的性能表现力越好。

5. 平台影响力

该指标考察平台治理能力的市场，即平台是否能以良好的市场表现吸引更多用户。影响力的实质，即"有意或无意、显性或隐性地发出各种信息，干预受影响者的认知、判断、情感、决策和行为"[①]。平台强大影响力的背后，离不开有效的内容运营和治理。网站平台方面，该指标包括网站的全球排名、日均 PV（页面访问量）、日均 UV（独立访客），反映网站的全球性综合实力、热度、人气和知名度等。移动应用方面，包括应用市场评分、下载量、评论数，反映移动应用在应用市场的综合实力、市场占有率及口碑、受欢迎度等。

表 7 - 6　网站平台综合治理能力评价指标体系及其权重排序

一级指标	权重	二级指标	权重	排序
A1 内容引导力	0.258 3	B1 正面信息引导	0.185 1	1
		B2 负面信息控制	0.073 2	7
A2 用户服务力	0.178 8	B3 公共服务	0.083 6	3
		B4 投诉处理	0.095 2	2

---

① 吴力群：《影响力的信息测度》，《现代情报》2009 年第 4 期。

（续上表）

一级指标	权重	二级指标	权重	排序
A3 安全保障力	0.258 7	B5 网站漏洞	0.031 6	12
		B6 虚假、欺诈	0.079 6	4
		B7 挂马、恶意	0.071 6	8
		B8 恶意篡改	0.075 9	6
A4 性能表现力	0.112 0	B9 下载时间	0.037 8	11
		B10 首字节时间	0.019 9	15
		B11 总时间	0.029 1	13
		B12 解析时间	0.025 2	14
A5 平台影响力	0.192 2	B13 全球排名	0.077 9	5
		B14 日均 PV	0.053 5	10
		B15 日均 UV	0.060 8	9

表 7-7　移动应用综合治理能力评价指标体系及其权重排序

一级指标	权重	二级指标	权重	排序
A1 内容引导力	0.258 3	B1 正面信息引导	0.185 1	1
		B2 负面信息控制	0.073 2	6
A2 用户服务力	0.178 8	B3 公共服务	0.083 6	5
		B4 投诉处理	0.095 2	3
A3 安全保障力	0.258 8	B5 高危漏洞	0.174 8	2
		B6 中危漏洞	0.059 2	7
		B7 低危漏洞	0.024 8	12
A4 性能表现力	0.112 0	B8 启动耗时	0.023 4	13
		B9 CPU 占用	0.019 5	14
		B10 内存占用	0.026 3	10
		B11 流量耗用	0.026 0	11
		B12 电量耗用	0.016 8	15

（续上表）

一级指标	权重	二级指标	权重	排序
A5 平台影响力	0.192 1	B13 应用市场评分	0.056 4	8
		B14 下载量	0.094 2	4
		B15 评论数	0.041 5	9

第三节　网民群体是治理的动力

网民是网络舆论的主体。突发公共事件网络传播治理的基础工程、内在动力和核心理念在于网民素质的提高。可以说，网民素质的高低在一定程度上反映了网络舆论生态优劣的程度。只有网民素质不断提升，网络舆论负能量才能逐渐得到减少乃至消退。

网民参与网络舆情治理是参与式治理的典型体现。Johanna Speer（2012）从四个维度对参与式治理进行概述：①作为去集权化的参与式治理。它是祛除精英控制和代理型政策制定的一种方式。②作为协商民主的参与式治理。它是通过民主协商方式促进政治民主化的一种途径。③作为赋权的参与式治理。它是弱势群体冲破现存政治权力结构的一种改革。④作为自主治理的参与式治理。它是鼓励公民集体行动的一种选择。① 作为一种全新的治理模式，参与式治理与其他治理理论是有边界的。

参与式治理与多中心治理、网络治理、整体性治理等具有相似性，但不同于多中心治理对于多方主体的强调，参与式治理重视探索政府与公民良性互动的逻辑；不同于网络治理对于行动者网络关系的建构，参与式治理试图促进政府与公民双边关系的协调；不同于整体性治理对于政府内部权力资源的整合，参与式治理倡导政府对外部主体的权力分享。总之，参与式治理是指公民直接、主动参与利益相关的公共事务治理过程，与政府协商制定公共政策，民主决议

---

① SPEER J. Participatory governance reform: a good strategy for increasing government responsiveness and improving public services? World development, 2012, 40（12）: pp. 2379 – 2398.

公共资源配置，共同分享公共权力和公共责任，从而塑造服务型政府，培育主体性社会，最终形成政府管理与公民自治良性互动的善治格局。参与式治理的关键在于向公民赋权，核心在于加强民主协商，基础在于推进公民自主治理。

John Gaventa（2003）提出了六个评估公民参与地方治理变革可能性的挑战：①在普通人和机构之间建立新的关系，特别是那些影响他们生活的机构。②重建公民与地方政府之间的关系，这意味着通过新的参与形式、响应能力和问责制，努力实现超越公民社会或基于国家的方法，专注于他们的交叉点。③公民与国家之间新的参与形式的呼吁涉及对与地方治理相关的参与和公民意义的重新概念化。④新形式的公民—国家参与，随着参与作为公民权的重新论证，以及超越传统投票和政治权利的参与权的扩展，寻求在决策过程中确保公民声音的更直接机制。⑤需要更多证据，虽然为参与式治理创造了新的空间，提供了变革性变革的可能性，但更需要了解这些空间如何运作以及社会正义的结果。然而，虽然有一些证据表明积极的"民主"建设成果，但是关于参与式治理的扶贫发展成果的证据却越来越少。⑥评估参与空间的权力关系，因此，权力分析对于理解参与性治理的新空间在多大程度上可用于变革性参与，或者它们是否更有可能成为加强统治和控制的工具至关重要。①

一、加强网民网络素养教育

2019 年 8 月发布的《第 44 次中国互联网络发展状况统计报告》指出，截至 2019 年 6 月，19 岁以下的网民总比达到20.9%，初中、高中/中专/技校学历的网民占比分别为38.1%与23.8%，小学以下的比例达到18.0%，网民中学生群体的占比最高（26.0%），其次为个体户/自由职业者（20.0%）。多数人的舆论往往会影响乃至主导整个网络舆论的形成，而这些舆论（正面的或负面的）也必定和舆论主体的特征直接相关。不少网民在网络舆论中盲目跟风，反映出一些网民缺乏独立思考和独立判断的能力。从调查统计的数据看，我国网民的总体素质状况不容乐观，只有数量优势，没有质量优势。中国社科院发布的《中国新媒体发展报告（2013）》指出，中国微博用户整体呈现学历低、年

---

① GAVENTA J. Towards participatory local governance: assessing the transformative possibilities. The Conference on Participation: From Tyranny to Transformation, Manchester, February 2003.

纪轻、收入低等特征，高中学历以下用户占74.88%。绝大多数的低学历微博用户在微博上的言论表达多以情感发泄为主。特别是在突发公共事件发生后，往往给人们的心理造成巨大的冲击，引起情感上的巨大波动，更加导致微博用户对此类事件在情感上的关注多于理性上的关注。随着网民年龄层次的不断提升以及网络空间生态的不断净化，网民在突发公共事件上的公共表达会变得更具理性和建设性。如有学者以"东方之星"客轮倾覆事件为例，发现网民趋于客观看待事件原因和政府应对、质疑媒体报道、呼吁回归理性、呼吁"去娱乐化"、客观对比同类事件等现象，可在一定程度上反映网民素养的整体提升。①

　　针对我国在校青少年是网民主体的重要特征，目前最为现实而迫切的工作是切实重视青少年的网络素养教育。而我国在网络素养教育方面应该说还是一片空白。学者彭兰比较完整地构建了网络社会的网民素养体系，包括网络基本应用素养（表现为对网络的合理、合法、节制使用等）、网络信息消费素养（表现为获取有效信息的能力、辨别与分析信息的能力、批判性解读信息的能力等）、网络信息生产素养（表现为负责地发布信息和言论、负责地进行信息再传播等）、网络交往素养（表现为与单一对象的交往能力、构建和维护人际交往网络的能力等）、社会协作素养（表现为与他人达成一致目标的能力、在协同系统中定位的能力、执行协同任务的能力等）、社会参与素养（表现为积极参与网络社区建设的能力、理性参与公共事务的能力等）。②

　　网民素养提升表象的背后有其重要的心理动因。可能的心理动因包括猎奇意识、求知意识、思辨意识、质疑意识、批判意识、求证意识、公共意识、辟谣意识等，其中又包含具体的规律性，如猎奇意识可能源于天生的好奇心理，批判意识不以求证行为为一般结果等。网民素养提升具有五个层级的行为表现。"获得信息—有效求证—客观发言—专门辟谣"是网民素养提升四个层级的行为表现，其中可以认为"获得信息＋有效求证＝获得有效信息"，"客观发言＋专门辟谣＝负责地传播信息（＝负责地发布信息＋负责地转发信息）"。这四个层级由低到高，而从"自身网络素养提升"发展到"关注或呼吁他人网络素养提升"可以说是网民素养提升更高层级，即第五层级的表现。后三个层级的行

---

　　① 王国华、范千、王雅蕾等：《突发事件微博舆论中的网民素养提升研究》，《情报杂志》2016年第12期，第120页。

　　② 彭兰：《网络社会的网民素养》，《国际新闻界》2008年第12期，第65－70页。

为表现是网民素养提升的真实依据。①

网络素养教育可从多个主体行动开始。一是学校层面：将网络素养教育的课程计划融入学校课堂，制订教学计划和丰富教学内容，包括网络信息传播的特点，教育学生如何文明上网、如何批判性选择网上信息，教授有关互联网传播法律法规等。二是家长层面：确保清楚地知道未成年人在网上所参与的相关活动，包括注册拥有的微博、微信、QQ、贴吧等社交媒体以及用户名，发布的相关帖子内容。三是成年网民层面：加强网络自律。网民发表原帖、评论应当理性、公正、客观、谨慎，做到不发布、不轻信、不传播没有正式消息来源的网络传言和侵犯他人合法权益的帖子。发布信息之前要经过自我审核，不夹杂过度的非理性情绪，做到理性建设性发言，不信谣不传谣。四是政府层面：相关政府部门应投入相关的财政资金，举办定期或不定期的网络素养教育宣传活动，与公益组织、学校、网站等单位合作，制作网络素养教育的向导小册、绘本、微电影、短视频、动漫、动画等媒介产品，通过线上线下立体化的传播渠道，增强对网络谣言的"免疫力"，加强全民法制伦理观念教育，培养理性文明发帖的意识。

二、引导网民有序政治参与

党的十七大报告指出，要从各个层次、各个领域扩大公民有序政治参与，最广泛地动员和组织人民依法管理国家事务和社会事务、管理经济和文化事业。微博扩大了公民政治参与的渠道，但"过度的政治参与可能带来政治不稳定的结果"。例如，政治参与在一定时期的迅速扩大若超过该政治系统的内聚功能和承受能力，就会使得大量非制度化的参与蔓延，容易导致对民主体制的破坏，甚至引发骚乱；政治的剧烈转型或动荡时期易于发生参与"爆炸"，这种参与的极端和盲目扩大，会大大削弱政府权威，导致"无政府主义"泛滥，最终对经济发展和社会稳定造成破坏。② 因此，引导网民通过微博进行积极有序的政治参与，是突发公共事件微博传播治理时必须认真探索并加以努力解决的问题。

当前我国公民政治参与的主要特点表现为：从动员型参与转向自主型参与；

① 王国华、范千、王雅蕾等：《突发事件微博舆论中的网民素养提升研究》，《情报杂志》2016 年第 12 期，第 121 页。

② 苗贵安、王云骏：《从群体性突发事件看我国公民有序政治参与的路径选择》，《攀登》2009 年第 4 期，第 51 页。

制度性政治参与渠道不畅，非制度性政治参与有上升趋势；网络政治参与发展迅速，但公民消极参与的心态呈上升趋势。以上公民政治参与特点，在网络环境下可能激发网民极端的非理性政治参与。引导网民有序政治参与，除了罗尔斯所追求的"公平正义"①，从网民主体的角度看，可从如下四点入手：

一是发挥网民自媒体的作用，改善政治参与的途径和手段，提高公民政治参与的兴趣和能力，保证政治参与的数量和质量。

二是培养网民公民意识，增强公共责任。党的十七大报告指出：加强公民意识教育，树立社会主义民主法制、自由平等、公平正义理念。公民意识包括表达意识、参与意识、监督意识和法律意识。表达、参与是前提，监督是核心，法律是边界。公民在行使表达权的时候必须具有法治意识，即不能侵犯别人的合法权利，不能对国家安全和社会公共秩序构成威胁。三者互为条件、互为影响。

三是加强社会主义核心价值观教育。现实中的突发公共事件之所以能够迅速在网络上蔓延，可能是这个事件触动了网民价值观和利益观。这些多元主体有其共同的利益，社会主义核心价值观是这种公共利益的完美表达，引导着多元主体在处理网络突发公共事件中建立正确的价值取舍标准。

四是发展网络协商民主，完善表达机制。2014 年 9 月，习近平在庆祝中国人民政治协商会议成立 65 周年大会上强调，社会主义协商民主，是中国社会主义民主政治的特有形式和独特优势；有事好商量，众人的事情由众人商量，找到全社会意愿和要求的最大公约数，是人民民主的真谛。我们要坚持有事多商量，遇事多商量，做事多商量，商量得越多越深入越好；社会主义协商民主，应该是实实在在的、而不是做样子的。协商就要真协商，真协商就要协商于决策之前和决策之中，根据各方面的意见和建议来决定和调整我们的决策和工作，使我们的决策和工作更顺乎民意、合乎实际。协商民主强调在多元社会现实的背景下，通过普通的公民参与、决策和立法达成共识，核心要素是协商与共识。在网络环境下，政府和网民之间应通过各种形式的协商民主，妥善处理突发公共事件。

---

① 罗尔斯在《正义论》中给出关于正义的两个原则。第一条原则："每个人都在最大程度上平等地享有和其他人相当的基本的自由权利。"第二条原则："社会和经济的不平等被调解，使得人们有理由指望它们对每个人都有利；并且它们所设置的职务和岗位对所有人开放。"第一条原则简称为自由原则，这一原则保证了人们享有平等的自由权利。第二条原则简称为差别原则，它规定了经济和社会福利领域的不平等的适用范围和条件，要求经济利益和社会利益的不平等分配应该对处于社会最不利地位的人最有利。

第四节　意见领袖是治理的推力

帕累托"二八定律"指出，社会上20%的人占有80%的社会财富。类比而言，在网络舆情传播过程中，20%的人拥有80%的舆情影响力，他们被称为意见领袖。意见领袖是网络信息内容的主要"把关者""加工者""扩散者"和"引导者"。在突发公共事件网络传播中，意见领袖有强大的影响力，网民们会被强大的意见领袖感染，导致意见趋于统一，乃至于走向群体极化。在突发公共事件传播过程中，社会舆情往往会受到所谓的"专家达人"、微博"大V"等意见领袖的感染、暗示和催化，极易陷入"沉默螺旋效应""群体极化效应"。因此，意见领袖应认清自身强大的网络影响力，网络上的一言一行都应有强烈的社会责任感。如何利用意见领袖/情感领袖的群际作用治理突发公共事件网络舆情是一个值得关注的研究议题。

一、识别和利用意见领袖的网络影响力

意见领袖又称舆论领袖，通常指在信息传递和人际互动过程中少数具有影响力、活动力，既非选举产生又无名号的人。意见领袖基于本身的"选择性注意、选择性理解、选择性记忆"，对接收的信息作出自己独到的判断和解释后，通过较强的表达能力将信息转化为受众所愿意接受的内容，从而影响受众对危机的认知与态度。[①] 在群体性事件中，借力于微博的意见领袖成为信息扩散的关键节点。这些节点影响着群体性事件传播的广度和深度甚至是路径。他们的存在具有维系关注强度、传播重要信息、增强舆论能量的重要作用。意见领袖通过微博场域的"权力关系再生产"，用以"创造并维护整体性并因此使他们

---

① 季丹、郭政：《网络意见领袖对危机信息传播效果的影响因素研究》，《情报杂志》2015年第2期，第22－26页。

在社会秩序中的位置永久化或得到改进"。①

影响力是"一事物对其他事物的无形作用力的总和",其实质就是"有意或无意、显性或隐性地发出各种信息,干预受影响者的认知、判断、情感、决策和行为"。影响力是难以直接测定的,特别是难以在短时间内对相关的人进行无干扰的测定。但是,我们可以通过影响力所造成的后果,尤其是通过有关对事物的反映来决定影响力的范围、大小、性质、走向与结果等。② 为识别微博意见领袖的影响力,课题组建立了一套比较完整的微博意见领袖影响力的识别指标体系,包括传者知名度、传播活跃度、议题名誉度和效果反应度4个一级指标,9个二级指标和15个三级指标。传者知名度包括粉丝数量和身份认知2个二级指标;传播活跃度包括原创发布量和被回复评论量2个二级指标;议题名誉度包括推文议题指向性(发布事件进展、评价事件本身、评价政府言行及其他)、推文态度倾向性(支持、中立、反对)、网民回复敏感性(正向回复、中性回复、负向回复)3个二级指标;效果反应度包括政府重视(政府回应、实际调查、解决问题)和媒体报道(传统媒体和境外媒体)2个二级指标。

课题组借助社会网络分析软件 Ucinet,通过社群图分析微博意见活跃分子的互动连接关系,通过密度、点度中心性、结构洞等测量指标挖掘出微博意见领袖的权力关系,再辅以网络田野观察和内容分析,进一步考察微博意见领袖在权力关系再生产中的影响力。网络田野观察主要观察微博意见领袖在知名度上的粉丝数量、身份认证以及在反应度上的政府反应、媒体反应等指标。内容分析主要涉及微博意见领袖在活跃度上的(原创)发布量、(评论)回复量、转发量,以及在名誉度上的议题指向、情感倾向、网民回复倾向等指标。

以某网络舆情事件为例,在寻找意见活跃分子微博时,采用滚雪球抽样的方式,从其中一个意见活跃分子的微博出发(本研究以李承鹏微博为最初搜集对象),截取其在样本时间段内(2013年1月2日至12日)关于该群体性事件的所有微博信息,统计其转发的(@)其他意见活跃分子微博。然后依靠他们提供相互转发的对象,可搜集到第三批意见领袖。依次类推,不断重复,意见领袖的样本如同滚雪球般由小变大。最终对样本进行人工统计,建立意见活跃分子数据库。考虑到样本容量太大,经过筛选对比,本研究规定微博转发量超

---

① [美]戴维·斯沃茨著,陶东风译:《文化与权力:布尔迪厄的社会学》,上海译文出版社2006年版,第136、140页。

② 吴力群:《影响力的信息测度》,《现代情报》2009年第4期,第75页。

过 2 500 次、评论超过 500 条的意见活跃分子为最终抽样样本，结果获得 113 个
有效样本，其中符合条件的意见活跃分子有名人微博 82 个、传统媒体微博 16
个、普通网民微博 15 个。

从该群体性事件微博意见活跃分子相互转发关系的可视化社群图（见图
7 - 4）中可以看到，处于中心的节点与其他节点的连接相对较多，说明这些人
与其他人的转发互动行为积极活跃，在该群体性事件的微博传播中享有很高的
关注度。通过综合点的度数中心度、点的中间中心度、结构洞各测量指标排名
前二十的活跃分子账号（见表 7 - 8），得到相同的微博意见领袖有：伊能静、
李承鹏、韩寒、姚晨、李开复、上海朱雨晨、龚晓跃、何兵、胡锡进、老徐时
评、慕容雪村、南方周末、土家野夫、王小山、作业本、王冉和闾丘露薇，共
17 个账号。他们是整个网络中微博用户关注高的核心点，反映在可视化社群图
中就是箭头汇聚最密集的节点。他们通过权力关系再生产，对微博舆情的发展
产生了重要的影响力。

通过对这 17 个意见领袖的微博观察和内容分析，发现这些网络意见领袖有
以下共同特征：

（1）知名度方面，微博意见领袖占有的"社会资本"（粉丝数量、认证身
份）影响突发公共事件的传播范围。通过统计 17 位微博意见领袖的粉丝数量可
以发现，粉丝数在 1 000 万 ~ 1 亿的，占 17.65%；100 万 ~ 1 000 万粉丝数的意
见领袖占 52.94%；粉丝数在 10 万 ~ 100 万的占 23.53%；而 10 万以下的仅占
5.88%。微博意见领袖的主体多是"加 V"实名认证的名人。由于名人之间的
朋友圈关系，基本上将同样是名人的意见领袖加为互相关注的对象，因此他们
可以像团队一样运作，针对一个话题协调行动，形成爆发式的影响。同时，相
互之间转发、评论微博信息，加强了名人效应，使整个意见领袖名人群体具有
群聚化的特点。从微博意见领袖的职业分布来看，媒体从业者的比例高达
60.00%，可见媒体人（包括编辑、记者、自由撰稿人、作家、时评员等）依旧
在突发公共事件议题中扮演着主要的意见领袖角色；企业家和娱乐明星各占比
为 11.76%，他们对突发公共事件的"跨界""跨层"发声，使得微博时代意见
领袖的身份构成呈现出多元化的趋势；专家学者和草根红人各占 5.88%。

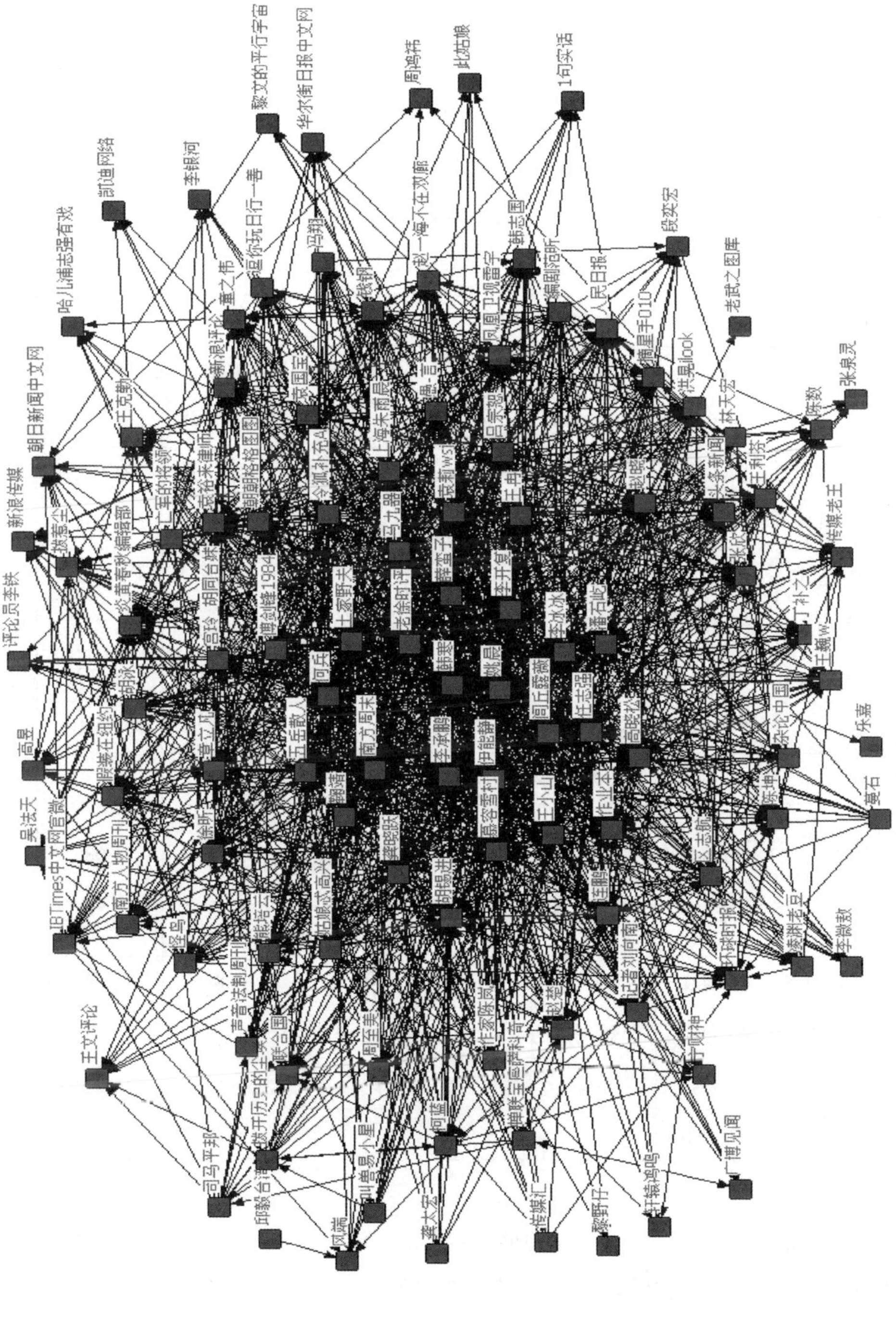

图7-4　某群体性事件微博意见活跃分子社群图

表7-8 微博意见活跃分子的三个指标测量结果（前二十位）

微博名称	点的度数中心度	微博名称	点的中间中心度	微博名称	结构洞	
					有效规模	限度值
李承鹏	68.000	李承鹏	969.349	伊能静	52.536	0.063
伊能静	68.000	何兵	836.803	李承鹏	51.370	0.064
姚晨	64.000	土家野夫	733.254	韩寒	49.643	0.066
韩寒	63.000	李开复	674.465	姚晨	47.634	0.067
李开复	63.000	王小山	653.963	上海朱雨晨	45.955	0.068
上海朱雨晨	62.000	作业本	568.773	胡锡进	45.788	0.070
何兵	60.000	姚晨	473.128	李开复	43.861	0.068
龚晓跃	59.000	王冉	420.155	龚晓跃	43.714	0.073
胡锡进	58.000	慕容雪村	375.065	南方周末	42.545	0.075
老徐时评	58.000	闾丘露薇	333.076	何兵	42.467	0.071
慕容雪村	57.000	伊能静	304.477	老徐时评	39.291	0.072
南方周末	55.000	胡锡进	300.177	慕容雪村	39.238	0.074
土家野夫	55.000	袁莉wsj	297.555	土家野夫	37.500	0.076
薛蛮子	53.000	薛蛮子	297.402	王小山	36.515	0.080
王小山	53.000	龚晓跃	294.513	薛蛮子	36.325	0.080
任志强	51.000	逗你玩日行一善	288.296	任志强	35.226	0.085
袁莉wsj	51.000	任志强	275.648	袁莉wsj	35.127	0.082
吕宗恕	46.000	上海朱雨晨	272.645	吕宗恕	31.856	0.090
鞠靖	45.000	老徐时评	272.456	愚一言	31.244	0.089
王冉	45.000	钱钢	269.663	马九器	30.585	0.093
点度中心势：37.15%		中间中心势：6.90%				

（2）活跃度方面，微博意见领袖的转发量和评论量影响突发公共事件的传播走向。对17名微博意见领袖关于该事件被转发最多的一条微博进行分析，发现意见领袖的微博具有非常高的转发量和评论回复量，最高转发量达到万条以

上的占 41.18%，其中南方周末和韩寒的微博转发量有 13 万条以上；评论回复量在万条以上的占 23.53%，其中韩寒和姚晨的回复评论量有 3 万条以上。此外，可以看出，意见领袖被转发最多的一条微博所属类型全都是原创性微博。可见，微博意见领袖可能并没有群体性事件的第一手资料，也不是线下群体性事件活动现场的目击者、参与者，但往往具有自己独特的原创观点。

（3）名誉度方面，微博意见领袖的议题指向和观点倾向影响群体性事件的传播性质。从意见领袖被转发最多的一条微博内容可以发现，言语措辞或偏激，或犀利，或隐晦，甚至包含很多敏感性词语。通过翻阅粉丝对这些微博内容的评论回复，发现在众多评论量中几乎是一面倒的趋势，即赞同并支持这些意见领袖的观点、态度，给予了正向的回复。

（4）反应度方面，意见领袖微博引发的政府反应和媒体报道影响突发公共事件的传播效果，以伊能静为例。一是政府回应方面：虽然政府相关部门未对事件有过公开正面的表态，但一些公开报道也折射了政府相关部门对微博意见领袖进行了回应。从线下反应看，在 1 月 16 日国台办新年首场记者会上，新闻发言人回应记者提出的"伊能静微博言论事件"："网上传的说法是真是假，我不清楚。我们欢迎台湾的演艺人员来大陆发展，当然，他们在大陆也应遵守相关的法律和法规。"① 从线上反应看，10 日下午伊能静在微博上突然贴出"我去喝茶了，希望茶好喝"的微博，引起两岸网友高度关注，伊能静名字瞬间爆红，成了微博热搜榜第一名。②

二是媒体报道方面：由于该群体性事件的敏感性，国内官方媒体的相关报道很少，比较突出的媒体是《环球时报》。在官方媒体集体缺席和微博舆情喧嚣的分化状况下，作为第三方舆论场的境外媒体乘虚而入，迅速发表了大量的报道或评论来填补这一"新闻洞"。经粗略统计，境外媒体关于该群体性事件的报道共有 110 篇左右。报道了 5 次以上的境外媒体有凤凰网、《联合早报》、《华盛顿邮报》、《华尔街日报》、IBTimes 中文网、《纽约时报》、BBC、自由亚洲电台、美国之音、FT 中文网。大多数境外媒体报道的消息来源于意见领袖发布的微博内容，其中有关伊能静的报道占据了大部分。

政府在治理突发公共事件中，应充分利用微博意见领袖影响力，如知名度

---

① 商西：《国台办回应伊能静事件：台湾艺人来大陆应守法》，《京华时报》，2013 年 1 月 17 日第 39 版。

② 《传伊能静为"南周"发声被"禁言"》，《包头晚报》，2013 年 1 月 17 日第 A02 版。

上，要利用微博意见领袖的社会资本；活跃度上，要加强与微博意见领袖的互动传播；名誉度上，要引导微博意见领袖理性发言；反应度上，要提高政府回应微博意见领袖的能力。在突发公共事件中，意见领袖承担着政府与普通网民沟通的"中间者"的重要角色，意见领袖的意见、观点及态度很大程度上影响着网民对事件的理解。因此，政府应健全网络领袖的培养机制，通过培养具有较高素质、文化并在群众中具有一定影响力的人成为网络舆情传播中的权威网民，发挥这些权威的网络意见领袖在政府治理舆情中的"润滑"作用。将正面信息通过意见领袖这一中介进行传播，可以迅速维护网络环境的稳定，减少负面情感的蔓延，控制负面情感的传播。意见领袖的意见、观点及态度很大程度上影响着网民对事件的理解，使大家能够比较理性、客观、全面地看待一些突发事件网络舆情中的问题，起到积极良好的舆论引导作用。

二、培养意见领袖的社会责任

社会责任是指一个人或组织对社会应负的责任。一个组织应以一种有利于社会的方式进行经营和管理。社会责任通常是个人或组织承担的高于组织自己目标的社会义务。社会责任的思想出现于 20 世纪 20 年代。1923 年，美国报纸主编协会制定《报业法规》，提出报纸的责任问题。1924 年，美国报纸主编协会主席 C. 约斯特著有《新闻学原理》一书，指出报业要对社会"负责"，并认为在必要的情况下，可以运用法律限制出版自由。网络意见领袖承担社会责任是指微博"大 V"或网络名人作为特殊网民，必须更加懂得自律、具有更强的责任心。

2013 年 8 月 10 日，在国家互联网信息办公室举办的"网络名人社会责任论坛"上，由网络名人达成共识，提出"七条底线"以期规范网络名人的社会责任。但"七条底线"似乎对网络名人没有多大的威慑力。2013 年 8 月 23 日，警方因卖淫嫖娼逮捕微博"大 V"薛蛮子一事在微博上引发网友围观。2014 年 4 月 17 日，网络推手"秦火火"在信息网络上捏造事实、诽谤他人，散布对国家机关产生不良影响的虚假信息，造成恶劣社会影响，法院对其所犯诽谤罪、寻衅滋事罪判处有期徒刑三年。在 2014 年初，央视揭露东莞扫黄淫秽色情业的报道中，微博"大 V""作业本"和"吴主任"调侃央视的报道，力挺东莞色情服务业。这一行为在微博上立刻引起轩然大波，网友纷纷指责央视。因此，网络名人的社会责任还需依靠网络名人的自律来履行。

网络名人社会责任需要一套评价指标体系作为他们行动的操作指南。"五位一体"是十八大报告中的"新提法"之一，从经济、政治、文化、社会、生态五个方面对推进中国特色社会主义事业作出整体布局。"五位一体"管理体系是一种辩证的思想，每一点之间都是有普遍联系的。它是在科学发展观指导下产生的，更加强调均衡、可持续和以人为本。它为建立网络意见领袖社会责任评价指标体系指标提供了分析框架（六个一级指标）（见表7-9）。

政治思想责任指标，可以用以反映"大V"在政治思想领域所负责任。我们可以进一步从国家形象（国家安全、社会稳定）与主流意识形态（社会主义核心价值观）等方面进行评价。

经济秩序责任指标，可以用以反映"大V"在经济秩序领域所负责任。我们可以进一步从经济思想、经济活动（如商业推手、商业打手）两方面进行研究评价。

文化教育责任指标，可以用以反映"大V"在社会秩序领域所负责任。我们可以进一步依据其在道德与法制教育和文化传播（传统民族文化、国外优秀文化、时代先进文化）等方面的表现进行评价。

社会事务责任指标，可以用以反映"大V"在公共服务领域所负责任。我们可以进一步依据其在舆论导向、公共服务等方面的表现进行评价。

生态环境责任指标，可以用以反映"大V"在互联网生态环境领域所负责任。我们可以进一步根据在环保实践以及生态意识两个方面的表现进行评价。

个人媒介素养指标，可以用以反映"大V"在自我约束领域所负责任。我们可以进一步依据其在信息污染、行为越轨等方面的表现进行评价。

表 7-9　网络意见领袖社会责任评价指标体系指标

一级指标	二级指标	三级指标	一级指标	二级指标	三级指标
政治思想责任	国家形象	"大V"发布量	经济秩序责任	经济思想	"大V"发布量
		"大V"态度			"大V"态度
		回应数量			回应数量
		回应态度			回应态度
	主流意识形态	"大V"发布量		经济活动	"大V"发布量
		"大V"态度			"大V"态度
		回应数量			回应数量
		回应态度			回应态度
文化教育责任	道德与法制教育	"大V"发布量	社会事务责任	舆论导向	"大V"发布量
		"大V"态度			"大V"态度
		回应数量			回应数量
		回应态度			回应态度
	文化传播	"大V"发布量		公共服务	"大V"发布量
		"大V"态度			"大V"态度
		回应数量			回应数量
		回应态度			回应态度
生态环境责任	环保实践	"大V"发布量	个人媒介素养	信息污染	虚假失实信息
		"大V"态度			不良有害信息
		回应数量			违法侵权信息
		回应态度			垃圾信息
	生态意识	"大V"发布量		行为越轨	网络炒作
		"大V"态度			网络恶搞
		回应数量			
		回应态度			网络暴力

第五节　专业媒体是治理的聚力

专业媒体包括传统媒体和网络媒体甚至有影响力的自媒体，是突发公共事件网络传播的主要信息供应商和集散地，是突发公共事件治理中的宣传者、鼓动者和组织者。媒体要正确发挥在突发公共事件报道中的角色与作用：作为信息处理者，发挥公共危机信息处理作用；作为综合沟通平台，发挥沟通四方（政府、社会、公众、同行）作用；作为舆论引导者，发挥公共危机事件舆论导向作用；作为社会责任承担者，发挥人道主义救助和危机社会反思作用。[①]

专业媒体的把关能力（特别是议程设置）对网络舆情的消长强弱起着重要的牵制作用。"媒体敏感因子和声誉损失是影响群体性突发事件动态演化的关键因素，媒体敏感因子和声誉损失较高时，无论是强势群体还是弱势群体，都会选择合作策略，协商解决利益分配问题。政府应充分利用和发挥媒体监督职能对群体策略选择的引导作用，促使群体性突发事件跳出'不良锁定'状态，朝着理想状态演化。"[②]

一、加强各类媒体的议程设置能力

媒体及公众如何定义突发公共事件成为理解并解决公共危机的关键。美国社会学家托马斯兄弟（W. Thomas & D. Thomas）早在 1928 年就以"托马斯情境定义"阐释得十分清楚："如果人们将某种情境定为危机，其结果就会变成危机。"（If men define a situation as a crisis, it will be a crisis in its consequence.）克兰特利也明确指出，危机的特征决定于媒体带来的极度的集体压力（collective stress），而不是事件的致命性后果（fatal casualties）和重大物质损失

[①] 黄宏纯：《新闻媒体在突发事件报道中角色与作用研究》，《传媒》2017 年第 18 期，第 88 – 90 页。

[②] 王君、徐选华：《媒体参与下群体性突发事件的演化博弈》，《华南农业大学学报（社会科学版）》2019 年第 4 期，第 127 页。

（significant physical damage）。罗森塔尔更是将媒体化（mediazation）作为未来公共危机的重要特征之一。①

学界对突发公共事件中政府与媒体关系的研究由来已久。政府与媒体主要有以下关系：①主辅关系：政府在信息公开中充当主导作用，媒体充当协调辅助作用；②互动关系：媒体受政府制约，政府也受媒体影响；③促进关系：媒体可以协助政府有效应对危机管理，推动政府完善应对机制和进行科学决策，树立政府的公共形象。在突发公共事件中，政府应该善用、善待、善管媒体，使媒体可信、可用、可控。在我国，主流媒体是党和政府的喉舌，这一点毋庸置疑。在突发公共事件中，政府和传统媒体的关系并不能简单理解为媒体是政府的"传声筒""扩音器"，两者存在着复杂的协调和互动关系。政府在尊重公众知情权的基础上给予媒体制度化的活动空间。具体来说有以下三点：一是除一些涉及国家机密的特殊事件之外，政府要允许媒体第一时间发布新闻。二是要给予媒体适度的议程设置空间，让媒体也能做一些"自选动作"。三是允许媒体进行适度的反思。② 突发公共事件网络舆情的治理，"既要发挥传统媒体的作用，又要重视新媒体的作用；既要依靠官方主流媒体，又不能忽略民间媒体和自媒体，以此发挥各种媒体的协同传播作用，形成有利于突发事件应对的媒介环境"③。

在突发公共事件网络舆情社会影响形成过程中，媒体特别是网络媒体的聚焦式、揭底式、冲突式报道评论作用颇大。近年来，一些学者基于暴力突发公共事件系列化、高频化呈现的状态，已经开始反思媒体的间接暴力问题。如学者杜骏飞基于系列"杀童案"指出，潜在的凶手在媒体报道中得到了启发或刺激，即媒体报道可能带来的"示范意义"导致短时间内血案屡发。实际上，如果没有媒体的聚焦和关注，突发公共事件难以诱发广泛的网络舆情，因此引发的社会模仿也难以发挥作用。各类专业媒体需要反思网络对突发公共事件的聚焦、爆料、分析以及网络舆情生产与传播可能对广泛的社会主体形成的心理暗示、行为指导，由此引发或加剧网络舆情的社会影响。因而，网络媒体在必要

---

① 童星、张海波：《群体性突发事件及其治理——社会风险与公共危机综合分析框架下的再考量》，《学术界》2008年第2期，第40页。

② 陈明：《重新审视突发事件中政府和媒体的关系》，《中南民族大学学报（人文社会科学版）》2016年第3期，第177页。

③ 任景华：《突发事件应对中政府信息传播策略建构》，《现代传播》2015年第10期，第153页。

时要减少报道特别是揭底式的报道，并减少标签张贴、同类列举、过程深描、细节揭露等。①

　　1. 传统媒体的议程设置

　　社会化媒体虽拥有清新而富有活力的新闻采集和发布方式，但也不可避免地带来虚假信息和伤害无辜的负面效应，这就更加凸显了传统媒体和职业记者的价值，即核实、组织、整合信息，提供一个理解新闻的脉络，并且能够从收集到的信息中创造出意义来。② 传统媒体是突发公共事件信息传播的主要力量，是现行传媒管理体制下政府与公众之间传播、反馈突发公共事件信息的主要渠道。根据突发公共事件发展变化的特点，传统媒体的报道应针对不同阶段的特点，采取不同的应对措施。

　　一是在事件初期，首先要了解事件发生的过程、当事人之间的关系、当事人的身份等，力争在第一时间及早回应、播发和公布权威信息，以抢占舆论制高点，引导舆论，缓解民众情绪。"传统媒体应在理论上突发事件爆发后第一时刻播出，或在其竞争对手自媒体传播之前的最接近一刻播出，可以取得信息传播优势和最佳经济效益。即当政府可以观测到媒体的努力行为时，传统媒体的内容生产方面成本降低，努力水平提高。"③ 除了第一时间发布信息外，还要对信息披露后出现的质疑、恐慌、谣言，以及社会普遍关切的问题及时给予积极回应。在这方面，媒体对瓮安事件的报道是有过深刻教训的。

　　二是事件的过程中，此阶段媒体已经大致了解了事件的性质和规模，但需要注意的是信息不可能是一次性传达完结的，应该根据案件、事件的进展，因时、因地、因人制宜，及时调整传播方式，不断刷新信息。尤其是对于变化中的各种关键信息，要注意有持续不断的回应。此外，媒体还应充分发挥自身的社会评判和议程设置功能，通过对报道的主导方向的精心策划、安排和设计，调整报道的节奏、规模、手段、方式，不断构建公众关心和讨论的中心话题，把公众的注意力调动到有利于危机解决的方向和轨道上，控制、减轻和平息突发事件引起的种种社会危害，引导大众科学分析和理性思考，进而达到降低社

　　① 方付建：《突发事件网络舆情社会影响研究》，《情报杂志》2014 年第 11 期，第 17 页。

　　② 刘兆明：《社会化媒体时代的突发事件新闻传播图景——波士顿爆炸案的传播分析与启示》，《新闻记者》2013 年第 6 期。

　　③ 何春雨：《基于传统媒体的突发事件信息传播行为研究》，《情报科学》2019 年第 8 期，第 127 页。

会恐慌、有效控制突发公共事件传播势态的目的。

三是在事件的后期，媒体要提供更多的新闻背景资料，进行连续报道和深度开发，为受众提供事件的最新动态。随着事件从量变到质变的飞跃，其事件成因、新闻价值和社会影响等都需要我们作全面的梳理、进行追踪式报道，从而使整个事件更加明晰。对此媒体一定要把握事件的性质和规律，在充分开发新闻资源的基础上，强化报道的连续性和影响力，推进事件报道的正面作用，最大限度地消解负面影响。此外，这一阶段，媒体仍然要对突发公共事件的复杂性和起伏性有明确、清醒的认识，在继续发挥其社会守望功能和舆论监督作用的同时，要对前两个阶段已经采取的措施进行审慎的评估和调整，纠偏扶正，更好地发挥媒体对社会的教育、警示功能。尤其要分析舆论引导的实际效果，通过社会公开讨论、评价，引导全社会对重大突发事件进行更理性的思考，总结危机的经验教训，进一步调整和完善社会管理机制和方式，为避免类似危机事件的再度发生提供宝贵的经验和教训。

2. 网络媒体的议程设置

一是要发挥网络媒体行业协会的自律作用。国内已建立起以中国互联网协会为首的行业组织，发布了行业管理特色鲜明的自律公约，确保企业依照国家法律法规运营，形成了良好的自律氛围，但在网络舆情传播管控方面并不明确。可以借鉴国外的先进经验，由行业自建统一的言论规范制度，规范日常管理，明确责任义务，督促互联网企业履行法律义务和社会责任，对企业参与违规发布和转载煽动性、造谣性言论等行为严惩不贷。

二是要特别关注网上"大V"和意见领袖网络媒体，对其发出信息的真实性认真鉴别。在出现突发公共事件时，把握自身定位，树立全局观念，明确舆论导向，在事件传播的内容、规模和方式上精心策划、合理布局，不断提升网络媒体应对突发事件的专业水准。

三是网络社交媒体管理员肩负着努力营造文明健康、积极向上的网络文化氛围，营造共建共享的精神家园的使命。面对突发公共事件，论坛管理员通过"加精""置顶""人工置顶"等方法对话题进行设置、引导，推动网络舆论正能量的形成。网络媒体要针对突发公共事件网络舆论的特点，建立突发公共事件网络舆论守门人的相关守则，如当突发公共事件发生时，各大社交媒体管理员应进入网络舆论处置的紧急状态，增加在线管理员数量，实施24小时不间断管理；对虚拟的、未经确认的、不良的言论实行控制，引导突发公共事件网络舆论向正确的方向发展。网络舆论守门人必须把守门人的经验与现代化的网络监测技术相结合。一些舆情监测软件可以在海量的网络信息中自动发现突发公共事件的新闻流主题，并跟踪突发公共事件的相关信息，从技术上实现网络舆情热点的自动发现。基于智能中文关键词、敏感词自动检测，可以对发现并预警不良信息起到辅助决策的作用。根据最高人民法院、最高人民检察院《关于办理利用信息网络实施诽谤等刑事案件适用法律若干问题的解释》等法律规定，新闻、论坛、微博等互联网新媒体有权在合理范围内对用户言论进行审核监督，通过设定敏感词过滤、热点言论屏蔽等方式，实现虚假煽动性舆情的有效拦截屏蔽。

3. 自媒体的议程设置

自媒体的出现其实拓宽了主流媒体的信息来源，如果利用得当，可以增强主流媒体的受众基础。"兽爷"的"兽楼处"首发的"长生疫苗案""音爆事件"以及近来发生的飞机航班救治病人、哈尔滨"天价鱼"等热点事件，都是由自媒体披露引发关注的。它不仅有力地推动了信息公开，更为主流媒体的新闻发现提供了更为广阔的空间。[①]

灵活、主体多元的自媒体有丰富的信息来源，满足了公众对第一手信息的渴求。事件亲历者通过手机拍摄现场图片、视频上传微博和微信，充当突发公共事件现场信息报道"第一人"。微博上一位灾民撰写的长微博《天津塘沽大爆炸后三十小时记》讲述其亲历爆炸的经历，获得超过 100 万的阅读量。澎湃新闻的"问吧"栏目让亲历者直接参与回答，成为最可靠的一手信源。而对于一些专业问题，如危化品危害与防护、城市建设与规划、消防救援、法律赔偿等议题，专业人士通过微信、微博等自媒体平台发布的信息逆袭专业媒体。如自媒体"蓝鲸财经记者工作平台"发文详解瑞海物流是一家怎样的公司；自媒体"众和教育司考"从找谁赔、如何赔、保险公司责任等方面详细回答了天津爆炸事件涉及的九大法律问题。[②]

---

① 乔锦：《提高主流媒体在突发事件中的引力——从成都"11·26 音爆事件"传播谈起》，《新闻界》2016 年第 6 期，第 42 页。

② 魏永征、代雅静：《融合媒体时代突发事件的信息传播模式嬗变——以天津港 8·12 爆炸事故为例的分析》，《新闻界》2015 年第 18 期，第 23 页。

二、重视"两个舆论场"的议程互动

新华社前总编南振中（2003）提出，中国客观上存在"两个舆论场"，即一个是传统媒体的官方舆论场，另一个是互联网构成的民间舆论场。两个舆论场重叠的部分越大，舆论引导的针对性和有效性就越强；两个舆论场重叠的部分越少，舆论引导的针对性和有效性就越弱。如果两个舆论场根本不能重叠，主流媒体就有丧失舆论影响力的危险。两个舆论场在目前的博弈中已日益处于不平衡的状态，在舆论主体——网民的后现代性倾向下，官方舆论场的话语权一路下滑，不断被解构。

官方舆论场主要有三大特点：一是信息全面，消息权威，但信息发布环节是软肋；二是稳定先行，试图大事化小，实际操作中容易加剧对立情绪；三是维护大局，谨慎发言，双重身份易让官方公信力受损。民间舆论场也有三大特点：一是情绪敏感复杂，舆论生成发酵路径成型；二是利益诉求明确，网络集群效应明显；三是意见领袖辈出，舆论热度更高，影响更深远。

官方舆论场内部矛盾包括：一是信息质和量的充足与信息是否发布、发布时机和选择性取舍之间的矛盾；二是民众期望通过"弄出动静"解决问题与政府希望压制负面消息，在稳定前提下化解危机的矛盾；三是作为舆论参与者必须发声表态与作为舆论平息者必须判断孰是孰非的矛盾。

民间舆论场内部矛盾包括：一是合理诉求需要理性表达与情绪高涨敏感致使表达方式激进的矛盾；二是网络集群、蝴蝶效应让网络舆情更加复杂、难以应对，选择性接触、记忆、理解加剧了与政府的情感对立，官民舆论场桥梁被隔断；三是民众诉求的片面性，即单纯维护自身利益的直接目的与意见领袖关注的作用现实倒逼改革的根本目的之间的矛盾。

从社会认同理论视角看，传统媒体报道风格的固化、报道信息的真空以及报道框架的极化引致了党媒意见与网上舆论之间的自动区隔、横向比较以及偏见冲突，是两者沟通失范的症结所在。失范的原因还在于两者之间缺乏一种具有平衡和对接意义的共通感。① 官方未及时、正面回应事件焦点或关键节点往

---

① 李春雷、贾立平：《突发事件中传统媒体沟通党媒意见与网上舆论的进路研究——基于"什邡事件"的实地调研分析》，《国际新闻界》2015 年第 11 期，第 90 页。

往是造成舆论场域冲突的重要原因。破解舆论场域冲突之策在于，官方一方面要通过及时、持续的信息公开与网民互动，另一方面更要着力解决问题、化解矛盾，消除滋生次生舆情危机的土壤，实现与网民的互信，最终实现两个舆论场之间的高度共识。① "有权威性的传统媒体理应从认知和情感等维度构建共通感，以期调试和弥合突发事件中两者的沟通罅隙，进而一定程度上弱化突发事件发生的强度和频度。"②

　　实现两个舆论场的议程互动，可从"共鸣效应"和"溢散效应"两方面加以考虑。在"共鸣效应"方面，官方舆论场要引导民间舆论场，具体采取的策略可包括：改变传统话语体系，争夺网络空间话语权；完善信息公开机制，维护政府的权威公信力；建立全媒体传播体系，强化议程设置能力。在"溢散效应"方面，民间舆论场要反哺官方舆论场，具体采取的策略可包括：加强突发公共事件网络舆情监测；推进立体化多渠道的网络问政（官方微博/微信）；包容网民或意见领袖的异质性思维。

第六节　社会组织是治理的助力

　　社会组织是完善国家治理体系、提升国家治理能力的重要组成部分，在社会各方面的治理工作中发挥着重要作用。社会组织因其具有亲和力、灵活性、服务性和凝聚力等巨大能量，在突发公共事件网络舆情治理中有着不可替代的独特的天然优势。突发公共公共事件，尤其是群体性聚集事件发生以后，由于社会组织来自于社会基层，与社会公众关系密切，能集中代表公民的表达权，把分散的声音集中化，通过凝聚的声音表达公民意愿，提高公民与政府或者企业沟通协商的能力，使公民表达通过和平和理性的方式得到实现。为做好社会组织参与突发公共事件网络舆情引导工作，民政部在 2016 年 6 月 13 日印发了

---

① 庹继光、蹇莉：《环境突发事件舆论场域冲突与破解——以"可口可乐甘肃工厂伪造环保数据"事件为例》，《西南民族大学学报（人文社会科学版）》2016 年第 6 期，第 149 页。
② 李春雷、贾立平：《突发事件中传统媒体沟通党媒意见与网上舆论的进路研究——基于"什邡事件"的实地调研分析》，《国际新闻界》2015 年第 11 期，第 90 页。

219

《民政部关于推动在全国性和省级社会组织中建立新闻发言人制度的通知》，通知中要求：要坚持正确的舆论导向，坚持与信息公开制度相衔接，坚持分级分类逐步实施的管理办法。

社会组织参与突发公共事件网络舆情治理，可以理解为社会组织及其组织成员，以法律规范、制度文本、机制设计以及多方式的手段策略，通过收集、研判、分析、沟通、疏导的工作方法，有效促进网民与政府沟通，平复突发公共事件网络舆情参与者的负面情绪和消极态度，推动突发公共事件网络舆情得到迅速合理解决。当前，社会组织参与突发公共事件网络舆情治理，需要明确其合理角色及功能，并提供促进其实现有效参与的制度保障。

一、支持社会组织的参谋角色

风险社会下应对突发公共事件，完全靠政府一方的力量，以惯常的全能型政府公共危机管理模式实现社会治理已无法适应多变的社会现实。第三部门作为社会治理的主体之一，在应对突发公共事件中的作用不可小觑。但在我国，第三部门作用的发挥与其具有的资源禀赋所提供的作用空间远不匹配，其内在原因在于我国第三部门存在"阿基里斯之踵"，表现为自立性障碍、应力性障碍、自律性障碍和志愿服务的持续性障碍。[1]

社会组织的参谋者角色定位，是与突发公共事件网络舆情导控主体政府一道在双方网络舆情处置目标达成一致的前提下，承担着为政府进行突发公共事件网络舆情治理谋略规划、联动实施的职能。社会组织的参谋者功能，强化了突发公共事件网络舆情各主体进行理性博弈与合作，扩展和创新了相关治理手段与方法。"社会组织通过与政府默契地合作，灵活地利用其所拥有的社会资本、专业技能、领域知识、沟通技巧等资源，实现知识、技术、文化、价值、经验等要素的交流。"[2] 给予社会组织参与突发公共事件网络舆情治理的参谋角色定位，并非要呈现出一种强政府、弱社会的关系状态，社会组织在这一过程中也并非政府的附庸，而是更需要发挥自主性和主观能动性的作用。政府在维

---

① 陆亚娜：《我国第三部门参与应对突发事件的"阿基里斯之踵"及其消解路径》，《江苏社会科学》2015 年第 6 期，第 116 页。

② 姜宁宁：《论总体性追求中的新社会组织合作机制》，《求实》2017 年第 10 期，第 51 – 62 页。

护网络社会秩序的工作中，强调社会参与的价值取向愈发明显，社会组织被期望在其中找到符合自身的、更为有效精准的工作方式。①

　　社会组织在突发公共事件网络舆情治理中的有效功能，主要体现在如下几方面：①依据自身专业化的能力，为政府规划突发公共事件网络舆情治理的分类和分级标准，科学构建网络舆情治理的平台与网络技术应用优化政府处置突发公共事件网络舆情治理的工作目标，协助政府完善突发公共事件网络舆情治理的工作决策。②最大限度发掘社会资源、动员社会力量，提供信息服务、技术服务和人力资源。③为各方提供利益表达和利益调和的渠道，推动各方进行理性层面上的对话与磋商，最大限度地调和激进的观点。②

　　社会组织参与突发公共事件网络舆情治理的制度保障，应从以下几方面加以考虑：①观念层面，政府要对社会组织在突发公共事件网络舆情治理中的价值予以充分的肯定，邀请包括社会组织在内的社会公众共同参与治理。②法规层面，加快推进《社会组织法》的立法进程，厘清社会组织的性质及其范围，从宏观上规划和指导社会组织发展，从内容上规范社会组织的组织结构、运行方式、角色功能、权利义务等。针对突发公共事件网络舆情的特点及规律，研究制定关于社会组织参与治理的具体的、专门性的法规政策，促进社会组织按规定参与突发公共事件网络舆情治理工作。③服务层面，建立健全政府购买社会组织网络舆情服务制度，完善政府购买社会组织提供突发公共事件网络舆情服务的流程，强化政府购买社会组织提供突发公共事件网络舆情服务的绩效考核与评估机制。④自律层面，建立健全社会组织在突发公共事件网络舆情中的自律管理制度，设计自己的组织管理办法或者行业自律公约，凸显突发公共事件网络舆情中社会组织自律行为的规范化、责任化评价，建立健全社会组织信息公开制度，加强突发公共事件新闻发言人的能力建设。③

---

　　① 张玉亮、杨英甲：《社会组织参与突发事件网络舆情治理的角色、功能及制度实现》，《现代情报》2018 年第 12 期，第 28 页。

　　② 张玉亮、杨英甲：《社会组织参与突发事件网络舆情治理的角色、功能及制度实现》，《现代情报》2018 年第 12 期，第 28 – 29 页。

　　③ 张玉亮、杨英甲：《社会组织参与突发事件网络舆情治理的角色、功能及制度实现》，《现代情报》2018 年第 12 期，第 29 – 31 页。

二、鼓励公民组织的独立调查

公民独立调查团参与突发公共事件协同治理的先例，可追溯到2009年云南"躲猫猫"事件。时任云南省委宣传部副部长不久的原新华社云南分社记者伍皓，在和有关部门沟通后，采取了一个破天荒的举动：主动邀请网友成立"躲猫猫真相调查团"，试图以引入第三方监督的形式，提高调查信息的可信度。最终，部分网络意见领袖得以入选调查团。

在2010年钱云会车祸事件中，评论人笑蜀于28日20:08发表一篇微博，内容是"刚才与于建嵘先生电话十分钟，拟由他领衔独立调查团赴温州实地调查乐清钱云会惨案一事，已获他确认，唯具体操作尚待讨论。于先生不日将发布相关文告，敬请垂注"。在极短的时间内，这篇微博获得上千次转发与评论，博友期待之声切切。这固然是公共知识分子对道义的承担，但除此之外，它更提示了这个世界存在另一种可能：除了民间小道消息与官方"大道消息"之外，对于真相的追询其实还有第三条道路，那就是公民之力。第一组公民独立调查团由于建嵘、笑蜀和赵晓等人领衔，第二组由网友王小山和新华社记者窦含章等人领衔，第三组由法学博士项宏峰律师和网友"超级低俗屠夫"等人领衔。若属实，那此次公民独立调查团将是继汶川地震志愿者救灾之后最重大的公民志愿救助行动。这可以被看成社会公益行为。29日晚间，著名专栏作家连岳在微博上称此为"破冰之旅"。连岳在微博说："钱云会事件催生的公民独立调查团，真是破冰之旅，期待成功。如果以后类似的公民调查团经常出现，确实可能化解官民互不信任的困局。官方不应恐惧，应该欢迎。"①

公民独立调查团这种新出现的个体参与公众事件的形式，是中国式"司法独立"进程中民间智慧找到的一条绕体制而行的曲径，可能可以成为一种自下而上的有效的、非暴力的参与体制改良的手段，现阶段的公民调查虽然无法参与司法判决，但可以促进大众参与监督的意识，标榜行动的力量。由知识分子组织的精英"公民调查团"相对"草根"而言讲章法、懂分寸、有谋略，中立、理性、温和，能起到有限的缓冲民怨、调停政府采取强制手段的作用，由

---

① 《已有三组公民独立调查团前往乐清　被称"破冰之旅"》，http://news.hefei.cc/n/25287.shtml。

此减少不可挽回的态势发生的可能性，促进体制内外在一定程度上实现良性互动。但公民调查这种形式本身缺少足够的法律支持，调查团的人身安全难以得到保障，专业调查能力也有诸多局限，除此之外，自发性的各自为政的公民调查团良莠不齐，难保不会形成新的问题，期待在未来几年中能产生专业化、常规化的公民调查NGO。在政府部门的规范引导下，公民调查NGO或将成为"中国特色"第三方"陪审团"制度的雏形。

三、发挥社会组织的辟谣作用

突发公共事件发生后，各类真假莫辨的消息在网络上流传。这些网络谣言能够生成并得到大范围传播的主要原因有以下三点：政府信息公开迟钝，应对不力；媒体舆论监督缺失；部分网民的偏颇吸收和群体盲从。

在当地政府和媒体不同程度的失声导致微博谣言疯传的情况下，公益组织微博得以在"夹缝"中开辟出"第三条道路"。如海门事件发生后，一个在新浪微博注册的名为"海潮学会"的微博迅速吸引了网友的注意。据微博简介和以往博文显示，该学会是由海门当地在外求学的大学生发起的从事公益服务活动的大学生志愿者群体。自海门事件发生以来，"海潮学会"便紧密关注事件的进展和走向，积极辟谣。

2011年12月20日，微博用户"生是海门人死是海门魂"发布微博称，20日当天，两万多海门民众包围镇政府大楼进行抗议，多人被打伤，其中包括老人、小孩，更有6名青年被活活打死。博主号召十几万海门人一起来反抗。该微博发布后被广泛转发，24小时内已有近3 000次转发和673条评论。"海潮学会"于21日11时23分发布辟谣博文称，经过多方求证，当日示威活动中民众伤者共计三十多人，无人死亡。同时发布微博声明，愿与"生是海门人死是海门魂"对质到底，并邀请网友监督。此消息发布后3个多小时内转发量达1 000多次，"生是海门人死是海门魂"迫于舆论压力随后删除原有微博。

12月21日，境外《东方日报》刊载标题为"潮阳十万人暴动，6死200伤"的报道，该报道被网友截图在微博发布后引起内地网友强烈不满，以该报道的标题进行微博搜索，发现有4 788条相关微博，在情感倾向上大多是对政府的行为进行激烈抗议。而政府向民众在20号当晚作出的"不会兴建第二座电厂"的承诺却被忽略。"海潮学会"于21日20时08分发布微博，声明"在20

号的示威活动中没有人死亡，六死两百伤实属谣言，愿与微博发布者当面对质。海潮学会全体成员对此消息的发布负责到底"。

"海潮学会"始终以独立第三方的身份在线下介入事件，进行独立调查。没有调查就没有发言权，公益组织只有经过调查才能掌握第一手的、真实可靠的、有价值的事实信息，才能取信于网民、增强辟谣信息的可信度。

"海潮学会"在12月20日至21日两天内所发布的辟谣微博，均注明了信源来自于该学会的成员通过各种渠道联系当地民众、当地学校领导、各年级学生等。如12月21日18时37分，针对一则网络风传的谣言（称在12月20日当天示威活动中有一位十六岁的青年被警察殴打致死，并配上图片，内容为一青年斜躺在汽车车厢上，有一位老妇人表情痛苦，周围有众多人围观），"海潮学会"进行了微博配图反驳。该博文如下："网传图中十六岁青年被警察殴打致死。我们学会的成员经过和当事人家属联系后了解到，当事人名'丁坚南'，三十多岁，目前受伤在汕头中心医院接受治疗。昨天晚上汕头市市长已经前往探望，并吩咐院方尽心治疗。主治医生表示伤者生命体征平稳，并未像网络疯传的被当场殴打致死。"该博文具备了信息来源（当事人家属）、事件最新进程（伤者生命体征平稳）、当事双方的行动及态度等，并附上谣言中的图片作对比，让人信服。

又如针对一则"海门中学在示威活动当天软禁学生，为学生提供方便面当午餐，禁止学生回家"的微博谣言，该学会在12月21日发布一条反驳信息，称其已经与海门中学校方领导进行了沟通，了解了事件的真实情况，认为学校确实采取了限制学生回家的做法，但目的在于保护学生以免其参与示威活动受伤，为事件的解决添加不稳定因素，绝不是简单的暴力禁锢。此外，该学会也成功说服学校作出如下承诺：假如学校再次采取限制学生回家的措施，应为学生提供营养正餐，若学生家长亲自到校接送学生，应允许学生离校。该微博发出后数小时内转发407次，评论325条。

公益组织作为超越群体性事件中当事双方的独立第三方，将在群体性事件的辟谣中起到一定的积极作用，它能够以独立的姿态和更大的自由度发布信息帮助民众从不同的角度了解事件。但"在我们国家由于社会发展的阶段性、民主政治的不完善、文化传统和公民维权意识不高等因素的制约，中国的公民组织发展非常落后，再加上一些非政府组织在资金来源、人员构成等方面的国际性，政府出于意识形态方面的考虑，也有意无意地限制公民组织的发展。这既不利于民主政治的建设，也不利于突发事件的解决，是构建和谐社会的一大障碍"①。公益组织所掌握的社会资源和技术力量极其有限，目前它只能在微博辟谣中扮演一个边缘角色，无法取代政府部门和主流媒体的主体角色。群体性事件和谣言的规避，从根本上还是取决于政府社会治理的能力和媒体舆论监督的智慧。

---

① 赵振宇、魏猛：《论突发事件中的公民表达》，《新闻大学》2013 年第 6 期，第 57 页。

结　语

…　…

突发公共事件的网络传播和治理一直是当前研究的热点议题，有关这方面的文献出现了不少。本书也汇聚了众多学者的真知灼见与创新成果。本书主要有三个创新点。一是在突发公共事件的网络传播机制方面，突破了以往从舆情生命周期划分阶段的常规思路，通过议题演变脉络探究突发公共事件的网络传播机制，通过信息进化规律探究突发公共事件的网络传播规律，学理性地揭示了议题演变和事件演变耦合下的关键影响因素。二是在突发公共事件的网络信息扩散方面，突破了以往按照传统突发事件分类的传统模式，从突发公共事件性质状态分类（纯谣言型、常态型、复合型）来考察不同突发公共事件的信息扩散状态。三是在突发公共事件的网络舆情治理方面，突破了以往单一碎片化的管控模式，依据协同治理特别是相关利益者理论建立了比较完整的网络传播治理体系。

网络传播技术日新月异，从论坛、博客、贴吧、QQ 到微博、微信、短视频平台、App，每个新媒体应用可谓是"各领风骚三五年"。由此突发公共事件的网络传播研究也将不断产生新的问题和新的议题。本书的主要问题在于：一是收集数据的时效性和样本量。由于突发公共事件的发生具有偶然性，不能很好地在第一时间跟进。类似删帖处理等方式导致数据的精确性有所欠缺，对于最终事件原本状态的呈现仍然产生了不可避免的影响。采用人工搜集、分析等方法可能受到主观因素的影响，导致数据的准确性有所欠缺。此外由于研究数据过于庞大，受时间等条件的限制，选取的样本十分有限，对研究结论可能产生一定的影响。二是在研究网络传播规律和网络信息扩散状态时，更多是基于大量案例分析的总体判断，未能从微观上细致考察同一个案例或同一类事件在不同新媒体渠道上的网络传播差异。如主要考察不同性质的事件随着时间变化而呈现的扩散状态，鉴于实证操作的难度，未能考察不同性质的事件在地理空间上的扩散状态，如从本地媒体到全国媒体的扩散路径，哪个传播渠道最为强势，哪个城市的传播反响最大。显然这是一个更为浩大的复杂工程。三是在网络舆情治理体系方面，未能结合当前大数据挖掘技术背景提供一套可操作的突发公共事件网络舆情监控分析系统。显然这也是一个巨大的挑战。四是在研究数据方面，主要来自于可公开的网络内容，如微博、贴吧、社群论坛等开放性社交媒体，微信、QQ 等私密性社交媒体获取数据的困难性对相关研究结论产生了一定的影响。此外由于客观条件的限制，也未能对突发公共事件中网上众多的"潜水者"进行研究，以考察这种"沉默的螺旋"效果对突发公共事件的网络传播到底产生多大程度的影响。

突发公共事件网络舆情的传播与治理是一个复杂的工程系统。随着网络传播技术特别是人工智能、大数据分析技术的不断发展成熟，今后有关这方面的研究将不断强化大数据分析的能力，通过建立强大的数据库，以全面考察各种新媒体传播渠道、各种传播主体（包括"潜水者"）在突发公共事件发生中的传播网络、传播关系、传播状态和传播路径，使得突发公共事件网络舆情治理也更具时效性、智能化、可操作性和针对性。